24
시간 시대의 탄생

24시간 시대의 탄생

1980년대의 시간정치

김학선 지음

창비

대한민국은 어지러울 정도의 속도로 격동의 역사 속을 헤쳐왔다. 특히 1980년대는 군사정변으로 정권을 잡은 신군부에 의해 시작되긴 했으나 민주화운동으로 대통령 직선제를 이루어내고 올림픽을 치르는 등 대한 민국 사회가 민주화와 세계화로 나아간 격변기였다. 그 때문에 이 시기에는 군부독재의 억압과 함께 사회적으로 갈등과 불일치가 만연한 가운데서 다양한 주체들이 등장했을 뿐만 아니라 각 주체들 간의 대립도 극심했다. 이처럼 1980년대는 사회적 모순과 갈등이 용광로처럼 들끓었던 시대였음에도 불구하고 사회가 분열되거나 붕괴되지 않았을 뿐만 아니라 1970년대를 마감하면서 새로운 관계들을 구성하고 재생산해내며 1990년 대로 이어졌다. 이 책은 1980년대를 구성하고 유지하는 한편 새로운 변화로 이끈 조건과 기제가 무엇이었는가에 대한 궁금증으로부터 시작되었다. 그동안 1980년대에 대한 연구는 정치적으로 상반된 세력 간의 갈등과 대립을 조명하거나 그 갈등의 은폐와 봉합의 요인으로 소위 '3S 정책'이나 경제 발전 등을 주목했다. 이 책은 1980년대 들어서 24시간 시대가 열림으로써 하루 24시간이 정치적·경제적·문화적 자원으로 적극 개발되고 활용되면서 사회적 갈등관계가 조율되는 과정에 주목한다.

1980년대를 돌이켜보면 시간과 관련해서 여러 변화가 있었다. 이 시기에는 광복과 함께 계속 시행돼오던 야간통행금지제도가 철폐되어 그동안 금지되었던 심야시간 4시간을 이용하게 됨으로써 하루 24시간을 중단 없이 사용할 수 있게 되었다. 그리고 전국적인 규모의 '국민생활시간조사'가 정례화되어 당시 신군부 정권의 정책 수립을 위해 활용되었다. 이뿐만 아니라 현재와 비슷한 텔레비전 편성체제(컬러방송, 아침방송, 종일방송, 교육방송, 스포츠 방송 등)가 갖춰지기 시작한 것도 1980년대인데, 이는 당시 사람들의 시간구조에 상당한 영향을 미쳤다. 이렇게 국민의 24시간이 자원으로 개발되고 이용되는 과정 속에서 1980년대 이전부터 군사적으로 동원된 일상시간들(등화관제 훈련, 대학 교련, 애국가 상영, 국기하강식 등)이 한층 강화되었다가 해제되는 변화를 겪기도 했다. 또한 공휴일과 법정기념일의 변화도 다른 시기에 비해 두드러졌는데, 특히 설날은 이 시기에 국가의 정식 공휴일이 되었을 뿐만 아니라 최대 연휴가 되었다. 낮시간의 일광을 절약하기 위해서라는 명목하에 서머타임제가 재실시된 것도 1980년대이다.

1980년대에 들어서 이렇게 시간제도와 시간 인식의 변화가 두드러지게 커졌다는 사실은 그만큼 당시의 사회에서 여러 주체들 간에 시간기획을 둘러싼 다툼, 즉 시간정치가 적극적으로 펼쳐졌음을 의미한다. 즉 24시간 시대의 탄생은 비단 이용시간의 확대만을 의미하지 않는다. 24시간 시대는 사람들로 하여금 하루 24시간을 자원으로 인식하게 하고, 중단 없이 그 이용과 개발에 뛰어들도록 한다. 1980년대는 사회적으로 24시간을 자원으로 인식하고 개념화하며 적극적으로 개발하기 시작한 시기였다. 당시 사회의 여러 주체들은 24시간을 정치적·경제적·문화적 자원으로 활용하고자 서로 다투었으며, 그 과정을 통해서 대한민국의 일상은 새롭게 구성되는 한편 당시의 사회변동을 흡수하며 사회변화를 이끌어갔다.

이 책에서는 1980년대 시공간에서 사회적 시간이 개발되고 재구성되는 과정을 국가의 시간기획을 중심으로 해서 세 부분(규율, 자원, 국민국가의 시간제도)으로 나누어 살펴보았다. 제1부에서는 근대적 시간체제의 일반적인 특징과 그것이 현재 대한민국에서 지배적인 위치를 점하게 되는 과정을 간략히 살폈다. 그리고 1980년대에는 극심한 사회적 불일치를 반영하는 다양한 시간성이 동시적으로 존재하면서 충돌하게 됨에 주목했다. 제2부는 야간통행금지의 해제가 신군부 정권의 통치규율인 '자율'로 담론화되는 과정과, 1980년대 시공간에서 강제적이고 이중적인 '자율'의 모순점이 점차 드러나면서 1980년대의 시간성이 균열을 보이며 변화되는 모습을 담았다. 제3부에서는 신군부 정권의 언론정책과 '국민생활시간조사'에 의해 시간이 자원으로서 적극적으로 개발되는 구체적인 과정과, 그것이 국민의 일상시간에 미친 영향에 대해 다루었다. 특히 신군부 정권의 텔레비전 편성정책을 중심으로 텔레비전을 통해 일상시간이 재조직되고 텔레비전 시청시간과 시청행위가 지니는 의미의 변화에 주목했다. 제4부에서는 국민국가의 시간제도라는 측면에서 국가의 공식적인 시간과 국민의 일상시간이 글로벌 시간체제와 조우하는 가운데 시간정치에 의해 새로운 사회적 시간을 개발하고 국민국가의 시간을 재구성하는 과정을 논의했다.

이렇게 바쁜 대한민국 사회에서 이 책이 출간되기까지 여러 다양한 시간들이 나와 함께했고, 많은 분들이 부족한 시간을 쪼개서 내게 시간을 보태주었다. 대한민국 사회에 대해 눈을 뜨게 해준 1980년대 대한민국의 시간들, 그 시간들을 같이한 친구와 가족의 경험들, 일하면서 공부해야 했던 10년간의 세월, 시야를 넓혀주신 여러 교수님들의 강의와 조언의 시간들, 이 책의 완성을 함께 지켜봐준 증인들과 지도교수님의 시간들, 이 주제와 저서에 귀 기울여 관심을 가져주신 분들의 시간들, 이 책이 세상에 나올 수 있도록 애써주신 창비의 강영규 부장님과 이하림 팀장님의 시간들, 내게 사랑과 인고의 가치를 보여주신 어머니의 시간 등 어떤 것 하나 감사하고 소중하지 않은 것이 없다. 이 책은 그 모든 시간들이 켜켜이 쌓여 만들어낸 결과물이다.

2020년 2월
김학선

대한민국의 1980년대는 18년간 집권한 박정희 대통령의 갑작스러운 죽음과 신군부의 군사정변이라는 급격한 변화 속에서 시작되었다. 신군부 정권은 스스로를 '새 시대'를 이끌어갈 지도자로 자리매김하기 위해 이전 시기의 정권들과 단절을 선언했다. 그리고 그 일환으로 새로운 시간기획을 통해서 국민의 일상을 변화시키고 이를 정권의 정당성을 확보하고 유지하는 데 동원하고자 했다. 아시안게임과 서울올림픽 유치, 야간통행금지제도 철폐, 서머타임제 실시 등이 그 대표적 예이다. 반면, '서울의 봄'을 맞이한 대한민국 국민은 그동안 지연되었던 민주화에 대한 열망과 욕망을 실현하고자 했다. 당시 사람들에게 신군부 정권은 이전 군사정권의 연장이었을 뿐만 아니라 민주화를 폭력적으로 억압하고 왜곡하는 구체적인 대상이었다. 그 때문에 1980년대 시공간에서 신군부 정권과 국민은 현재의 시간성을 둘러싸고 충돌할 수밖에 없었다.

제 1 부

1980년대
시간성의 충돌

1. 근대적 시간체제의 도입과 형성

　지금 세계는 근대적 시간체제라는 하나의 시간체제에 의해 움직이고
있다. 근대적 시간체제에 의하면 시간은 어느 공간, 어느 사회에서든지
간에 시·분·초로 동일하게 측정되고 분할이 가능하다. 하지만 한 사회에
속한 구성원들과 그들의 일상을 통해 역사적으로 형성되고 경험된 시간
제도, 시간체제, 시간관념 등은 비동질적이고 추상적이지 않다.[1] 이런 시
간들을 가리켜 사회적 시간이라고 한다. 사회적 시간은 단일하지 않고 다
양하며 "다양한 층위와 다수의 파편화된 시간과 공간에 포획된" 시간으
로서 다면성을 띤다.[2] 사회적 시간은 그 사회의 구성원들과 그들의 일상
을 구성하고 통제하는 수단인 동시에 그 일상의 경험을 거쳐 새롭게 조직
되는 결과물이기도 하다. 또한 사회적 시간은 그 사회 내에서 구조화되고
경험되고 실천되며 사회적 관계를 재생산한다. 현재는 근대적 시간체제
가 전일적 위치를 점하고 있으므로 그것에 의해 사회적 시간이 기획, 조
직되고 있지만, 근대적 시간체제 역시 근대라는 시대성 속에서 사회·역

사적으로 배치되고 구성된 개념이다.[3]

근대의 시계시간은 인간을 절대적인 신의 시간이나 순환하는 자연의 시간으로부터 분리해냈다. 이로써 시간은 더이상 순환하거나 정체되어 있지 않고 발전이라는 하나의 목적을 향해 나아가는 시간성을 가지게 되었다. 그리고 과학과 기술의 발전에 따라 시간의 측정, 배열, 교환, 축적이 가능해지고 원활해지면서 근현대 사회에서 시간은 사회를 조직하는 기본 조건이자 주요 요소로 작동하게 되었다. 근대적 시간은 타자와의 관계를 정치적·경제적으로 위계화할 수 있는 수단이 되어왔을 뿐만 아니라[4] 통치성에 의해 조직화되어 생체권력으로 작동할 수 있게 되었으며, 개인에게 단계적으로 적용 가능한 "권력의 새로운 기술"로 역할하게 되었다.[5] 그리고 이렇게 시간이 권력·지식에 의한 관리, 이용, 조직이 가능해지자[6] 시간은 각 주체 간의 갈등, 동의, 협력, 화합 등 관계를 조율하는 수단이 되어왔다.

근대적 시계시간의 특징

지금처럼 근대적 시간체제가 지배적이지 않았을 때에는 1년, 한달, 일주일, 하루의 시간 등 시간을 재는 척도가 각 사회마다 달랐다.[7] 현재 한해의 첫째 날은 1월 1일로 정해져 있지만 다양한 설날이 존재한다. 이런 사실은 근대적 시간체제라는 동일한 시간체제를 채택하지 않았을 때에는 각 사회마다 종교·의례·생산양식 등에 따라 각기 다른 시간개념과 시간체제를 가지고 있었음을 의미한다. 하지만 우리는 현재 근대적 시간체제에 의한 달력과 시간을 절대적인 하나의 기준처럼 생각하고 그것에 의거해서 일상을 영위해나가고 있다. 근대적 시간체제는 시간을 동질화, 수량화, 추상화함으로써 이전의 사회적 시간과는 다르게 우리의 일상을 재구성하고 있다.

현재 우리가 사용하고 있는 달력과 시계는 어느 시간이나 모두 동질하다는 관념을 기반으로 하고 있다. 시계시간은 시간의 질적인 차이를 인정하지 않고 기계적 측정에 의해 일정 단위로 나눈 것이다. 시계시간에는 어떤 철학적·종교적·사회적 의미도 담겨 있지 않다. 거기에는 계량적 측정이 가능한 동질성만이 인정된다. 1884년 워싱턴에서 열린 국제 자오선 회의는 이런 시간성을 바탕으로 세계의 전 지역을 24개의 시간 구역으로 분할하고, 전세계적으로 공통된 하루의 정확한 시작시간을 고정했다. 더 이상 시간은 내가 행복하게 느낀다고 해서 빨리 가는 것도 아니고 지루하게 느낀다고 해서 느리게 가는 것도 아니다. 나는 분명히 시간의 길이를 다르게 느낄지라도 시계로는 동일한 시간일 뿐이다. 근대적 시간체제에 의해 시간은 감정·느낌·의미·상황과 관계없이 시계를 통해서 동일하게 측정될 따름이다. 도량형 통일로 표준화된 단위를 사용해서 거리와 무게를 재듯이, 시간의 동질화는 하나의 기준에 의해 모든 시간을 측정하고 계산하는 것을 가능하게 했다. 즉 시간의 동질화는 시간을 양적으로 측정하고 이용하는 데 바탕이 된다.

이렇듯 동질화된 시간의 수량화가 이루어지면서 시간의 계산과 거래가 가능해졌다. 수량화된 시간은 발전과 개발이 가능하며, 경쟁과 비교의 대상이 된다. 수량화된 시간에는 어떤 사회적 의미나 윤리적 판단도 개입하지 않는다. 때문에 수량화된 시간은 가치중립적이고 객관적인 기준처럼 여겨진다. 그러므로 수량화된 시간은 '공평하게' 분할될 수 있고 '합리적으로' 재배치될 수 있는 것처럼 여겨진다. 이런 시간성에 의해서 밤은 집에서 쉬거나 자는 시간이 아니라 2교대나 3교대의 노동이 가능한 시간이 될 수도 있는 것이다. 그리고 수량화된 국민의 생활시간은 통계의 대상이 됨으로써 국가의 통치수단이자 다른 나라와 경쟁이 가능한 자원으로 조사, 개발되게 되었다. 현대의 휴일과 자유시간은 양적인 측면에서 줄이거나 늘리거나 재배치할 수 있다. 하지만 세시와 명절은 그것이 불가능하다. 그것은 수량화될 수 없기 때문이다. 1월 1일은 어떤 해든 아무 의미 없는 한해의 첫째 날을 의미하지만, 설날은 해마다 다른 갑자의 해와 달과 날로 표시된다. 그러므로 설은 해마다 질적으로 다른 날이고, 이는 불가역적으로 되돌릴 수 없고 다른 날로 대체할 수도 없다.

시간의 동질화와 수량화를 통해 숫자로 표현된 시간은 더이상 구체적 인물·노동·행위·의미 등과 연결되어 있지 않다. 추상화된 시간은 구체적인 행위로부터 인간을 소외시킨다. 특히 자본에 의해 노동이 노동시간으로 추상화되면서 인간은 노동으로부터 소외되었다. 또한 시간의 추상화는 시간을 하나의 자원으로 개념화한다. 근대적 시간체제 이전의 시간은 자연의 영역이나 신의 권능 또는 왕의 권위로부터 비롯된 것이었다. 그러나 추상화된 시간은 누구에게나 측정·계산·거래·개발이 자유로운 새로운 자원이 된다. 그 결과, 시간은 국가와 사회와 개인의 여러 목적에 따라 여러 형태로 개발이 가능해지고, 여러 주체들 간의 다툼의 장이 된다.

근대적 시간기획의 주요 주체

시간이 근대적인 시계 장치에 의해 동질화, 수량화, 추상화됨으로써 시간자원의 개발과 이용을 둘러싸고 여러 주체들(국가, 자본, 개인 등)이 경쟁을 벌이게 되었다. 근대 국민국가의 형성과 함께 국민의 일상시간이 국민 형성과 국가의 통치 그리고 그 유지와 발전에서 주요 요소로 작동하게 된다는 점에서, 국가는 국민국가 시간을 기획하는 주요 주체이다. 국민국가의 민족정체성은 국민의 일상생활을 통해 형성되고 재생산되며 확인된다.[8] 따라서 국가는 국민의 일상시간의 주기와 속도를 통제하고, 국민의 시간성을 사회적 시간체제를 통해 재구조화하고 유지하고자 한다. 또한 국민 일상시간의 효율적 조직화는 국부의 증대를 위해서도 요구되는데, 이는 국내의 결속과 발전을 넘어서 국가 간 경쟁에 주요 요소로 작용한다. 때문에 국가는 근대적 시간체제를 통해 국민의 통합을 꾀하면서 동원체제를 구축하고자 하고, 국가 간 경쟁에서 우위를 점하고자 한다.

자본 역시 일상을 조직하는 기본 조건으로서의 시간 중 노동시간 및 여가시간과 관련해 그 개발과 이용에 적극 관여하는 시간기획의 주요 주체이다. 맑스는 자본주의의 발달에 조응해 자본가들이 노동시간을 재구성함으로써 사회적 시간을 자본에 맞게 기획했다고 주장한 바 있다.[9] 자본가는 노동자에게 임금을 주고 일을 시킬 수 있는 시간을 노동자로부터 샀으므로 그 시간을 조금의 낭비도 없이 최대한 이용할 권리를 가진다는 것이다. 따라서 자본가는 필요노동가치보다 잉여노동가치가 많아지도록 노동시간을 사회적으로 재조직하려고 한다. 이렇게 자본주의에 의해 노동은 구체적인 노동행위가 아니라 추상적인 노동시간으로 가치가 정해지면서 일반화되고 수량화되고 분절화된다.[10] 이러한 맑스의 지적은 실제로 테일러리즘이나 포디즘을 통해 현실화되었고, 이후 자본가는 자본주의의 발달과 더불어 노동시간의 효율적 조정을 넘어선 여러 새로운 시간기획 전략들을 구사하게 되었다. 그리하여 자본가와 노동자 간에는 노동시간과 자유시간을 둘러싼 긴장이 계속되었고, 국가 역시 그 사이에서 시간 분배와 조직화에 개입하게 되었다.

  그러나 국가와 자본의 시간기획 대상인 개인은 국가와 자본의 기획대로만 일상시간을 꾸려가지 않는다. 그것에 동조하기도 하고, 저항하거나 시간기획을 주도할 수도 있다. 앞에서 논의했듯이 근대 국민국가는 "시간의 차원에서 사회·정치·경제·문화가 경험되는 방식을 결정하는 장악력을 획득하고 그것을 도구로 삼아 시간정치를 작동시킨다."[11] 그리고 자본주의의 시간기획은 자본축적을 위해 노동시간에 대해 시간정치를 작동시킨다. 하지만 어떤 권력의 사회적 시간기획이든지 간에 그 효과는 사회적 개인과 사회적 관계가 그 사회적 시간체제 안에서 재생산될 때에만 유효하다. 이렇듯 사회적 시간이 경험되고 실천되는 개인의 일상시간은 시간기획의 필수요소이지만, 한 개인의 일상은 기계적인 반복과 규율을 넘어선다.[12] 따라서 그 자리에는 언제든지 지연, 균열, 저항, 창조가 들어설 여지가 존재한다.[13]

시간규율, 시간자원, 시간주권

  근대적 시간체제에서 시계시간은 새로운 시간규율을 조직해낸다. 시계에 의해 시간은 시·분·초로 분할되고 측정이 가능하게 되었다. 그리하여 시간에 의한 행동의 동시화·연동화·배열화가 가능해졌다. 근대적 시간은 인간의 신체와 정신을 시계시간과 연동함으로써 개인의 움직임을 효율적으로 관리하고 규율한다. 시간규율을 통한 동시화는 개개인을 집단에서 분화된 하나의 조직이 되게 한다. 이러한 시간성은 노동이나 국민동원에 매우 효과적인 수단으로 작동한다. 때문에 근대적 국가의 공장·

학교·군대에서 시간 엄수는 가장 중요하고 기본적인 조건이 된다. 근대의 주요 건축물들(병원·학교·역·관청 등)은 모두 시계탑을 두거나 종을 울리는 장치를 가지고 있다. 근대적 공간으로서의 공장·학교·감옥·병영 등에서는 시간규율을 통해 분절된 시간과 신체의 동작을 시간 단위로 묶고 계열화함으로써 시간의 낭비와 불필요한 동작을 줄이고 통제한다.

시간 통제를 통해서 규율을 생산할 수 있게 되자, 근대적 국가와 자본, 즉 근대 권력은 국민 또는 노동자에게 시간 엄수를 적극적으로 요구했다. 그러나 시간규율은 단순히 시간 엄수를 통해서만 이루어지는 것은 아니다. 권력은 사람들로 하여금 근대적 시간체제를 사회윤리나 종교윤리와 결합해서 받아들이도록 했다. 18, 19세기 영국에서는 노동자들에게 청교도 윤리를 통해서 시간규율을 받아들이도록 했으며,[14] 일본 제국주의는 시(時)의 기념일을 통해서 근대적 시간체제 도입을 "세계적으로 진전된 기술의 발전을 바탕으로 생활개선 운동이나 합리화 담론 속에서 전개"[15]해나갔다. 그리고 대한민국의 산업화 시기에 시간규율은 근대화 담론 속에서 근면 이데올로기와 연결되었다. 그리하여 당시 시간을 엄수하고 절약하기 위해 노력하지 않는 사람은 시간을 낭비하는 자로서 비윤리적이고 반사회적인 사람으로 인식되었고, 게으르고 나태한 존재로 낙인찍혔다.

한편, 시간규율은 노동으로부터 인간을 소외시킨다. 시간당 정해진 생산량이 있으므로 기계시간에 맞춰서 일하지 않으면 전체 공정에 차질을 빚게 된다. 1936년 찰리 채플린이 만든 「모던 타임즈」라는 영화는 시간규율로 인해 노동자들이 겪는 소외의 문제를 분명하게 보여준다. 〈그림 1-1〉은 공장의 컨베이어 벨트가 멈추지 않고 계속 돌아가게 하기 위해 쉬는 시간과 식사하는 시간을 줄이고 감시를 받으면서 강박적으로 나사

그림 1-1 영화 「모던 타임즈」 포스터 부분[16]   그림 1-2 방직공장 직원의 작업 장면[17]

를 조이는 노동자가 결국은 기계 속으로 빨려들어가 기계의 한 부속품처
럼 되어버리는 모습을 보여준다.

그리고 〈그림 1-2〉는 1977년 『경향신문』에 실린 사진으로 대농의 청주
방직공장에서 일하는 직원의 모습이다. 기자는 방직기계 사이로 보이는
앳된 직원을 "기계 숲 속의 나이 어린 직녀(織女)"라고 표현하고 있다. 직
원은 방직기계에 연결되어 있는 실이 끊어지는 일이 없도록 눈을 부릅뜨
고 기계와 한 몸이 되어 지켜보고 있다. 실이 끊어지면 이어주고 다 감긴
실타래는 바꿔 끼우는 단순작업이 연속되는데, 잠시라도 한눈을 팔거나
실수하면 기계를 세워야 하므로 생산량에 차질을 빚게 된다. 각 작업단계
가 시간에 의해 짜여 있으므로 거기에 맞추려면 동작시간과 순서에 따라

행동해야 한다. 내가 작업하는 나사와 실이 어디에 쓰이는지는 알 필요가 없다. 시간규율은 이러한 기계화와 분업화에 없어서는 안되는 요소이다.

근대적 시간체제에서 시간은 곧 돈이다. 인간의 노동이 사적 공간으로부터 분리되어 자본에 의해 일정 시간과 한정된 공간 속에서 임금으로 계산되면서 시간은 돈과 등치되기 시작했다. 18세기 중엽 벤저민 프랭클린은 "시간은 돈이다"라는 말과 함께 에너지 절약의 차원에서(당시에는 양촛값을 아끼기 위해서) 1시간 일찍 일어나 일상을 시작하는 게 좋겠다는 제안을 한 바 있다. 그 시대에 이미 시간은 돈이고 낭비해서는 안되는 것이었다. 그리고 절약해야 하는 시간은 단지 노동시간뿐만이 아니라 자유시간까지도 포함되었다. 이런 시간관념은 현대사회에 들어와 한정된 시간을 어떻게 하면 효율적으로 이용하고 활용할 수 있는지에 대한 관심으로 이어진다.

이렇게 시간이 돈과 등치되면서 시간은 자본주의의 발달과 함께 존재양식의 변화를 보였다. 금융자본주의의 발전은 자본의 축적과 순환 방식에 변화를 가져왔다. 자본은 더이상 토지나 노동과 결합하지 않고도 순환을 통해 이윤 창출을 할 수 있게 되었다. 돈과 등치된 시간도 마찬가지로 노동과 직접적인 관련 없이 증식·투자·축적·순환이 가능해졌다. 돈으로 다른 사람의 시간을 살 수 있게 되었고, 기술문명과 통신기술의 발전으로 시공간이 압축되었기 때문이다. 이제 돈과 기술에 따라 이 지구상에는 24시간 중 한시간도 효율적으로 이용할 수 없는 사람과 그 몇배의 시간을 확보하고 활용하는 사람이 생겨나게 되었다. 즉 돈이 금융시장에서 순환하며 몸을 불리듯이, 시간 역시 순환을 통해 더 많은 '돈 버는 시간'을 벌 수 있게 된 것이다. 그러므로 하루 24시간은 우리 모두에게 공평하게 주어진 한정된 자원이 아니다. 이러한 시간성의 지속은 시간과 돈의 빈부

격차를 더욱 벌려놓는다.

영화 「인 타임(In Time)」(앤드루 니콜 감독, 2011)은 이런 사실을 가까운 미래의 현실로 보여준다. 시간을 화폐처럼 사용하고 그것을 다 쓰면 수명이 끝나는 미래사회에서는 시간을 직접 사고팔 수도 있고 빼앗을 수도 있다. 부자는 돈이 많으니 시간을 돈으로 살 수 있고, 시간이 많으므로 죽지 않는다. 하지만 주인공 엄마처럼 한정된 시간을 돈 대신 지불하고 시간이 없어진 사람들은 죽음을 맞이하게 된다. 그 영화에서는 시간과 돈의 등치가 너무나도 극명하지만 그것은 점점 현실이 되고 있다. 현대사회에서 시간 빈곤의 문제는 단순히 한 개인의 게으름이나 나태함 때문이라기보다는 시간과 돈의 구조적 연결에 기인한 것이다.

근대적 시간체제에서 국민국가의 시간은 경제적 자원인 동시에 정치적 자원으로서 국가의 정체성과 국민의 경계를 확정한다. 국가는 국가적 시간제도를 통해서 국가의 정체성을 드러내고 국민을 통합하고자 한다. 국경일과 국가적 축제일, 법정기념일과 법정공휴일 등의 제정은 평평하고 동질적인 시계시간에 국민국가의 정체성과 시간주권을 새기는 일이다. 이런 시간제도는 주기적이고 반복적으로 국가와 국민의 시간을 일치시키며 국민국가를 공고히 한다. 이런 의미에서 근대적 시간체제의 시간은 기억정치의 장(場)이다. 때문에 시간의 기억을 둘러싼 여러 주체들 간의 충돌은 계속된다. 같은 사건, 같은 경험을 한 시간을 무엇으로 기억할 것인가의 문제, 그중 어떤 시간은 삭제하고 어떤 시간은 기념할 것인가의 문제, 그 시간의 의미 부여를 어떻게 할 것인가의 문제는 한 국가 또는 사회의 갈등을 유발함과 동시에 통합으로 이끌기도 한다.

기념을 둘러싼 대립은 민족과 국가 간에 벌어지기도 하지만 같은 국가내의 다른 계층·계급·젠더 사이에서도 일어난다. 전자의 경우는 민족주의를 추동하고 국민단합을 불러일으키며, 후자의 경우는 사회적 갈등을 드러내는 한편 그것을 해소하는 역할을 하기도 한다. 메이데이를 둘러싼 정부와 노동자 간의 대립은 후자의 대표적인 경우이다. 박정희 정권은 1964년 3월 10일을 근로자의 날로 명명하고 메이데이인 5월 1일을 법의 날로 정했다. 법의 날은 원래 미국에서 메이데이 때가 되면 일어나곤 하는 노동자 시위를 막기 위해서 만든 것인데,[18] 대한민국 정부도 그 사례를 좇아서 메이데이의 의미를 삭제하려고 법의 날을 만들었던 것이다. 메이데이 100주년이었던 1989년 5월 1일에 정부는 제26회 법의 날 행사를 개최했고, 한국노총은 100주년 세계노동절 행사를 계획했으나 공권력에 의해 원천 봉쇄당했다. 하지만 2019년 현재 5월 1일은 법의 날이 아니라 근로자의 날이다. 노동자들이 투쟁을 통해서 자신을 기념하는 시간을 되찾은 것이다.

대한민국과 근대적 시간체제

근대적 시간체제는 조선과 대한제국, 일제강점기와 광복, 미군정기 등을 거쳐 도입되고 정착되면서 한반도에서 지배적인 시간체제가 되었다. 조선에서 개화세력에 의해 위로부터 근대적 시간체제 도입이 이루어지면서 근대적 개념의 '시간'이라는 용어가 사용되기 시작한 것은 1880년대와 1890년대 무렵이다.[19] 조선은 1894년 갑오개혁 때 중국의 영향권에서 벗어나기 위해 조선의 개국기년을 사용하기로 결정했다. 그리고 1895년에 양력을 공식적인 국가의 시간제도로 정하고, 조선 황실의 기념일을 근대적 의미의 국경일로 지정했다. 이때 연호도 건양(建陽)으로 바꾸었다. 건양은 조선 최초의 고유 연호이다. 고종은 1897년 대한제국 선포 전에 근대적 시간체제를 공식적인 국가의 시간제도로 채택함으로써 조선이 중국의 영향권에서 벗어난 독립국이며 근대적 국가 중 하나임을 드러내고자 했다. 당시 창간한 관보를 보면 초기에는 기년(紀年) 표기를 중국 연호가 아닌 '갑오(甲午)'로 하고 음력을 사용했으나, 이후에는 개국기년으로 바꾸고 요일제와 양력 표기를 받아들였음을 알 수 있다.[20]

  하지만 조선시대 말과 대한제국기에는 근대적 시간체제 도입에 대해 전통적 시간체제의 저항이 존재했고, 여러 시간체제들이 경합을 벌였다.[21] 이어서 일본 제국주의에 의해 대한제국이 병합되면서 근대적 시간체제는 식민지 체제를 내재화하고 일상화하는 기제가 되었다. 대한제국은 근대적 시간체제를 수용하기는 했으나 사회적 시간을 기획하는 데까지는 이르지 못했고, 일본 제국주의에 의해서 근대적 시간체제가 식민지배와 전시동원을 위한 제국-식민지적 시간체제로 식민지 조선에서 재조직되었기 때문이다. 이후 식민지 조선에서 근대적 시간체제는 근대화와 식민화라는 이중적 규율로 작동했다.[22]

  미군정기와 1950년대에는 전통적 시간성과 근대적 시간성이 혼재돼 있었다. 미군정은 공식적으로 서기를 사용했고, 대한민국에서 미국의 국경일, 법정공휴일, 법정기념일을 지켰다. 이는 대한민국 국민의 일상에 직접적으로 영향을 미치지는 않았으나, 대한민국 정부가 공식적 시간제도로써 시간을 기획하는 데 영향을 미쳤다. 대한민국 정부는 서기에 근거한 양력으로 국경일과 법정기념일과 법정공휴일을 제정했고, 미군정이 매년 실시하던 일광절약시간제, 일명 서머타임제를 정부 수립 이후에도 서구 선진국의 시간제도로 받아들여 지속적으로 운용했다. 그러나 연호는 서기 대신 단기가 채택되었다. 단기는 5·16 이후 국가재건최고회의가 국가 연호를 서기로 채택할 때까지 대한민국의 공식 연호로 사용되었다.

박정희 정권의 시간기획은 세가지 측면에서 근대적 시간체제와 접합하게 되는데, 이로부터 동력을 얻기도 했지만 저항에 부딪히기도 했다. 첫째로 그 시간기획은 전통적인 것을 열등하고 전근대적인 것으로 치부하는 근대적 시간체제와 접합한다. 따라서 이런 시간기획은 근대화를 이끄는 데에는 효과적이지만, 전통적인 시간개념으로부터 저항을 받게 된다. 두번째는 자본주의 시간체제와의 접합인데, 이런 시간기획은 노동자 계층과 갈등을 빚게 된다. 자본가의 시간기획으로 시간은 돈이 되었다. 근대적 시간체제에서 시간은 자연재나 공공재처럼 누구에게나 무상으로 공평하게 주어지는 것이 아니라 돈으로 환산 가능한 것이 되었다. 그러면서 자본가와 노동자는 노동시간을 두고 대립했는데, 국가는 자본가와 결합해서 근대화를 이끌었다. 세번째는 규율적 시간체제와의 접합인데, 국민들은 일상에서 이런 시간기획의 경험을 내재화하거나 이에 저항했다. 대한제국기나 식민지 시기와 마찬가지로 이 시기에도 여러 시간체제가 경합을 벌였다. 하지만 시간은 누구에게나 인생의 자본 중에 가장 중요한 것으로서 낭비하지 말아야 하는 자본이라는 인식에는 사회적 합의가 이루어지게 되었다.[23] 그 결과, 이 시기에는 근면 이데올로기가 사회적 시간체제 구성에서 주축을 이루게 된다.

1980년대에 들어서자 국민들은 시간 이용에서 이전과는 다른 경험을 하게 된다. 야간통행금지가 해제되면서 국민들은 24시간을 모두 이용할 수 있게 되었으며, 신군부 정권의 시간기획에 의해서 국민의 24시간은 사회적 자원으로 개발되어 효율적으로 사용되고 분배되어야 할 대상이 되었다. 일상시간이 24시간으로 확대된 만큼 이후 국민의 자유시간이 그만큼 증가할 것으로 전망되었으나,[24] 실제로는 노동시간뿐 아니라 자유시

그림 1-3   전산컴퓨터 24시간 애프터서비스 광고[25]

간까지 '조국 선진화'를 위한 사회적 시간에 편입된다. 국민 전체의 24시
간이 사회적으로 효율적 관리와 조직이 요구되는 대상이 된 것이다. 이전
에는 노동시간과 같은 특정 시간이나 시기만 통제 대상이었다면, 이제
24시간 일상시간 전체가 새로운 기획 대상이 된 것이다.

야간통금이 해제되고 낮과 밤의 경계 없이 24시간을 이용하는 것이 자
유로워지자 자본의 순환이 빨라졌다. 이에 따라 시간 이용에도 가속도가
붙었다. 이를 뒷받침한 것은 시간 단축을 위한 새로운 기술·직업·기계의
등장과 확산이었다. 출퇴근 시간을 자동으로 기록해주는 기록기가 등장
했는가 하면, 컴퓨터, 복사기, 계산기, 전동 타자기, 개인 무전기, 팩시밀
리 등 효율적으로 시간을 절약할 수 있게 해주는 기계들이 대중화되기 시
작했다. 그리고 심야에 운전을 대신해주거나 24시간 수리와 점검이 가능

한 서비스, 24시간 문을 여는 상점들도 속속 등장했다. 또한 포장용기와 일회용품, 패스트푸드가 일상에서 서서히 자리를 잡게 되었다. 이렇게 1980년대에 가속도가 붙은 시간은 1980년대 사회로 하여금 쉼 없이 속도 경쟁으로 나아가게 했다.

1990년대 초 자본이 생산성 위기를 맞자 기업경영 혁신과 효율성을 제고하기 위해 기업의 시간 관리가 주목을 받게 되었다. 당시 시간은 '제6의 경제자원'으로 떠올랐다.[26] 기업들은 시간 단축을 뛰어넘은 시간 압축을 통해 자본의 효율성을 높이고자 했다. 따라서 노동의 질이 강조되고 노동의 강도가 높아지게 되었다.[27] 그리고 1997년 IMF 구제금융 이후에는 급속히 신자유주의의 영향하에 들어가면서 이런 시간 관리와 시간 압축 담론의 주체가 기업에서 개인으로 옮겨갔다. 하비(D. Harvey)는 신자유주의를 "국제적 자본주의의 재조직화를 위한 이론적 설계를 실현시키려는 유토피아적 프로젝트 또는 자본축적의 조건들을 재건하고 경제 엘리트의 권력을 회복하기 위한 정치적 프로젝트"라고 정의한 바 있다.[28] 대한민국은 이러한 자본축적 프로젝트에 의해 국가 중심의 발전주의 경로에서 벗어나 신자유주의적 발전 경로를 형성하고 전지구적 신자유주의 시·공간에 종속적으로 연결되었다.[29]

그런데 신자유주의하에서는 자본축적과 관련해 이전과 다른 시간체제가 구축된다. 시간은 금융자본의 시간체제와 인적자본의 시간체제로 이중화되고, 후자가 전자에 종속되면서 시간체제 간에 위계화가 생겨난 것이다. 금융의 자본축적 시간체제는 시공간의 제약을 받지 않을 뿐만 아니라 '리스크(risk) 개념'으로 미래의 시간까지 끌어다가 이윤을 창출할 수 있다. 지주형은 이를 가리켜 "시간이 걸리지 않는 시간"이라고 했다.[30] 이에 비해 신자유주의하의 개인은 노동시간과 노동현장에서 벗어날 수 없고, 잠시 벗어난다 하더라도 자기 시간의 주인으로서 자신의 모든 시간을 관리하고 조직하고 개발해야 한다. 1997년 이후부터 대한민국 사회에서 시간 관리는 자기경영에 관심을 갖는 사람이라면 누구나 갖춰야 할 필수 덕목이 되었다.[31]

신자유주의하에서 우리 모두는 같은 시간대에 존재하지만, 실제로는 각기 가지고 있는 자본이 금융자본이냐 인적자본이냐에 따라 구조적으로 다른 시간체제에 속하게 된다. 이처럼 신자유주의 시간기획하에서 사회적 시간체제가 이중화되고 위계화되자, 시간의 양극화 현상은 더욱 심화되어 시간 압박감과 시간 부족감이 증대하게 되었다. 때문에 신자유주의 시간기획에 대한 비판과 함께 대안적 시간기획의 필요성이 제기되었다.[32]

2. 1980년대 사회적 시간의 비동시성[1]

알뛰세르(L. Althusser)에 의하면 한 사회는 상이한 역사적 시간성을 가진 주체들에 의해 구성된다고 한다. 이는 근대적 시간의 전일성(全一性)을 부정하는 동시에 근대적 시간체제에서 생활하고 있는 주체들 간에는 시간 분배와 배치를 둘러싸고 시간기획과 시간정치가 존재할 수밖에 없음을 의미한다.[2]

1980년대 대한민국 사회는 1970년대의 권위주의와 군사주의적 시간성의 유제(遺制)와 함께 시작됐으나 그것을 마감하는 한편, 새로운 시간기획에 의해 생겨난 사회적 시간들과 글로벌 시간체제와의 조우 속에서 새로운 주체들이 여러 시간성을 지향하게 되었다. 따라서 1980년대 시공간에서는 다양한 시간성이 동시에 존재하면서 서로 충돌, 대립, 경합, 타협, 절합(節合)하는 양상을 보인다.

1980년대 사회의 불일치

대한민국의 1980년대는 신군부 정권의 군사반란과 내란 속에서 비상계엄령과 함께 시작됐다. 1980년대는 1948년 헌법 제정 이후 2019년 현재까지 총 아홉번 있었던 헌법 개정 중 두번의 개정이 이루어졌고, 14년 만에 대통령 직선제를 헌법에 공시하고 시행한 시대였다. 1980년대에는 그만큼 정치적으로 변동이 격심했고 사회적 변화도 많았다. 신군부 정권은 강력한 억압과 독재를 행하면서 집권에 성공했지만, 태생적으로 정당성이 도전받고 있었기 때문에 권력 유지와 국민동원에서 불안정한 상태였다. 게다가 당시의 경제·정치·사회·문화는 탈중심화가 심화되고 있었다. 하지만 한국은 아시안게임과 올림픽의 개최국으로 선정되었기에 이러한 모순을 그대로 안은 채 세계적인 이목을 받으며 '선진 조국'을 이루어내고 국제적 스포츠 행사를 치러내야 했다. 따라서 국제적인 시선을 받으며 이러한 목적을 성취하자면 어떻게든 그 분열과 갈등을 봉합할 수밖에 없었다. 이것은 반드시 지배권력만이 해결해야 하는 과제는 아니었다. 국민의 입장에서 이러한 사회적 균열과 모순은 당시 지배권력과의 관계 설정과 자신의 일상을 영위해나가는 데 대한 불안감과 혼란을 불러일으켰다.

1980년대의 경제·정치·사회·문화는 극대적인 모순과 불일치의 모습을 보였다. 경제적으로는 물가도 안정적이었고 고도의 경제성장을 이룸으로써 소득 증대와 이에 따른 소비 변화가 있었지만, 정치적으로는 억압과 독재가 횡행했다. 하지만 당시 1980년대 사회가 앞으로 감당해야 할 몫은 '선진 조국의 창조'와 아시안게임과 올림픽 경기 개최였다. 따라서 1980년대 한국이라는 시공간에 존재한 사람들은 한편으로 '파쇼 타도'를 외치면서도 '소비주의'에 물들어갔고, 신자유주의로 나아가는 세계체제 재편 속에서 도태되지 않기 위해 개방을 표명하고 그 체제에 편입하고자 했으며, 그 체제에서 살아남고자 스스로를 지키기 위한 방어막을 높였다. 그래서 1980년대에 대한 평가는 각 층위별로 엇갈릴 수밖에 없다. 1980년 대는 정치적으로는 "혁명의 시대"[3]이자 "광기의 시대"[4]인 동시에 사회·경제적으로는 "소비의 시대"[5]였으며, 문화적으로는 1990년대 "문화의 시대"를 예비하기 위해 대중예술이 꽃핀 시기였다.[6]

그리고 1980년대에는 글로벌 시간(성)과 로컬 시간(성)의 불일치가 두드러졌다. 대한민국은 아시안게임과 올림픽 유치국으로서 스스로를 개방할 수밖에 없었다. 때문에 대한민국은 대외적으로 반공주의를 잠시 중단하고 공산국가와의 관계 개선을 꾀했다. 그리고 해외여행과 수입을 자유화하고 해외문화와의 접촉을 독려하는 등 이전에는 접촉이 전무했거나 거의 없었던 세계로 나아가려고 했다. 하지만 그것은 대한민국 사회로서는 예상하기 어려운 일정이었다. 왜냐하면 유신체제의 종결, 국제 스포츠 행사 개최지로의 선정, 새로운 집권세력의 등장 등이 예정된 일정대로가 아니라 어느날 갑자기 단시일에 예상치 못한 정치적 상황에서 돌발적으로 전개되었기 때문이다.

그 결과, 대한민국 사회는 준비된 바 없이 세계무대에 서야 하는 중압감과 함께 이로 인해 발생하는 불일치적 상황을 감당해내야 했다. 대한민국이 아시안게임과 올림픽을 유치한 것은 집권세력이 정당성을 인정받기 위해 부단히 애써온 결과였지만, 한편으로는 국내 현실에 세계 이목이 쏠릴 것이므로 통치 일정에 차질이 생길 수밖에 없었다. 당시 사회의 입장에서도 마냥 기뻐하기 힘들었다. 왜냐하면 국내적으로 모순이 산적해 있는 상황에서 '받아놓은 잔칫날'을 거부할 수는 없고, 그렇다고 해서 신군부 지배권력의 정당성을 인정할 수도 없었기 때문이다. 결국 국제 스포츠 행사의 유치로 인해 1980년대 한국사회의 향방은 달라질 수밖에 없었다.[7]

1980년대에 들어서자 자기 목소리를 내기 시작한 주체들이 증가했는데, 이들 간에도 불일치가 존재했다. 1980년대는 계급론적 접근이 가능할 정도로 계급 분화와 계급 간 균열이 증폭된 시기였다.[8] 이는 그만큼 자본주의적 모순이 1980년대의 대한민국에 드러났을 뿐만 아니라, 다양한 계층에서 저마다의 욕망을 자각했음을 의미한다. 1980년대 각 계층을 구성하고 있던 주체들의 공통된 특이점은 조직적 구성을 이뤘다는 점, 조직 간 연대가 가능했다는 점, 그리고 당면한 문제 해결을 위해서는 대립과 타협을 통한 이합집산의 모습을 보였다는 점이다. 각 계층 내에서도 불일치가 존재했고 각 조직 간의 연합 역시 불안정한 상태였다.

신군부 세력은 반대세력에 의해 '유신잔당'이라고 불렸지만[9] 스스로는 유신체제를 '적폐'로 규정하고 유신체제의 핵심인물들을 제거함으로써 기존세력을 멀리하려고 했다.[10] 그리고 신군부 집권에 저항하는 세력 역시 와해하고 억압했다. 따라서 새롭게 지배연합세력을 구축해야 했지만 안정적이고 견고한 연합의 구축은 불가능했다. 게다가 저항세력은 계속되는 폭압에도 불구하고 점차 세력을 조직화하고 연대의 움직임을 보였다. 결국 신군부 정권은 지배체제를 전유할 수 없었고, 권력을 공고히 유지하기 위해서는 유화책과 타협책을 선택할 수밖에 없었다.

한편 저항세력 역시 연대를 이루어 저항했지만, 그 연대는 견고하지 못했다. 당시 사상의 스펙트럼이 너무 넓었을뿐더러 각각의 문제에 대한 해결방안도 서로 달랐다. 서로 지향하는 바가 달랐기 때문이다. 따라서 신군부 지배연합세력이 유화책과 타협책을 사용하자 저항세력 내에서는 분열과 대립이 일어났고, 이합집산을 통해 와해와 재결집을 거듭하면서 강고했던 연대의 고리가 약화되어 더이상 이전과 같은 역할을 계속할 수 없게 되었다.

1980년대 다양한 시간성

1980년대 당시 대한민국에서는 극심한 정치변동과 다양한 주체의 출현으로 인해서 다양한 시간성이 혼재, 경합했다. 경제는 신자유주의가 도입되고 있었고, 정치는 군사주의와 권위주의가 지속되고 있었으며, 문화는 소위 '3S 정책' 등으로 대중화·상업화되고 있었다. 그리고 공식적으로 근대국가의 시간체제가 도입된 지 90년이 지났음에도 불구하고 여전히 양력과 음력이 이원적으로 존재하면서 사회적 갈등을 빚고 있었고, 역사적 인식의 차이를 보이는 국가와 각 주체가 국가 기념과 국가 상징을 둘러싸고 다툼을 벌이면서 사회적 시간은 변화를 겪게 되었다.

1980년대의 다양한 시간성의 혼재를 단적으로 보여주는 예는 당시의 기년법이다. 대한민국의 연호는 1962년 1월 1일부터 공식적으로 서기였지만, 1980년대에도 여러 기년이 혼용되었다. 1988년 5월 11일자의『매일경제』『동아일보』『경향신문』의 날짜 표기를 살펴보면 공통적으로 1면 상단에는 서기를 표기했지만, 마지막 16면 상단에는 각각 다른 날짜 표기 방법을 사용했다.『매일경제』는 서기·음력·간지 기년을 표기했고,『경향신문』은 1면과 동일하게 서기를 적었다. 그리고『동아일보』는 음력·간지·서기·단기를 병기했다. 이는 당시 대한민국 정부가 공식적으로 연호를 서기로 정한 지 27년이 지났지만, 사회적으로는 서기·단기·간지 등 여

그림 2-1   '민중자서전' 전20권 중 일부

러 기년법(紀年法)이 혼용되고 있었음을 보여준다. 그리고 당시의 대한
민국 사회는 국가의 공식적인 양력일원제와는 별도로 음·양력 이원제를
사용하고 있었음을 알 수 있다. 이렇듯 한 사회의 시간성은 공식적으로
국가의 지시나 법령에 의해 획일적으로 표준화되고 통일된다 하더라도,
실제적으로는 여러 시간성이 혼재될 수도 있는 것이다.

　또한 양적 시간 대 질적 시간의 경합도 존재했다. 1980년대에 국민의
일상시간은 국민생활시간자원이라는 국가의 양적 시간 담론 속에 편입되
어 재조직되었다.[11] 반면 사회 일각에서는 이런 움직임과는 반대로 질적
시간에 대한 관심이 증가했다. 민중구술사 기록과 연구, 그리고 질적 연구
방법론을 통해 한 인간의 일상과 일생에 대해 총체적으로 접근하고자 하
는 움직임 등이 그것이다. '뿌리 깊은 나무' 출판사의 '민중자서전' 1~20권

은 그 대표적인 예이다.[12] 이러한 기획은 '민중'의 입장에서 국가(정부)와 자본에 맞서는 기억과 역사를 재구성하고자 한 것이다.[13] 이 외에도 서독에 파견된 광부나 노동자를 생애사적 관점에서 연구하기도 했다.[14]

그리고 1980년대에는 신군부의 개방화 정책과 아시안게임, 서울올림픽 개최에 의해서 글로벌 스탠더드를 지향하는 시간성과 함께 민족주의가 강화되기도 했다. 한편, 시간기획의 지배주체가 신군부 독재권력이었으므로 그에 대한 국민의 대항, 경합, 타협은 민주주의적 지향을 보이게 되었다. 그리고 신군부 정권의 유화정책과 함께 민주화 투쟁의 전개로 점차 군사동원적 성격을 띠던 시간기획이 사라지면서 시간은 문화적 성격을 띠게 되었다. 1980년대 국민들은 패스트푸드점에서 외국 상표의 햄버거와 치킨을 사먹고[15] 외국 광고모델과 외국 상표의 의상을 소비하면서도 한편으로는 떡, 민속주, 한국식 과자, 한복 등에 대한 지출을 줄이지 않았다.[16] 즉 1980년대 사회적 시간들 간의 대립점은 일제강점기나 발전국가 시기에 비해서 훨씬 복합적이었다.

1980년대의 시간성 중에서 가장 큰 대립점을 보인 것은 과거·현재·미래를 바라보는 관점에 따라 달라진 '지금 여기'에 대한 해석이다. 신군부 정권의 시간성과 시민사회의 시간성은 이와 관련해서 대척점에 서 있었다. 신군부 정권은 바람직한 미래상을 제시하면서 현재를 '청산'의 대상으로 설정했고, 현재의 시간을 미래의 목적을 이루기 위한 자원으로 개발하고자 했다. 하지만 시민사회는 현재를 현실정치의 장으로 이해하고 현재의 삶을 '개선'하고자 했다. 시민사회 구성원에게 현재는 문제적 시공간인 동시에 생활의 시공간이었다. 따라서 현재는 미래를 위해 희생해야 하거나 개발을 위해 파괴될 수 있는 대상이 아니라, 삶의 터전으로 영위되어야 할 일상적이고 구체적인 시공간이었다.

신군부는 과거 모든 정권을 적폐로 규정하고 현재를 과거와 결별한 '새 시대'로 선언했다. 그리고 스스로에 대해 사회를 정화하고 보호하며 국가의 안정과 발전을 이끌어갈 지도자라고 천명했다. 전두환은 제11대 대통령 취임사에서 바로 앞 시기인 박정희 정권과의 단절을 선언했다. 대한민국이 이전 시기('구시대')로부터 '해방'되어 "성스러운 새 시대의 서장"을 맞이했음을 천명하고, 1980년대를 "우리 현대사에 있어 대내외적으로 획기적인 의미"를 가진다고 선포했다. 그리고 제12대 취임사에서는 광복 이후부터 1981년 이전까지와 1981년 이후 사이에 종언을 선언하고 제5공화국 출범을 '광복'에 비유했다. 일제강점기로부터의 해방과 마찬가지로 제5공화국의 출범은 이전 36년간의 정치권력으로부터 파생된 적폐에서의 해방을 의미한다는 것이었다.[17]

하지만 당시 정계와 시민사회는 이와 상반된 시간성을 가지고 있었다. 대표적으로 당시 야당의 지도자였던 김영삼과 김대중, 그리고 학생과 노동자 등은 최규하 대통령 체제를 과도정부로 보고 이후에 올 새로운 민주 체제를 기대했다. 이들은 1980년 현재를 유신체제의 종결로 보지 않았고, 과거로부터의 단절도 선언하지 않았다. 현재는 투쟁의 연속선상에 있었고 민주화는 여전히 이루어야 할 과제로 제시되었다. 그들에게 미래는 먼 곳에 있지 않았다. 미래는 '지금 여기'의 현실로부터 시작되는 것이었다. 당시 신민당 총재였던 김영삼은 1980년 연두기자회견을 통해서 본인은 "역사의 단절을 통한 과거의 청산보다는 역사의 승계를 통한 새로운 변화를 선택"했음을 선언했다.[18] 그에게 '지금 여기'의 대한민국은 100년에 걸친 민주화 투쟁 속에서 지속적인 발전을 계속해온 사회였다.

이런 시간성에 근거해서 볼 때, 당시의 정권은 최규하 대통령이든 전두환 대통령이든 모두 과거 '유신체제의 잔당'이었고 독재체제의 연장이었다.[19] 이는 제5공화국 역시 군부정권이라는 속성에 기인한 것이기도 하지만, 이후 계속해서 발전국가의 틀에서 정책을 실행했다는 측면에서 그리고 권위주의 체제와 분단체제가 이어졌다는 점에서도 그러했다.[20] 신군부는 이전 군부정권이 추진했던 아시안게임과 올림픽 유치를 계속 진행해 성사시켰고,[21] 새마을운동과 유사한 전국 규모의 관변기관(사회정화위원회, 올림픽조직위원회 등)을 만들어 국민동원을 꾀했으며, 국민 단합과 동원을 위해 과거의 유산과 이별하고 미래의 청사진을 개발하는 등 과거·현재·미래의 국가와 국민의 운명을 관련짓는 방식에서 이전 군부정권과 유사성을 보였다.

과거와 현재의 연속성을 부정하는 신군부의 시간성은 현재와 미래를 관련짓는 데서도 드러났다. 신군부 정권은 '새 시대'를 선언하면서 그 구체적인 미래로서 1988년 서울올림픽을, 그리고 그보다 더 먼 2000년대를 제시했다. 즉 '지금 여기'에서 분리된 먼 미래를 바람직한 사회가 이룩되는 시점으로 제시한 것이다. 이러한 시간성은 당시 『동아일보』90회 특집 칼럼 「서기 2000년: 미리 가본 미래의 세계」와 『매일경제』 100회분의 특집기획 「서기 2천년의 지구」 등을 통해서, 그리고 신군부 정권하의 정부 출연 연구소인 현대사회연구소를 통해서 공유되고 확산되었다. 현대사회연구소는 『2000년대를 향한 한국인상』을 출간해서 대한민국의 바람직한 미래상과 한국인상을 제시했다. 그리고 월간지 『한국인』과 『2000년』을 통해 구체적인 내용과 방향을 제시했다. 1982년에 창간된 『한국인』은 "2천년대를 생각하는 잡지"임을, 1983년에 창간된 『2000년』은 "21세기 문화를 창달하는 종합교양지"임을 표방했다.

이렇게 신군부 정권과 세력이 당시의 시점과는 거리가 있는 2000년대를 바람직한 미래상으로 줄곧 제시한 데 비해, 시민사회는 먼 미래가 아

그림 2-2 잡지 『2000년』 창간호 표지

니라 '지금 여기'를 바람직한 현재로 만들 것을 주장했다. 즉 '지금 여기'
는 바람직한 미래를 위해 희생하거나 청산하거나 개발해야 할 시간이 아
닌 것이다. 그들에게 '지금 여기'는 적폐가 계속되는 현장이자 바로 그것
을 끊어낼 시간으로서 바람직한 현실을 실현할 장이었다.

　이상 살펴본 1980년대에 존재했던 다양한 시간성의 존재는 1980년대
시공간에서 펼쳐질 상이한 시간기획 간의 충돌을 예견케 한다. 어느 시기
에나 다양한 시간성이 존재하고, 여러 사회적 시간이 조직된다. 그런데
특히 1980년대 들어서 시간과 관련해 사회적으로 여러 변화가 있었다. 이
는 당시 시간 이용과 시간기획에서 상당한 변동이 있었음과 각 주체 간에
시간정치가 격렬했음을 의미한다.

시간정치란 시간 이용을 두고 갈등을 겪는 세력들 간에 사회적 시간의 조직을 둘러싸고 벌어지는 다툼을 의미한다.[1] 신군부 정권은 서울올림픽 유치가 결정된 이후에 이전 정권과는 차별되게 야간통행금지제도를 철폐하는 등 개방정책과 자율화·자유화 조치를 잇달아 발표했다. 신군부 정권은 야간통행금지 해제를 통해서 대외적으로 자신들이야말로 국민에게 24시간 자유를 부여할 수 있는 통치력을 지니고 있음을 과시하는 한편, 대내적으로 개방과 자율을 정책으로 내세우며 '자율'을 대한민국의 새로운 사회규율로 조직하고 국민의 24시간을 통치의 수단이자 통제의 대상으로 삼고자 했다. 당시 국민은 신군부 정권의 해제와 통제의 시간정치에 의해 시간성과 일상시간의 이용에 영향을 받는 한편, 주어진 야간통행의 자유와 통제된 자율을 이용하여 자신의 새로운 일상을 구성하고자 했다.

제 2 부

해제와 통제의
시간정치

3. 낮과 밤의 경계가 없어지다

야간통행금지제도는 국민이 심야시간에 통행하는 것을 금지하는 국가의 제도이다. 헌법에 의거한 국민의 신체와 이전의 자유를 거론하지 않더라도, 개인의 통행을 뚜렷한 법적 근거나 상당한 이유 없이 국가 공권력으로 제한하거나 금지하는 것은 국가가 한 개인의 인권과 자유를 억압하고 침해하는 행위이다. 그러므로 야간통행금지제도가 대한민국 정부에 의해 법제화되어 실시되었을 때부터 그 철폐를 두고 논의가 끊이지 않았다. 그러나 이 제도는 치안과 방첩을 이유로 지속되었으며 통치자의 편의에 의해 일시적인 해제와 시행이 반복되곤 했다. 그런데 1980년대 들어서 일시적 해제가 아니라 완전한 철폐가 이루어지게 되었다. 1981년 9월 30일에 1988년 올림픽의 서울 유치가 결정된 이후, 야간통행금지제도의 해제 문제가 공론화되었다. 그리고 이듬해인 1982년 1월 5일 자정부로 대한민국 사회는 야간통행의 자유를 얻어 하루 24시간을 합법적으로 이용할 수 있게 되었다.

야간통행금지제도의 역사

기록에 의하면 조선은 개국 초기부터 야간통행이 엄격히 금지돼왔다. 『조선왕조실록』의 「태종실록」을 보면 1401년에 순작법(巡綽法)에 의해서 야간통행이 엄하게 금지되었음을 알 수 있다.[1] 이후 지속되던 야간통행금지제도는 갑오개혁 이후 1895년 9월에 폐지된다.[2] 그러나 1908년 조선통감부령 제44호 '경찰범처벌령'에 의해 13년 만에 야간통행과 활동이 제한되게 된다. 즉 일본이 강제병합 이전 한성(서울)에 설치한 행정기구를 통해 대한제국과 식민지 조선에서 개인의 야간통행과 활동에 제한을 가한 것이다. 그리고 강제병합 이후 일본 제국주의는 1912년에 '경찰범처벌령'을 '경찰범처벌규칙'으로 강화했고, 1925년에는 '치안유지법'을 만들었다. 그리고 식민 통치를 원활하게 수행하고 피식민 조선인들의 저항을 저지할 목적으로 피식민지 국민의 야간 통행과 활동을 더욱 제한하였다.[3] 일본에 의해 한반도에 행해진 야간통행 제한은 두가지 측면에서 조선시대의 야간통행금지제도와는 구별된다. 야간통행의 결정권이 더이상 왕에게 속한 것이 아니라 국가의 치안문제로서 행정에 속하게 되었다는 것이고, 식민 권력에 의해 식민 통치를 위한 수단이 되었다는 점이다. 즉 1908년부터 시작되어 광복 전까지 행해진 야간통행 제한은 근대적 형식을 갖춘 식민 행정 중 하나였다.

광복 이후에는 미군정에 의한 군사명령으로 야간통행이 금지되었다. 1945년 9월 7일, 맥아더 장군은 승전국의 사령관으로서 북위 38도선 이남 지역과 그 지역 주민들을 접수하고 군정포고령 1호를 내렸다.[4] 그리고 하지 중장은 포고령에 의거해서 당시 경기도 지사였던 이꾸다 세이자부로오(生田淸三郎)를 통해 '경성·인천 양부통행금지령'을 내렸다. 이로써

1945년 9월 8일부터는 경성과 인천을 중심으로, 이후 9월 29일부터는 전국적으로 야간통행금지제도가 실시되었다.[5] 미군정이 내린 포고령의 명분은 "일본 식민지 정책하에서 해방된 한국 국민의 인권을 보호하고 질서 유지를 위해"서이지만,[6] 결국 미군정이 '점령지'를 통제하기 위함이었다. 그리고 미군정 포고령의 실질적인 실시는 일본 제국주의가 피식민국에 임명한 관리에 의해서 이루어졌다.[7] 이렇듯 미군정의 야간통행금지령은 일본 제국주의 시기의 인적 자산을 그대로 활용해서 '점령지'의 국민을 통제하기 위한 군사적인 수단으로 시행된 것이었다.

그리고 미군정 이후에도 야간통행금지제도는 철폐되지 않고 지속되었다. 대한민국 정부는 1954년에 '경범죄처벌법' 제1조 43항에 의해, "전시,

표 3-1 야간통행금지제도의 역사적 변천에 대한 개요

시기	시행과 폐지의 주체	시행/폐지	통행금지 시간
조선시대 1401년	조선시대 태종	시행	오후 8시~오전 4시 반 →오후 10시~오전 4시
조선시대 1895년	조선시대 고종 궁내부 포달 제4호	폐지	
대한제국 1908년	통감부 경찰범처벌령	야간활동과 통행 제한	
일제강점기 1912년	총독부 경찰범처벌규칙 87개항		
광복 이후 1945년 9월 7일	미군정 포고령 1호 (주한미군사령부 하지 장군)	시행	서울과 인천 지역 오후 8시~오전 5시 →오후 10시~오전 4시 9월 29일 전국확대
1950년 7월 8일		한국전쟁 발발로 인해 전국적으로 실시	
대한민국 제1공화국 1954년 4월 1일	법률 제316호 경범죄처벌법(48개항) 제1조 제43항	사법제도화	-1961년 0시~4시 -1964년 제주도 제외 -1965년 충북 제외
대한민국 제5공화국 1982년 1월 5일	대통령	해제	

천재, 지변 또는 기타 사회에 위험이 발생할 우려가 있는 때 내무부 장관이 정하는 야간통행 제한에 위반한 자"는 구류 또는 과료에 처할 수 있도록 함으로써 야간통행금지제도를 법제화했다.[8] 이로써 상시적으로 야간통행금지제도를 시행할 수 있는 법적 기반이 마련되었다. 일상이 비정상적인 상태로 상정되어 야간통금이 사법적으로 가능하게 된 것이다. 당시 '경범죄처벌법'이 실시된 이후 40일간 4569건의 위반이 적발되었는데, 그중 약 90%가 제1조 43항의 야간통행금지를 위반한 것이었다.[9]

야간통금의 위헌성과 자의성

1954년에 총선을 앞두고 계엄령이 해제되자, 국민의 자유를 억압하는 야간통행금지제도도 폐지되지 않을까 하는 사회적 기대가 커졌다. 그런데 내무부 장관이 '경범죄처벌법'을 마련해서 야간통행금지제도를 계속 유지하겠다고 발표하자 이것에 대한 비판이 제기되기 시작했다.[10] 왜냐하면 야간통행금지제도의 법적 근거가 되고 있는 '경범죄처벌법'은 일제강점기 때 조선인을 통제하기 위한 수단인 '경찰범처벌규칙'의 산물이었기 때문이다.[11] 그리고 국가가 국민의 야간통행을 금지하는 것은 계엄령과 같은 비상사태에서나 가능한 일이므로 계속해서 야간통행금지제도를 시행하는 것은 표면적으로 계엄령을 해제했으나 실질적으로는 계엄령을 실시하는 것과 다르지 않다는 지적이었다. 이런 논의는 계엄 상태가 아닌 정상적인 국가 상태에서 법으로 국민의 통행을 금지하는 것은 국민의 기본권을 침해하는 행위이므로 위헌이라는 주장으로 이어졌다. 이와 같은 야간통금의 위헌성에 대한 지적은 박정희 대통령이 제5대 대통령으로 취임한 이후인 1964년에 야간통금을 완화했을 때에도 등장했다. 『경향신문』은 사설을 통해서 국가가 군정이나 계엄 상태가 아닌 평시에 법을 만들어서 국민의 야간통행을 금지하는 것은 헌법에서 보장한 기본권을 침해하는 것이며, 국민의 신체와 시간을 임의로 구속하고자 하는 독재적 사고에서 나온 조치라고 강력하게 비판했다.[12]

한편, 야간통행금지제도는 통치권자가 통치상의 편의를 위해 해제와 시행을 반복하며 그 결정권을 자의적으로 행사하기 때문에 철폐되어야 한다는 지적 또한 있었다. 통치권자가 야간통행을 항상 금지하지는 않았다. 정권 유지와 정권 창출 등 통치자의 필요에 의해 금지했다가도 해제하거나 완화했으며, 그에 따라서 야간통행금지제도에 대한 찬반 논의를 금지하거나 허용했다. 1982년 폐지 이전에도 크리스마스와 양력 1월 1일 전야, 국경일과 정권 관련 기념일(광복절, 반공포로 환영일,[13] 이승만 81회 탄신일, 군사혁명 1주년 기념일, 박정희 대통령 취임일 등), 외국인 방문객과 관광객 유치기간 등에는 야간통금이 해제되었다. 야간통금이 해제된 이런 몇몇 사례를 살펴보면 명확한 행정적 기준이나 절차 없이 통치자의 자의에 의해 이루어졌음을 알 수 있다. 즉 통치권자가 자신의 필요에 의해서 야간통행을 금지했다가 외국의 시선을 의식해야 할 때에는 야간통금을 해제함으로써 국민의 신체 자유와 시간 활용을 통제해왔던 것이다.

이러한 자의성은 야간통행금지제도가 철폐되기 이전인 1980년대 초에도 마찬가지였다. 〈표 3-2〉는 야간통행금지제도가 철폐되기 전에 일시적으로 야간통행이 허용된 1980년대 초의 사례를 정리한 것이다.

1980년대에도 이전 시기와 마찬가지로 정권 기념일, 국경일(광복절), 종교와 관련된 기념일(석탄일과 성탄절), 연말연시에 통금을 해제했다.

표 3-2 1980년대 야간통행금지제도 해제 이전에 야간통금이 일시 해제된 경우[14]

	내용	날짜(기간)	범위
1	석탄일	1980. 5. 22.	전국
2	'80 세계복음화대성회	1980. 8. 12.~8. 16.(5일간)	여의도 일대
3	제11대 대통령 취임식	1980. 9. 2.	전국
4	성탄절	1980. 12. 25.	
5	연말연시	1981. 1. 1.~1. 3.(3일간)	
6	제12대 대통령 취임식	1981. 3. 4.	
7	석탄일	1981. 5. 2.	
8	국풍 '81	1981. 5. 29.~6. 2.(5일간)	여의도 일대
9	광복절	1981. 8. 15.	전국
10	중추절	1981. 9. 13.	
11	성탄절	1981. 12. 25.	
12	연말연시	1982. 1. 1.~1. 3.(3일간)	

그리고 이전 정권과 마찬가지로 외국인의 시선을 의식해서 통금을 해제하기도 했다. 1980년 8월 12일부터 8월 16일까지 여의도에서 열린 '80 세계복음화대성회를 위해 5일간 통금을 해제한 목적은 "'80 세계복음화대성회 개최에 따라 동 대회에 참석하는 200만 기독교 신도와 102개국 14,000여 명의 외국인에 대한 편의 도모와 한국인의 종교 자유에 대한 실증 계기 마련에 도움을 주기 위한 것"[15]이었다. 이는 대외적으로 대한민국이 개방적인 국가이며 종교의 자유를 보장하는 나라임을 과시하기 위한 조치였다.

야간통행금지의 해제 여부뿐 아니라 그 존폐에 대한 공식적 논의조차도 통치권자의 자의에 의해 좌우되었다. 정권 유지에 어려움이 예상되거나 정권 유지가 확고해진 경우에는 그에 대한 논의를 불허했다. 논의를 불허한 가장 큰 이유는 방첩과 치안 문제 때문이었다. 이 문제에 대한 해결이나 대책 없이는 야간통행금지의 위헌성이나 일제강점기의 잔재라는 부당성이 국가안위와 국민보호의 정당성보다 우선할 수 없다는 것이었다. 야간통행금지제도에 대한 폐지 논의는 정권의 정당성 확보와 정권 유지를 위해 국민의 동의와 협력이 필요할 때에만 허용됐다. 예를 들면 1954년 총선 직전, 1960년대 박정희 집권 초기, 유신체제 이전인 1971년 제7대 대선과 제8대 총선 시기 등이 이에 해당된다. 그러나 박정희가 제7대 대통령으로 선출되고 1972년 10월 유신 이후 계엄령이 선포되면서 더이상 이 문제에 대한 논의는 허용되지 않았다.

야간통금제도 폐지가 사회적으로 긍정적으로 검토되고 야간통금 해제를 정부가 약속한 유일한 때는 1960년 4·19혁명 이후 제2공화국 시기였다. 당시 언론은 제2공화국 정부에 대해 민권 신장을 위해 야간통행금지제도를 철폐할 것을 촉구했고,[16] 정부는 1960년 10월에 폐지를 고려하겠다고 약속했다.[17] 하지만 1961년 5·16군사정변으로 집권에 성공한 박정희 정권은 민정 이양을 약속한 '혁명정부' 당시에는 폐지를 약속했으나, 이후 국가안위와 사회질서를 이유로 내세우며 야간통행금지제도를 18년 동안 정권 유지의 도구로 이용했다.

야간통행금지의 해제는 종종 국민동원을 위해서 통치자가 국민에게 베푸는 위무 수단의 하나로 이용되곤 했다. 1980년 신군부 정권 초기에도 마찬가지였다. 다만 이 시기의 특이한 점은 민족적인 축제 분위기를 조성하기 위해서 이루어진 경우도 있었다는 것이다. 신군부 정권은 1981년 5월 29일부터 6월 2일까지 "국풍 '81(전국대학생 민속·국학 큰 잔치) 기간 중 참가학생에 대한 심적 부담을 덜어주는 한편 축제 분위기를 보장하여 행사의 의의를 제고키 위해서"[18] 5일 동안 여의도 일대에만 야간통행금지를 해제했다.[19] 그리고 광복절에도 야간통행금지를 해제했다.[20] 또한 이전에는 추석(추수절)에도 평시와 동일하게 통금이 존재했으나, 1981년에는 추석(추수절)을 '중추절'이라고 칭하며 통금을 해제했다.[21] 이는 신군부 정권이 '민족'과 연관된 행사와 명절을 국민들이 축제처럼 즐길 수 있도록 함으로써 '민족'을 매개로 국민화합을 꾀하고 정권의 정당성을 확보하기 위함이었던 것으로 보인다. 그러나 야간통금의 철폐 논의는 허용하지 않았다.

서울올림픽과 야간통금 해제

1980년대에 야간통행금지제도 철폐가 공론화될 수 있었던 것은 올림픽 유치 덕분이었다. 1981년 9월 30일 IOC(국제올림픽위원회) 총회장에서 한국의 야간통행금지제도가 거론되었다.[22] 그후 국내에서 야간통금 해제 문제가 공식적으로 제기되었다. 1981년 10월 28일 국회 상임위원회 질의답변 시간에 민한당의 김재영 의원이 "올림픽에 앞서 야간통행금지 전면 해제 용의"가 있느냐고 서정화 내무부 장관에게 질의했다. 내무부 장관은 올림픽 전까지는 "통금이 해제되어야 한다는 입장에서 대공(對共) 태세 강구 등 여건 성숙을 위해 노력하겠다"고 답변했다.[23] 이후 여야 합의에 의한 통금 해제 건의안이 국회 본회의에서 통과되었다.[24] 그리고 전두환 대통령은 제108회 정기국회 폐회에 즈음한 공식모임에서 "국회의 야간통금 해제 건의는 국민에게 희망과 활력을 불어넣어준 것"이라며 "가급적이면 이른 시일 안에 역사적인 통금 해제가 이뤄질 수 있도록 검토하겠다"라고 야간통행금지 해제 의사를 분명히 표명했다.[25] 이로써 야간통금 해제는 구체적인 시행 시기가 정해지지는 않았지만, 조속한 시일 안에 이루어질 것임이 분명해졌다.

그리고 전두환 대통령은 1982년 연두사를 통해서 통금 해제가 국민의 질서의식을 새롭게 하고, 86 아시안게임과 88 서울올림픽 준비를 본격화하는 계기임을 분명히 밝힘으로써 그 해제의 의도를 분명히 했다.

> 사회적으로는 통금 해제를 계기로 국민의 질서의식을 새롭게 하고 86년의 아시안게임과 88년 서울올림픽을 겨냥한 모든 분야의 준비가 마침내 본격화되어야 할 때이다. 3~4월께로 예정되고 있는 야간통금 해제는 비단 사회적으로뿐 아니라 국민생활 전 분야에서 그야말로 획기적인 변화를 초래할 것이다. 우리가 만약 그 변화를 우리의 것으로, 정치·경제·사회·문화 생활의 모든 분야에서 유익하게, 그리고 긍정적으로 수용하지 못한다면 우리는 돌이킬 수 없는 과오를 범하게 될 것이다.[26]

그런데 1980년대에 야간통행금지 해제를 둘러싸고 벌어진 담론들은 단순히 그 목적을 야간통행금지제도의 철폐에만 두지 않고 새로운 지향점을 제시하는 데까지 나아갔다. 첫째, 야간통행금지제도 해제는 국익을 위해 필요한 조치라는 것이다. 『매일경제』는 사설을 통해서 야간통행금지제도의 비정상성을 지적했다. 이 사설에 의하면 아시안게임과 서울올림픽으로 인해 증가할 관광객들의 편의와 그들에게 비춰지는 대한민국의 이미지를 쇄신해야 할 필요가 크므로 야간통행금지는 그로 인해 국민이 받을 '충격과 폐해'가 예상됨에도 불구하고 해제되어야만 했다.[27] 당시 여야와 정부 역시 같은 견해를 가지고 있었다.[28] 즉 야간통행금지 해제는 대한민국 국민의 권리와 편의를 위해서가 아니라 외부의 시선을 의식한 결과였던 것이다. 이는 1980년 8월에 여의도에서 열린 '80 세계복음화대성회에 참석하는 외국인들의 편의와 그들의 시선을 의식해서 그 대회가 개최되는 여의도 일원에 대회 기간 동안(5일간) 야간통행금지를 해제한 것과 같은 맥락이었다.

신군부 정권은 1986년 아시안게임과 1988년 서울올림픽 개최를 앞두고 대외적으로 대한민국의 이미지를 제고하기 위한 조치로서 야간통행금지를 해제했다. 『동아일보』는 야간통행금지의 해제는 국가적 필요에 의한 것으로 "88올림픽 대비를 위한 결단"이며 "관광한국 이미지"에 큰 도움이 될 것이라고 평가했으며, 야간통행금지제도가 논란 속에서도 존속되어야만 했던 불가피한 사유로 분단 상황을 들고, 야간통행금지가 빠른 시일 내에 해제되어야 할 이유로서 "세계 속의 한국"의 이미지를 제고하고 사회 분위기를 부드럽게 하기 위한 "국가적 필요" 때문이라고 역설했다.[29] 신군부 정권이 아시안게임과 서울올림픽을 성공적으로 개최하는 것이 그동안 위헌성 논란 속에서도 야간통행금지제도를 유지케 했던 안보 논리보다 앞서는 것이었다. 이는 야간통행금지제도 해제가 국민의 숙원을 풀기 위해서 이루어졌다기보다는 국가적 필요에 의해 결정되었음을 시사한다.

둘째, 야간통행금지제도의 해제는 신군부 정권의 기본 정신인 기본권 신장에 입각한 정치적 단안이며, 국제화를 향한 정부의 개방정책 중 하나라는 것이다.[30] 당시 『경향신문』은 여야의 야간통행금지 해제 건의에 대해 국민의 "행복권을 추구한 획기적 조치"이며, "88 서울올림픽을 향한 첫 개방" 조치로서 "선진국으로 발돋움하는 또 하나의 계기"라고 평가했다. 야간통행금지제도는 안정되고 발전한 현재의 대한민국에는 맞지 않는 "구시대의 산물"이며 "벗어야 할 멍에"라는 것이었다. 이 신문은 또 야간통행금지제도의 해제는 제5공화국 정부가 막중한 부담을 지면서 국민을 신뢰하고 국민의 불편을 해소하고자 내린 결단이므로, 국민은 "방만한 자유"가 아닌 "시민의식 함양"으로 선진국으로 발돋음할 수 있는 이 기회를 절대 놓쳐서는 안된다고 역설했다.[31]

셋째는 국민에게 야간통행의 자유를 허가하는 대신 자제와 자율을 요구했다. 『경향신문』은 「통금 해제와 자율정신」이라는 사설을 통해서 이전에 통금이 일시 해제되었을 때 야기된 "무질서와 혼란"을 상기시키며 "자율적인 시민의식"을 강조했다. 이 사설에서 당시의 국민은 자유와 방종을 혼동하고 진정한 자유를 누리기에는 아직 부족한 것처럼 묘사되고 있다. 그리고 야간통행금지제도를 해제하는 정부의 조치가 매우 힘겹고 부담스러운 결단임이 언급되고, 그것이 헛되지 않도록 국민 스스로 야간통행의 자유를 자제하고 조절해야 한다고 강조한다. 통금의 자유를 누리기 위해서는 새로운 규율이 요구되었다.[32] 『동아일보』 역시 "세계시민다운 긍지"를 강조하면서 "자제"와 "민도의 성숙"을 요구했다.[33]

대한민국 국민은 정부 수립 이후에도 야간통행금지제도에 의해 신체와 시간 이용에 제약을 받았다. 따라서 이를 해제하여 국민이 심야에도 자유롭게 이동하고 그 시간을 자유롭게 이용할 수 있는 것은 당연한 국민의 권리를 되찾는 것이었다. 그런데 야간통행의 자유는 당시 대한민국 국민에게 새로운 과제를 제시했다. '민도'를 높여 '세계시민'답게 그 자유를 누려야 한다는 것이었다. 그러기 위해서는 "국민 모두의 자제"가 요구되었다. 이는 박정희 집권 초기에 야간통행금지제도 해제가 논의되었을 때에 국민의 '자각성'이 부족하다는 이유로 그것이 거부되었음을 상기시키는 대목이다.[34]

이렇듯 1980년대의 야간통행금지제도 해제 담론은, 그 제도로 인해서 그동안 억압돼온 국민의 자유와 권리를 되찾는 데 있지 않았다. 야간통금 해제는 국민의 질서의식을 새롭게 하고 아시안게임과 서울올림픽 준비를 본격화하기 위해 필요한 조치였다.[35] 1982년 이전의 통치자들은 야간통행금지제도가 치안과 안보를 위해 필요하다고 했는데, 1982년에는 국가 이미지에 부정적인 영향을 미치므로 없애야 하는 제도가 되었다. 신군부 정권은 야간통행금지제도 철폐를 통해 "국민들의 질서의식을 새롭게" 하고, 이를 아시안게임과 서울올림픽을 성공적으로 개최하는 데 국민을 동원하는 계기와 수단으로 삼고자 했다.

정상화의 주체: 제5공화국과 전두환

야간통행금지제도의 해제 시점은 전적으로 전두환 대통령에 의해 결정됐다.[36] 1982년 1월 1일에 전두환 대통령은 야간통금 해제 문제를 1월 5일의 국무회의에 상정했고, 1982년 제1차 국무회의(1월 5일자)를 거쳐 그날 자정부터 야간통금을 해제했다.[37] 그 소식은 신문 호외로 전해질 정도로 전격적이었다.[38] 광복 이후 계속된 찬반 논의에도 불구하고 안보와 치안을 이유로 폐지하지 못했던 야간통행금지제도가 올림픽 개최국으로서의 개방화와 국제화의 명분 앞에서 사라지게 되었다. 아시안게임과 올림픽을 개최하는 주체로서 신군부 정권은 대외적 시선 속에서 오랫동안 위헌성과 자의성을 지적받으며 유지해온 야간통행금지제도를 통치수단으로 존속시키기보다는 폐지함으로써 통치방식의 전환을 꾀한 것이다. 이로써 대한민국 사회는 외형적으로는 구시대의 구속이 사라지고 정상성을 되찾아 개방화와 자유화로 나아가는 모습을 갖추게 되었다.

그림 3-1 신문사 게시판에서 야간통행금지제도 해제 소식을 읽고 있는 시민들의 모습[39]

한편, 서울올림픽 개최가 확정되자 신문지상을 통해서 '올림픽 시민'이라는 표현이 사용되기 시작했다. "7년 후면 우리의 사회 모습이나 개인의 생활양식이 좋든 싫든 세계에 노출되게 돼" 있으므로 세계의 시선 속에서 부끄럽지 않기 위해 "선진 국민" "1등 국민"의 모습을 보여주자는 것이었다. 그러기 위해 대한민국 국민은 "스스로 다스릴 줄 아는 생활인"이 되어야 했다.[40]

이후 '올림픽 시민 담론'은 사회정화위원회의 "올림픽을 위한 시민정신의 계발"[41]로 구체화되었다. 전국적인 조직을 가지고 있었던 사회정화위원회의 '올림픽 시민 담론'은 전국적으로 확산되었고, 구체적인 행동을 동반하며 올림픽 종료 때까지 유효하게 작동했다. 대한민국 국민은 1981년 9월 30일 올림픽 유치가 결정된 이후부터 올림픽이 끝날 때까지 약 7년간 '올림픽 시민'이 될 것을 강요당했고, 세계 표준에 준하는 시민이 되기 위해 노력해야 했다. 『경향신문』은 이런 의식 개혁을 "시민의식의 근대화"[42]라고 지칭했다.

그리고 야간통행금지제도가 철폐된 날부터 『동아일보』는 대한민국 사회의 새로운 윤리로서 "올림픽 시민의식"을 제시했다. '올림픽 시민'이란 올림픽을 치를 만한 시민의식을 갖춘 국민으로서 "사회규범을 지키는" 시민을 의미했다.[43] 이후 점차 '올림픽 시민'으로서 갖춰야 할 질서의식이나 "스스로 다스릴 줄 아는 생활인"은 야간통행금지 해제 이후 지켜야 할 "자율에 바탕을 둔 시민의식"[44]과 겹쳐지게 되었다.

올림픽 유치가 이끌어낸 '올림픽 시민 담론'이 올림픽 시민의식의 제시로 연결되는 동안, 야간통행금지 해제 문제가 1981년 10월 28일 국회에서 공식적으로 논의되자 언론에서는 '정상화 담론'이 등장하기 시작했다. 국회에서 야간통행금지 해제가 처음 건의되던 날에는 야간통금이 비정상임을 지적했고,[45] 해제 건의안에 대한 결정권이 정부로 넘어가던 시점에서는 비전시(非戰時) 기간임에도 불구하고 존속해온 야간통행금지를 해제하는 것은 비정상적 상황을 정상화시키는 것이라고 했다. 이로써 야간통행금지를 해제할 명분이 마련되고, 비정상을 정상화할 주체의 등장이 요구되었다.[46] 그리고 그 정상화 주체로서 제5공화국을 출범시킨 신군부 정권과 전두환 대통령이 지목되었다.

이렇게 야간통금 해제가 비정상적인 대한민국 사회를 정상화하는 조치임이 강조되면서, 비정상의 고리를 잘라낸 신군부 정권을 정상화의 주체로 내세울 계기가 마련되었고, 이는 신군부 정권의 정당성을 담보하는 데까지 나아갔다. 『경향신문』은 야간통행금지의 해제는 전두환이라는 새 지도자의 결단이며, "과거의 구조, 과거의 갈등과 불화, 과거의 잘못된 제도를 떨쳐버리고" 얻은 새 지도자의 성과임을 역설했다.[47] 『경향신문』은 여기서 그치지 않고 「통금 해제와 자율정신」이라는 사설을 통해서 야간 통금 해제는 제5공화국이 펼친 일련의 과감한 "적폐 청산"의 연장이며, "우리 사회에 음양으로 남아 있는 해방 직후 군정시대의 청산"이라고 평가했다. 그리고 야간통금 해제의 참뜻은 제5공화국의 출범이 이제는 자리를 잡아서 대한민국 사회의 개방성과 안정감을 자신있게 보여주는 것이라고 했다.[48]

이런 언론의 담론은 전두환 대통령이 제12대 대통령 취임사에서 새 헌법에 의한 제5공화국의 출범과 자신의 대통령 취임이 "지난 36년간에 있었던 혼란과 전쟁과 갈등"으로부터의 해방이며, "민족 전체의 삶의 조건을 정상화"하는 전환의 계기라고 발언한 내용[49]과 상통한다. 각 정당은 야간통행금지제도의 철폐에 대해 합의하면서 이는 "기본권 신장이라는 제5공화국의 기본 정신에도 부합"하고 "30여년간 계속된 '비정상' 상태를 정상으로 돌려놓게 됐다"는 점에서 획기적이라고 평가했다.[50] 이런 '정상화 담론'은 야간통행금지의 비정상성을 강조하고 그것을 해제하고자 하는 신군부 정권을 대한민국 사회를 정상화하는 주체로서 자리매김하는데 기여하게 된다.

야간통행금지 해제에 대한 언론들의 정상 대 비정상 담론은, 야간통행금지가 태생적으로 지니고 있는 식민성과 파시즘을 지적하고 그것과의 단절을 제시하기보다는 올림픽 개최의 '걸림돌'을 제거해야 한다는 당위성을 강조하는 것이었다. 이러한 언론들의 '정상화 담론'은 야간통금의 비정상성을 이전 모든 정권의 비정상성과 연계하고 그것을 정상화할 주체로서 현 정권을 위치시킴으로써 현 정권이 정당성을 확보할 근거를 제공하는 것이었다.

야간통행금지 해제는 이후 해외여행 자유화, 중·고등학생 교복·두발 자율화, 학원자율화 등 여러 자율화 정책들과 연결되면서, 1980년 초에 강제적으로 이루어지던 각계의 '자율정화' 결의가 아닌, '자율'을 대내외적으로 거스를 수 없고 "자율시대"[51]에 요구되는 국민의 의무로 만드는 계기를 제공했다. 이런 과정 속에서 대한민국 국민은 제24회 서울올림픽의 성공적인 개최를 위해 '자율적'으로 '올림픽 시민'으로서 '올림픽 시민정신'을 갖춰나가야 했고,[52] 신군부 정권은 새 규율의 실행자로서 나설 수 있게 되었다.

표 3-3   1982년 『경향신문』 국민의식조사 중 개방정책과 관련된 통계[53]   (단위: 퍼센트)

	늦었다	시의적절	시기상조	잘못했다	모르겠다
통금 해제	40.9	36.6	10.5	6.3	5.4
교복과 두발 자율화	26.5	21.9	25.9	21.3	4.0
해외여행 자유화	34.5	31.4	16.1	5.0	12.3
민간주도 경제체제	35.8	29.1	6.0	5.5	22.9

『경향신문』이 1982년에 제5공화국 1주년을 맞이하여 조사한 결과에 의하면 야간통금 해제는 신군부 정권의 개방정책 중 가장 시의적절한 것으로 평가받았다. 〈표 3-3〉에 나와 있듯이 1982년 1월 5일의 야간통행금지 해제에 대해 늦었다고 답한 사람은 40.9%이고 시의적절하다는 의견은 36.6%였다. 즉 야간통금 해제를 찬성하는 입장이 응답자의 77.5%나 되었다. 결국 1982년 야간통행금지제도의 철폐는 신군부 정권이 대외적으로는 개방화를 표방하고 대내적으로는 자율이라는 통치규율을 이끌어가는 정상화 주체로서 자리매김한 시의적절한 시간정치였다.

제5공화국의 '자율': 자발적 발전주체의 윤리

'올림픽 시민 담론'과 '정상화 담론'에 의해, 신군부 정권은 "국가안보"와 "국제사회에의 적응"이라는 문제를 안고 있으면서도 야간통행금지제도 철폐 결단을 내린 주체가 되었고, 국민은 국가안보에 위협이 되지 않도록 "자율적인 시민의식과 질서의식"을 가지도록 지도받아야 하는 대상이 되었다.[54] 『매일경제』는 사설을 통해 야간통금의 해제와 관련해서 자율을 택할 것이냐 통제를 택할 것이냐는 자기 할 탓에 달렸다고 하면서 "통행금지라는 통제 대신 24시간의 자유를 만끽하고자 한다면 자율에 바탕을 둔 시민의식의 발휘가 전제되어야 한다"고 역설했다.[55] 그리고 대한민국 국민의 자율성은 이전 정권들의 실패로 인해 기존 윤리가 모두 상실된 탓에 매우 부족한 상태이므로 새 시대를 준비하기 위해서는 '자율'을 새 시대의 규율로 받아들일 필요가 있다는 사회 각층의 의견이 제시됐다.[56] 그 결과, 그것을 담당하고 주도하는 세력으로서 현 정권은 정당성을 확보하게 되었다.[57] 당시 대한민국 국민은 "5천년 역사를 통틀어 자율을 경험한 일이 별로 없는" '타율인'으로 상정되었고, 야간의 자유를 얻는 대신에 일상에서 '자율'이라는 새로운 규율을 실현해야 하는 과제를 부여받았다.[58]

1980년 초, 신군부 세력이 정권을 잡기 전의 '자율'은 신군부 세력이 대한민국 사회를 강제 '정화'하면서 그 강제성과 폭압성을 감추기 위해 내놓은 수사적 표현이었다. 그러나 대한민국이 아시안게임과 서울올림픽의 개최지로 결정되고 야간통행금지제도가 철폐되면서 '자율'은 대한민국을 선진국으로 발돋움하게 해줄 사회규율이 되었다. 야간통행금지의 해제와 여러 자율화·자유화 조치는 국민이 '자율'을 익혀나가기 위한 과제로서 주어졌다. 신군부 정권은 국정 운영과 정권의 정당성 확보를 위해서 강제 대신 "내부적인 개발"을 통해서 국민을 동원하고자 했다.[59] 결국 '자율'은 신군부 정권의 대표적 정책방향이자 대한민국 국민이 '올림픽 시민'으로서 새롭게 익혀야 할 사회규율이 되었다.

박정희 정권은 4·19 이후 높아진 대중의 욕망과 제2공화국의 실패를 이용하여 자신을 4·19 정신을 계승하고 제2공화국이 내세운 "민족의 경제제일주의"를 주도할 지도적 주체로 내세우는 데 성공하면서 당시 국민을 제3공화국의 새로운 생산주체로 창출해냈다.[60] 그러나 1980년의 신군부 정권은 이전 군부 정권과는 달리 '민주혁명(5·18광주민주항쟁)' 정신의 계승자로 자처할 수 없었다. 그 대신 야간통행금지제도의 철폐를 비롯하여 여러 개방화 정책과 자율화 조치를 통해서 이전 정권의 실패를 정권 창출과 유지의 논리로 활용하고, 올림픽 유치와 개최를 통한 "선진조국 창달"을 위해 온 국민이 갖춰야 할 '올림픽 시민정신'이라는 새로운 윤리를 개발하고 '자율'이라는 사회규율을 지도하는 주체로서 스스로를 자리매김할 수 있는 명분을 확보했다. 야간통행금지제도의 철폐는 그것을 위해 필요한 수순이었다. 이는 당시에 국민을 제5공화국의 생산주체로서 재조직하는 한편, 사회통합 담론을 구성하는 과정에서 중요한 밑바탕이 되었다.

전두환 대통령은 1985년 5월 1일 '법의 날'(2003년에 4월 25일로 옮김)에 법조인을 상대로 치사하면서 자율화 조치의 취지에 대해 설명한 바 있는데, 대한민국이 궁극적으로는 선진사회를 건설하고 가까운 미래에 올림픽과 아시안게임을 성공적으로 개최하기 위해 "착실한 전진을 계속하는" 중에 필요한 노력으로서 "개인의 창의와 국민의 발전의지"가 요구된다는 것이었다. 결국 개방과 자율은 국민의 자발적인 발전의지를 끌어내기 위한 신군부 정권의 정책이었다. 신군부 정권이 자신의 정당성 확보와 정권 유지라는 목적을 이루는 데에는 강제적인 국민동원이 아닌 자발적인 결집이 필요했다. 이렇듯 신군부 정권은 야간통행금지제도의 철폐와 일련의 자율화·자유화 조치를 통해 개방과 대화합 정책을 표방하고 '자율'을 새 통치규율로 삼아 국민을 신군부 정권이 제시하는 목표 완수를 개인의 발전이자 국가의 발전으로 인식하고 능동적으로 그 발전의 대열에 참여하는 '자발적 발전주체'로 호명했다.[61]

노동과 경쟁의 자유: 시간 부족감과 시간 압박감

야간통행금지 해제 초기에는 심야시간 네시간에 대한 규제가 사라짐으로 인해 그만큼 여유시간과 자유시간이 증가할 것으로 전망되었다. 그러나 실제로는 전망과 달랐다. 노동자들의 자유시간은 '조국 선진화'에 동원되거나 소비 열풍에 편입되었다. 그리고 학생들의 자유시간은 입시를 위한 경쟁의 시간에 잠식되었다. 이러한 변화는 야간통행금지 해제가 단순히 일상시간의 확대를 넘어서 시간에 대한 개념과 이용에 영향을 미쳤음을 보여준다. 야간통행금지가 해제되자 시간 이용과 관련해서 즉각적인 변화를 보인 것은 세 부분, 즉 심야활동의 확대, 노동시간과 학습시간의 심야시간대로의 이동, 노동시간·학습시간과 자유시간 간의 관계 변화였다.

야간통금이 해제되자 야간결혼식,[62] 심야극장, 심야관광, 야간낚시, 심야등반 등이 속속 등장했다.[63] 또한 교통수단의 운행시간뿐 아니라 공연, 프로 스포츠 경기, 방송 등의 시간대가 늦은 밤까지 연장되었다.[64] 다양한

그림 3-2   1982년 당시 운전대행 신문광고[65]

분야에서 심야영업이 확대된 만큼 심야 유동인구가 증가했다. 한 신문사는 심야 인구를 50만~60만명으로 추산했다.[66] 그리고 야간통금으로 인해 심야에 귀가하지 못하거나 통금을 위반해서 즉심을 받거나 범칙금을 내는 일이 사라졌으므로 좀더 여유 있게 야간시간대를 즐길 수 있게 되었고,[67] 조급증으로 인한 심적 부담감과 사고가 줄어들었다. 뿐만 아니라 통금에 걸릴 걱정 없이 음주를 할 수 있게 되면서 새로운 업종이 등장하기도 했다. 일례로 야간통금이 해제되고 얼마 지나지 않아 '365일 24시간 운전'을 대리해주는 업체가 나타났다. 야간통금 해제로 인해 음주운전에 대한 단속이 강화되었기 때문이다.[68]

그리고 심야 활동시간에 대한 제약이 없어지자 야간통금 해제 이전보다 야근, 야간자율학습 등이 일상화되기 시작했다. 또한 야간통금 해제 이전에는 대부분의 노동이 자정 이전에 끝나야 했기 때문에 불가능했던 심야작업과 철야근무 등도 가능해졌다. 즉 24시간 멈추지 않고 2교대나 3교대로 작업이 이어질 수 있게 된 것이다. 특히 청소원들의 경우에는 노동시간의 변화를 즉각 경험했다. 야간통금 해제 이전에는 업무가 자정 이

그림 3-3   1984년 심야 지하철 공사장 장면[69]

후에 배정될 수 없었지만, 야간통금 해제 이후에는 시민들이 악취와 먼지를 피할 수 있도록 쓰레기 적환(積換) 작업을 자정 이후에 집중적으로 실시할 것이 기대되었다.[70] 실제로 야간통행금지 해제 이후 심야활동과 심야영업으로 인해 심야에 쓰레기가 늘면서 '야간 쓰레기 수거 기동작업반'이 가동되기 시작했다.[71] 그러나 이런 심야작업으로 인해 청소원들의 과로와 교통사고는 끊이지 않게 되었다.[72]

이렇듯 야간통금이 해제됨으로써 심야시간은 '휴식의 시간'이나 '침묵의 시간'이 아닌 '노동의 시간'이 되었다. 건설공사장과 시장은 밤에도 활기를 띠게 되었다. 또한 공장에서는 오늘의 밤시간을 투자해 미래의 꿈을 이루려는 야간근무자들이 늘어났다. 남들과 똑같은 시간을 자고서는 쇼핑하고 데이트하고 극장 구경을 할 경제적 여유를 가질 수 없기 때문이었다. 이들에게 심야시간은 생활리듬 파괴의 괴로움과 내일의 희망이 공존하는 시간이었다.

그리고 야간통금 해제 이후 노동시간·학습시간과 자유시간 간의 상관관계가 불분명해졌다. 야간통금 해제는 수면시간의 감소와 활동시간의 증가로 이어졌다. 특히 학습시간과 노동시간의 증가가 두드러졌다. 학생들은 입시를 위해서, 노동자들은 더 많은 임금을 받기 위해서, 기업은 이윤 추구를 위해서 24시간을 이용하려고 했다. 더 많은 임금을 받기를 원하는 노동자들은 임금이 더 많은 3교대 철야근무시간에 일하기를 원하는 경우도 있었다. 그리고 24시간 가동체제에서도 수출 증가에 따라 물량 확보에 어려움이 있던 공단들은 노동력 확보를 위해 고용인원을 늘렸고,[73] 이는 경제활동인구를 증가시키기도 했다. 여기에서 주목할 점은 야간통금의 해제가 노동시간·학습시간과 자유시간[74] 간의 관계에 변화를 가져왔다는 사실이다. 보통의 경우 자유시간은 노동시간이 감소하면 증가하고 노동시간이 증가하면 감소한다. 그러나 야간통금 해제 이후 그 예상은 깨졌다. 노동시간과 자유시간 간의 상관관계가 약해졌다. 〈표 3-4〉를 보면 전체 유직자의 일 시간량은 자유시간과 상관성이 그다지 높아 보이지 않는다.

표 3-4 1980년대 노동시간과 자유시간의 변화[75]　　　　　　(단위: 시간, 분)

	유직자 평일 일 시간량	유직자 평일 자유시간
1981년	7.02	3.33
1983년	6.36(-26분)	3.38(+5분)
1985년	6.55(+19분)	3.53(+15분)
1987년	7.40(+45분)	3.25(-28분)

1983년에는 평일 노동시간이 26분 감소했음에도 자유시간은 5분밖에 증가하지 않았다. 그리고 1985년에는 노동시간과 자유시간이 동시에 증가했고, 1987년에는 노동시간이 45분 증가했는데 자유시간은 28분만 감소했다. 1980년대에 노동시간이 증가한 것은 야간통금 해제로 인해서 연장노동과 심야노동이 가능해졌기 때문이다. 1953년에 제정된 근로기준법에 의하면 법정근로시간은 하루 8시간, 1주 48시간이었다. 하지만 1982년 하루 평균근로시간은 9시간 12분이었고, 봉제업에서 일하는 여성노동자의 평균근로시간은 10시간 36분이었다. 하지만 야간통금의 해제 이후 2교대로 작업하면 열두시간씩 근무해야 했고, 3교대로 작업하면 3주일 중 1주일은 밤을 새워야 했다.[76] 이는 당시 근로기준법이 제대로 지켜지지 않았고 노동조건 또한 열악했기 때문이지만, 야간통금이 헤제되면서 24시간 노동이 가능해졌기 때문이기도 하다.

그리고 1980년대 유직자들의 노동시간 증감이 자유시간 증감으로 직결되지 않은 이유는, 하루 24시간을 노동시간과 자유시간으로 배분하는 데 영향을 미치는 요소들이 야간통금 해제 이후에는 보다 다양해졌기 때문이다. 여기에는 개인의 선택 또한 작용했다. 자본주의 사회의 개인은 자신의 자유시간을 어디에 이용할 것이냐라는 선택에 직면할 때, 여가활동이나 휴양에 이용하지 않고 소득 증대를 위해 노동시간에 재투자하거나 자기계발을 위해 쓰는 등 한정된 자유시간을 효율적이고 압축적으로 이용하고자 하는 경향이 있다.[77]

이러한 변화는 교육현장에서도 일어났다. 1980년 7·30교육개혁조치로 인해서 재학생의 학원 수강과 과외가 금지되었고, 대학교 본고사가 폐지되고 졸업정원제가 실시되었다. 중·고등학생과 대학생의 경우 야간통행금지 해제로 인해 심야활동에 대한 제약이 완화되었고, 교복 자율화와 두발 자유화 그리고 학원 자율화·자유화 조치 등으로 인한 변화가 있었다. 그러나 이런 조치들은 중·고등학생과 대학생의 자유시간 증가로 이어지지는 않았다. 그 시간들은 중·고등학생에게는 대학입시를 위한 경쟁에, 대학생에게는 졸업에 필요한 학점을 얻기 위해 사용되었다.

중·고등학교 학생의 경우, 학교 수업 이후 '보충학습'과 '자율학습'의 이름으로 강제적인 학습을 하게 되었다. 1988년에 이르면 거의 대부분의 중·고등학교가 정규수업 외에 보충수업(자율학습 포함)을 실시했다. 일반계 고등학교의 92.1%, 중학교는 전체의 94.6%가 보충수업을 했다.[78] 그 중 특히 야간자율학습이 문제가 되었다. 학생들은 오후 6시에 정규 수업이 끝나지만 학교에 밤 10시까지 남아서 공부해야 했다.[79] 심지어 대전의 한 인문계 고등학교는 밤 12시까지 자율학습을 했고, 토요일과 일요일에도 수업을 했으며, 교실에 침대까지 두고 공부하는 특수반까지 생기기도 했다.[80] 이는 야간통행금지의 해제가 그 직접적인 요인은 아니었겠지만 충분조건으로 작용했다고 볼 수 있다.

1980년대에 들어서 노동자들과 학생들은 장시간의 노동 또는 증가된 학습시간으로 인해 시간 부족과 시간 압박을 경험했다.[81] 당시 시간 압박을 보여주는 한가지 예를 들자면 '타이밍'[82] 등 각성제의 남용이다. 1980년대의 학생, 철야근무자, 운송업 종사자 등은 잠을 쫓고 학습시간 또는 노동시간을 확보하기 위해 약물에 의지하는 경우가 많았다. 1980년대 조사에 의하면 대도시 운전사의 경우 월 19.7일 근무에 381시간을 근무해야 했다. 따라서 피로 회복을 위해 운전 중에 약물을 복용하는 경우가 55%, 잠을 쫓기 위해 상습적으로 각성제를 이용하는 경우는 6.7%에 달했다.[83] 그리고 학생들의 경우 입시철이 되면 25%의 학생이 잠을 쫓고 공부하기 위해 각성제를 복용한다고 응답했다.[84] 노동자들은 조출, 철야,

휴일 특근, 야근 등의 근무시간에 맞추기 위해 "두 알의 타이밍으로 철야를 버티고" "고된 피로의 바다, 졸음의 물결에" 휩쓸리지 않기 위해 차라리 "자동기계"나 "잠 안 자는 짐승이 되기"를 원했다.[85]

노동시간과 학습시간의 증가는 당시 사람들의 피로를 가중시켰다. 1980년대에 가장 많이 팔린 의약품을 살펴보면 간접적으로나마 그 증거를 찾을 수 있다. 당시 가장 매출액이 높은 의약품 10종 중 6종이 피로회복제였고, 피로회복제가 매출액 1, 2, 3위를 차지했다. 피로회복제는 대부분 드링크제로 돼 있어서 판매와 복용이 쉬웠고 효능이 즉각적으로 나타나는 것이었다.

표 3-5　1980년대 가장 많이 팔린 의약품 순위[86]

	제품명	효능	제형
1위	박카스 디	피로회복제	드링크제
2위	원비 디	피로회복제	드링크제
3위	우루사	피로회복제	
4위	솔표 우황청심원	고혈압치료제	
5위	삼정톤	피로회복제	드링크제
6위	겔포스	위장약	
7위	광동탕	한방감기약	드링크제
8위	영진 구론산 바몬드	피로회복제	드링크제
9위	까스명수	소화제	드링크제
10위	아로나민 골드	피로회복제	

1980년대의 24시간 작업체제는 1989년부터 불황이 시작되고, 노동자들이 덜 일하고 더 쉬기를 원하면서 점차 줄어들었다.[87] 그러나 반도체와 자동차는 여전히 24시간 작업체제를 유지했다.[88] 그리고 2020년 현재에

이르러 대한민국은 명실공히 24시간 사회가 되었다. 시간자원의 측면에서 볼 때, 1982년 신군부 정권이 성공적인 올림픽 개최를 위해서 야간통행금지제도를 철폐하기 전에는 심야시간 4시간이 이용이 금지된 미개척지와 같았다. 야간통금 해제 이후 대한민국 사회는 심야시간 4시간을 새로운 정치적·경제적·사회적 자원으로 개발하고 활용하기 위해 분투했다. 당시의 성공주의와 성과주의 속에서 남들과의 경쟁에서 이기기 위해 낮과 밤, 사적 영역과 공적 영역의 구분 없이 노동하거나 경쟁하려는 시간의식이 자리잡게 되었다.

그리고 이러한 경쟁의 시간의식은 시간을 절약하고 효율적으로 관리해야 한다는 시간 압박으로 작용해서 더욱 시간의 가속화를 부추기는 결과를 가져왔다.[89] 이렇게 낮과 밤, 사적 영역과 공적 영역, 노동시간과 여가시간의 구분과 경계가 점차 흐려지고 사라지면서 기존의 24시간 단위의 반복리듬이 흐트러지게 되었다. 그리고 예전 같으면 밤시간에는 중단되던 작업들이 밤시간으로 침투하면서 일상의 리듬은 점차 빨라지게 되었다.[90]

1980년대는 아직 21세기의 문턱에서 멀고, 한국에서 신자유주의가 본격적으로 전개되지 않았던 시기이다. 하지만 야간통행금지의 해제는 이전의 억압적이고 강제적인 시간규율 사회 대신 시간 이용과 활용의 자유화·자율화를 통해 사회적 시간을 재구성했다. 1980년대 시간성의 변화는, 발전국가 시기였던 1970년대와 민주·소비사회로 지칭되는 1990년대를 연결하면서[91] 이후 대한민국 사회를 21세기 성과사회로 나아가게 한 하나의 변곡점으로 역할한 것으로 보인다.[92]

라이프스타일의 변화와 분화

신군부 정권은 야간통행금지제도의 철폐를 기점으로 중·고등학생에게는 교복 자율화와 두발 자유화를, 정치계와 대학교에는 사면과 복권을, 일반 국민에게는 해외여행의 자유와 아침방송, 컬러방송, 프로 스포츠 등을 제공했다. 그리고 그 자유를 '자율'로 누리도록 했다. 당시의 사람들은 억압과 통제 속에서도 이전과는 다른 시간 이용을 경험할 수 있게 되었다. 시간 이용에서 이전보다 선택지가 많아졌고, 그 조합은 복잡해지고 다양해졌다.

1980년대의 국민은 신군부 정권에 의해 '자발적 발전주체'로 호명되고 위치지어졌으나 완전히 거기에 포섭되지는 않았다. 1980년대에 펼쳐진 국가와 자본의 시간정치는 국민의 시간 사용에 대한 점유권을 부분적으로만 포섭할 수 있었을 뿐이다. 왜냐하면 국민은 시간을 자신의 욕망을 실현하는 데 이용하고자 했기 때문이다. 따라서 1982년 야간통금의 해제는 신군부 정권의 필요에 의해 시행되었지만, 그 이후 사회적 시간은 국가와 자본과 국민 간의 시간 사용에 대한 점유경쟁 과정을 거침으로써 어느 한쪽의 의도대로만 재조직되지는 않았다. 당시의 국민은 허용된 24시간을 이용하고 실천하는 주체로서 시행착오를 겪으면서도 변화된 시간 이용의 자유와 경험을 자기계발과 자기성찰의 기회로 삼고자 했다. 그 결과, 야간통행금지 해제는 이용할 수 있는 시간의 양적 증가뿐만 아니라 질적인 측면의 변화까지 동반하면서 새로운 라이프스타일을 창출해냈다. 즉 시간 이용의 변화와 그 차이는 자신의 정체성을 새롭게 인식하거나 재정의하고자 하는 주체들의 등장과 함께 새로운 생활양식으로 이어진 것이다.

표 3-6 1980년대 여가활동별 시간 변화[93]　　　　　　　　　　　　　　　　　　　(단위: 분)

여가활동	소분류	평일				토요일				일요일			
		'81	'83	'85	'87	'81	'83	'85	'87	'81	'83	'85	'87
교제	개인적 교제	40	40	38	36	49	44	49	47	52	47	50	53
	사회적 교제	10	11	8	7	15	14	11	12	35	34	31	31
휴양	휴식	45	58	85	54	46	53	67	52	50	49	55	50
	병·정양	1	1	1	2	1	2	1	2	1	1	1	1
레저 활동	관람·감상	10	5	6	7	12	8	7	8	11	7	8	9
	스포츠	8	7	8	7	10	10	12	8	16	16	13	12
	승부놀이	4	3	4	3	5	5	5	4	8	5	5	4
	행락·산책	4	4	5	6	7	8	8	11	17	21	19	28
	취미활동	4	4	4	5	4	5	5	6	5	7	7	7
	기능·기술 공부	3	4	11	4	2	2	10	4	2	2	8	2
	아이들 놀이	3	2	1	2	4	4	1	4	7	6	2	5

앞에서 살펴보았듯이 야간통금 해제 이후에도 자유시간은 거의 증가하지 않았지만, 그 시간의 내용과 소비의 변화폭은 컸다. 이는 시간 이용이 달라짐에 따라 라이프스타일이 변화했음을 시사한다. 생존에 필요한 필수시간을 제외한 시간 중 자유시간의 이용 양태와, 전체 가계소비 중 필수지출과 선택지출의 비율 변화를 살펴보자.

1980년대 네차례의 '국민생활시간조사'(KBS)에서 여가활동별 시간의 변화를 나타내는 〈표 3-6〉을 보면 알 수 있듯이 1985년을 정점으로 해서 1987년에는 전체적으로 자유시간이 감소한 가운데 교제와 휴양 시간이 눈에 띄게 줄어들었음을 알 수 있다. 이는 텔레비전 시청률의 증가와 1987년의 서머타임제 실시와 관련이 있어 보인다. 노동시간이 늘어나고 자유시간이 줄어든 가운데 텔레비전 시청시간은 증가하면서 대인관계와 사회관계 자본은 축소되었을 가능성이 있다.[94] 그리고 서머타임제의 실시는 생활시간과 생활리듬의 불일치를 가져와 원활한 여가활동을 하기 힘들게 했을 것으로 보인다. 그리고 승부놀이, 관람과 감상 활동은 줄어든 반면에 스포츠와 행락·산책의 시간은 증가했다. 이는 소비지출에서 1970년대와 비교해 외식비, 교통비, 오락문화비, 기타 소비 등이 증가한 것과 일맥상통한다.[95]

그리고 〈표 3-7〉에서 알 수 있듯이 1970년 전반기에는 가계지출 중 필수지출 비율이 58.6%였으나 1980년대 후반기에는 51.7%로 감소하면서 필수지출과 선택지출의 비율이 비슷해졌다. 이는 그만큼 선택적으로 지출하는 비율이 높아졌음을 의미하며, 소비패턴의 변화와 소비욕구의 증대를 나타낸다고 할 수 있다.

표 3-7　1970년~1994년 목적별 소비지출의 지출비중 변화 추이[96]　　　　　(단위: 퍼센트)

		'70~'74	'75~'79	'80~'84	'85~'89	'90~'94
필수지출	식료품·비주류음료품	32.2	29.7	27.5	24.6	21.5
	임료 및 수도광열	22.4	20.9	20.5	17.8	16.3
	가계시설 및 운영	2.0	3.2	3.2	4.5	4.9
	의료·보건	2.0	2.4	3.2	4.8	4.4
	필수지출 비율	58.6	56.2	54.4	51.7	47.1
선택지출	주류 및 담배	4.7	5.4	5.0	4.1	3.5
	의류 및 신발	7.1	7.7	6.2	5.0	5.1
	교육	6.9	6.7	7.4	7.2	6.2
	음식·숙박	12.5	11.6	9.9	8.9	7.8
	교통	5.6	7.5	9.0	10.6	12.9
	통신	0.1	0.2	0.3	0.5	1.0
	오락·문화	1.9	2.1	3.1	4.9	6.3
	기타	3.1	3.5	5.0	8.1	9.5
	거주자 국외소비	0.1	0.1	0.4	0.8	1.7

1980년대 선택지출 중 1970년대와 비교했을 때에 특이한 점은 교육, 교통, 통신, 오락·문화, 기타 지출, 국외소비의 증가이다. 특히 교육비는 1970년대 및 1990년대와 비교했을 때 1980년대는 두드러지게 높은 비율을 보인다. 이는 당시 사람들이 상대적으로 시간과 돈을 자녀교육이나 자기계발에 더 많이 사용했음을 의미한다.

1980년대 여가활동의 변화를 보여주는 앞의 〈표 3-6〉을 보면 1985년에는 휴양시간과 기능·기술 공부에 투자하는 시간이 늘어났음을 알 수 있다. 이는 당시의 사람들이 자유시간의 일부를 자기 재충전과 계발에 투자했음을 의미한다. 휴양은 가족과 대화하거나 혼자서 술을 마시거나 차를 마시는 시간을 의미한다. 그리고 기능·기술 공부는 각종 학원에 다니거나 통신을 통해서 뭔가를 학습하는 시간을 의미한다.

이러한 소비지출과 여가활동의 변화는 1980년대 호황이 반영된 결과이기도 하다. 1980년대 초기의 대한민국 경제는 제2차 오일쇼크와 군사정변으로 인해 성장률이 급격히 하락했는데, 얼마 지나지 않아 국가총생산이 계속해서 상승했다. 그러나 이런 변화에서 소외된 사람들도 늘어났다. 시간 이용과 경쟁이 자유로워지면서 재산·교육·직업 등에 따라 노동시간과 자유시간의 양, 여가활동의 내용에 차이가 생겨났기 때문이다. 이는 새로운 주체 형성과 밀접한 연관성을 지니면서 이중적인 사회적 시간을 둘러싼 시간정치가 가능해지는 조건으로 작동하게 된다.

먼저 1980년대 직업별 노동시간의 차이를 살펴보자. 1980년대 유직자 평균 노동시간량과 '노동자'로 불리는 기능·작업직 노동시간량은 큰 차이를 보인다. 〈표 3-8〉은 1980년대 직업별 노동시간의 차이를 살펴보기 위해 평일의 유직자 평균 노동시간량과 직업별 노동시간량의 변화를 비교한 것이다.

표 3-8 1980년대 직업별 평일 노동시간량의 변화[97]   (단위: 시간, 분)

직 업	1981	1983	1985	1987
농림·어업자	6.35	6.02	6.26	7.10
자영업자	7.13	7.07	7.03	8.04
판매·서비스직	7.39	7.23	7.25	8.14
기능·작업직	8.23	8.08	8.03	8.38
사무·기술직	7.41	7.28	7.23	8.08
경영·관리직	7.14	6.26	7.01	7.58
전문직·자유업·기타	7.47	6.10	6.22	7.54
유직자 전체 평균	7.02	6.36	6.55	7.40

조사 연도와 상관없이 1980년대에 줄곧 가장 많이 일하는 직업은 기
능·작업직이었다. 이 직업 종사자와 다른 직업 종사자 간의 노동시간량
은 많게는 2시간 이상 차이가 난다(1983년의 경우). 그리고 가장 적게 일
하는 직업은 농림과 어업으로 나타났는데, 이는 노동시간이 자연환경에
따라 제약을 받기 때문일 것이다. 그리고 경영·관리직은 그다음으로 적
게 일하는 직업으로 가장 많이 일한 기능·작업직과 대비된다. 특이한 점
은 1987년을 기점으로 직업별 노동시간량의 차이가 줄어들었다는 사실
이다. 이는 기능·작업직의 노동시간이 단축됐기 때문이 아니라, 도리어
증가했음에도 다른 직업의 노동시간이 큰 폭으로 증가했기 때문이다. 이
는 당시 서머타임제 도입으로 근무시간이 연장되면서 전체적으로 노동
시간이 증가한 현실을 반영한다.[98]

　하지만 통계 밖 노동자의 노동시간은 이보다 훨씬 많았다. 당시 노동자
의 삶을 노래한 대표적 시인인 박노해의 시 「졸음」에는 이런 대목이 나
온다.

선적날짜가 다가오면

백리길 천리길도 쉼임 없이 몰아치는

강행군이 시작된다.

어차피 하지 말라 해도

올라간 방세를 메꾸려면

아파서 밀린 곗돈을 때우려면

주 78시간이건, 84시간은 먹어치워야 한다.

—— 박노해 시집 『노동의 새벽』 수록 시 「졸음」 부분[99]

당시 근로기준법이 존재했고, 법정근로시간은 하루 8시간 1주 48시간
이었다. 그리고 노사가 합의하면 1주 60시간까지 연장할 수 있었다. 그런
데 이 시에 나오는 노동자는 그것과 무관하게 주당 78시간, 84시간 일해
야 했다. '방세'와 '곗돈'을 내려면 선택의 여지가 없었다. 이런 상황에서
24시간 이용의 자유와 서머타임제 등은 노동시간을 증가시킨 또 하나의
요인이 되었다.

1980년대에는 노동시간뿐만 아니라 자유시간의 양과 여가 참여율 그
리고 여가활동 내용에서도 직업별·학력별·도농 간에 차이가 있었다. 자
유시간이란 생활필수시간과 노동, 학업, 이동시간 등을 제외한 시간을 의
미한다. 그리고 여가활동이란 자유시간에 이루어지는 교제, 휴양, 레저,
대중매체 이용 등의 행동을 의미한다. 1980년대에는 직업별로 여가활동
참여율의 격차가 벌어지고, 평균 자유시간 역시 그 폭을 좁히기 어려웠다.
당시 다양해진 여가활동 역시 '노동자'에게는 제한적이었다. 자유시간에
스포츠, 취미활동, 행락과 산책을 즐기는 노동자 계층은 많지 않았다. 반
면에 텔레비전 시청, 휴양, 승부놀이 등에 참여하는 비율은 높았다.[100]

표 3-9 1980년대 일요일 직업별 여가활동 참여율과 참여 평균시간[101]

	여가활동 참여율(%)			여가활동 평균시간(시간, 분)		
	기능·작업직	사무·기술직	경영·관리직	기능·작업직	사무·기술직	경영·관리직
1981	51.3	61.2	61.0	2.10	2.20	3.38
1983	50.5	59.6	70.8	2.30	2.44	2.43
1985	45.8	61.4	74.1	1.51	2.27	1.23
1987	48.5	58.6	68.6	2.12	2.43	2.53
1990	34.7	45.3	59.0	2.18	2.45	3.20

1986년에 한국관광공사에서 조사한 '국민 여가생활의 실태 분석과 대책'을 보면 고졸 이상은 치열한 경쟁 때문에 시간적 여유를 가지지 못했고, 학력이 낮은 계층은 경제적 압박으로 인해 여가생활이 위축되어 있었음을 알 수 있다. 그리고 여가생활에 불만족을 느끼는 이유를 묻는 조사에 따르면 경영·관리직과 사무·기술직은 시간 부족이 큰 비중(59.3%)을 차지했다. 이에 비해 농림·어업직(36.7%), 자영업자(36.8%), 판매·서비스직(35.65%), 기능·작업직(38.5%)은 여가생활을 하기에 돈이 부족하다는 답변이 많았다.[102]

또한 당시 서울 시민을 대상으로 주말 여가활동에 대해 설문조사를 한 결과, 학력·직위·월소득·소유재산·사회계층에 따라 자유시간, 여가활동 빈도, 여가활동 종류, 여가활동 범위 등에서 차이를 보였다. 학력과 직위가 높고 월소득과 소유재산이 많을수록 주말의 여가활동을 주기적으로 했는데, 이들은 여가시간도 많고 여가활동도 적극적이고 활동적이면서 다양했으며, 여가활동의 이용 공간도 넓었다. 이에 비해 학력과 지위가 낮고 월소득과 소유재산이 적으며 주관적인 계층 인식이 낮을수록 자유 시간이 2시간 이내로 적었는데, 이 경우 텔레비전 시청이나 잠자기 등 소극적이고 정적인 여가활동이 주를 이루었다. 그리고 여가활동의 빈도 역시 간헐적으로 이루어졌으며, 여가활동의 범위도 주거지를 크게 벗어나지 않았다. 전자에 속하는 사람들은 주로 가족과 외식 등을 하며 여가시간을 보내는 데 비해, 후자에 속하는 사람들은 주로 친지를 방문하거나 친구와 음주 등을 하며 여가시간을 소비했다.[103]

1980년대 도시 가구의 경우, 자유시간을 이용한 여가활동에서 이전과는 다른 양상을 보임으로써 라이프스타일에 변화가 있었음을 추측할 수 있다. 즉 텔레비전 시청, 스포츠 활동, 레저 활동, 외식, 주류 등의 소비가 증대하고 산업이 성장한 사실로 미루어 보아 자유시간 중 그런 활동에 소비되는 시간도 증가했음을 유추할 수 있는 것이다.

〈표 3-10〉을 보면 도시가구의 가계소비 중 여가활용비가 차지하는 비율은 1980년의 2.6%에서 1989년에 4.7%로 증가했을 뿐이지만, 소득 증대와 물가 상승으로 인해 금액은 6배가량 증가했다. 또한 가계지출에서 식료품비가 차지하는 비율이 1980년의 42.9%에서 1988년의 34.2%로 감소 추세인 데 비해 외식비의 비율은 3배 가까이 증가했다. 그리고 자가용 대중화 등으로 인해 여가행태가 달라지면서 개인교통비가 가계지출에서 차지하는 비율이 급증 추세를 보였다. 개인교통비는 1980년에서 1988년 사이에 구성비로는 13배가, 금액으로는 30배 이상 증가했음을 알 수 있다.[104]

1980년대 도시 가구의 여가활용비 지출이 증가 추세를 보인 반면, 농촌 가구는 감소 추세를 보였다. 1975년에는 가계지출에서 여가활용비가 차지하는 비율이 도시 가구 2.9% 대 농촌 가구 1.2%로 2.4배 정도 차이가 있었으나, 1989년에 이르면 4.7% 대 0.8%로 거의 6배 가까이 차이가 벌어지게 되었다.[105]

표 3-10 1980년대 도시가구의 여가활용비, 외식비, 개인교통비 증가율 변화[106]

연도	여가활용비 지출률		식료품비와 외식비 비율(%)		개인교통비 증가율(원, %)		
	금액(원)	구성비(%)	식료품비	외식비	금액(원)	구성비(%)	전년비 증가율(%)
1975	20,196	2.9					
1980	55,800	2.6	42.9	1.6	207	0.1	−3.7
1981	78,900	3.0	42.9	1.7	221	0.1	+6.8
1982	104,916	3.5	40.4	2.4	447	0.2	+102.3
1983	119,544	3.7	38.9	2.6	579	0.2	+29.5
1984	121,632	3.4	37.6	2.7	1,133	0.4	+95.7
1985	126,740	3.3	36.9	2.8	1,422	0.4	+25.5
1986	148,740	3.6	35.8	3.2	1,357	0.4	−4.6
1987	172,476	3.6	34.7	4.2	2,662	0.7	+96.2
1988	219,240	3.9	34.2	4.7	6,251	1.3	+134.8
1989	332,940	4.7					

　지금까지 살펴본 바와 같이 1980년대에는 노동시간과 자유시간 그리고 여가활동이 학력과 직업, 재산과 직위, 그리고 도시와 농촌에 따라 차이가 있었고 그 격차가 점차 커져갔음을 알 수 있다. 이는 서로 다른 노동시간, 자유시간, 여가활동이 각각의 라이프스타일과 정체성을 규정하게 되었음을 의미한다. 물론 그 변화가 야간통행금지제도 폐지라는 하나의 요인 때문이라고 단정할 수는 없다. 그러나 야간통행금지의 해제는 시간 이용을 확대하고 다양케 했으며, 경제적이고 경쟁적인 시간 인식을 가지도록 했다. 그리고 이어진 경제성장과 사회변화 그리고 1980년대에 시간 이용과 관련된 신군부 정권의 정책들(서머타임제 재실시, 텔레비전 편성 정책, 법정공휴일의 증가 등)도 영향을 미쳤을 것이다. 이에 대해서는 이 책의 3부와 4부에서 자세히 다룰 것이다.

새로운 성과주체, 1980년대 중산층

대한민국 경제는 1985년부터 달러·유가·금리의 '3저 현상'으로 호황기를 맞이하며 두 자릿수 성장률을 보였다. 1980년대에는 1인당 GDP가 천 달러에서 만 달러로 열배나 상승했다.[107] 그리고 1988년에는 대한민국의 국가신용등급이 A+로 상향되었다.[108] 이러한 경제성장은 대내적인 정치적 불안과 사회적 불신을 소비와 유흥의 활성화로 돌릴 기반을 제공했다. 게다가 1985년에 정책적으로 시행한 '중산층 육성계획'은 경제 호황기를 맞이해서 중산층을 '소비 열풍'으로 이끌었다.[109]

전두환 대통령은 1985년부터 해마다 국정연설에서 중산층의 역할을 강조했다. 1985년도 국정연설에서는 21세기를 "지구촌 시대를 선도하는 한민족의 세기"로 규정하고, 그런 새 시대의 대한민국 사회를 구성할 주요 주체로서 중산층을 내세웠다. 그리고 1986년 국정연설에서 다시 한번 2000년대까지 국민 대다수를 중산층으로 만드는 것이 국정목표임을 분명히 했다. 제6차 경제·사회개발계획이 시작되는 1987년의 국정연설에서도 전두환 대통령은 중산층이야말로 "자유민주사회의 지주"라고 밝혔다. 즉 21세기의 선진 한국을 이루기 위해서는 중산층이 우리 사회의 지주세력으로서 새로운 시대의 새 주역이 되어야 한다는 것이었다.[110]

특이한 것은 당시 중산층 육성책이 노동자를 대상으로 했다는 점으로, '중산층 육성계획'은 노동부 관할로 되어 있었다.[111] 당시 조철권 노동부장관은 "근로자 중산층을 육성시키는 것이 사회발전을 위해 중요한 과제"라고 밝히고 근로자들의 생활 안정을 위해 여러 방안을 마련하고자 했다.[112] 또 전두환 대통령은 1987년 국정연설에서 제6차 경제·사회개발 5개년 계획에 대해 밝히면서 세계시장에서 경쟁하기 위해 기업과 근로자와 소비자가 중심이 되어 "우리 산업 역량"이 "또다른 신화"를 이루는 데 앞장서주길 희망한다고 했는데, 여기서 흥미로운 점은 경제주체로서 기업뿐만 아니라 근로자와 소비자를 지목했다는 사실이다. 즉 소비자도 생산주체로 호명되었으며, 근로자는 근로와 소비를 담당하는 이중적 생산주체로 호명되었다. 이를 통해 근로자는 기업과 같은 생산주체이면서 "자기 자신의 기업가"[113]로 위치지어졌다. 다시 말해 1980년대 신군부 정권의 중산층 육성정책에 의해 근로자는 근로와 소비를 담당하는 1980년대의 새로운 성과주체로서 호명된 것이다.

신군부 정권의 중산층 육성정책은 당시 노동자들로 하여금 중산층 의식을 갖도록 하는 데 일조했다. 노동자들은 실질적으로 임금이 증가하고 소득분배가 개선됨으로써 중산층 의식을 갖게 되었는데, 이는 중산층의 확대로 이어졌다. 실제로 1986년 당시 실질적인 소득이나 조건과 관계없이 주관적으로 자신을 중산층으로 평가하는 국민의 비율이 81.6%에 달했다. 이는 1982년 조사 때의 72.1%에 비하면 주관적인 중산층 의식이 더 확산되었다고 볼 수 있다.[114] 1980년대의 노동자 중 대다수는 스스로를 중산층으로 여겼고, 그렇지 않은 계층도 중산층으로의 편입을 희망하며 열심히 일했다. 당시 노동자는 중산층을 이루는 최대 인구군이었다.

이렇게 중산층 의식을 갖게 된 노동자들은 중산층 육성정책의 목적대로 '자유민주사회의 지주'가 되었으며, 경제성장의 분배를 적극적으로 요구하게 되었다. 즉 신군부 정권의 중산층 육성정책에 의한 중산층 확대는 민주화 이행의 동력을 확보하는 조건이 된 것이다.[115] 1980년대 말 대한민국이 최대 호황기였을 때인 1987년에서 1989년 사이의 노동분쟁 건수는 그 이전과 이후에 비해 현저하게 증가했는데, 대부분의 분쟁이 열악한 노동조건이나 장시간 노동시간 때문이 아니라 임금인상과 관련된 것이었다.[116] 이와 같이 임금인상을 요구하는 분규의 증가는 1989년까지 이어졌다. 그리고 실제로 학력별·직업별 임금격차는 1980년대 말로 접어들면서 줄어들었다. 이 역시 노동자들이 중산층 의식을 갖는 데 일조했을 것이다.[117]

김영선에 의하면 1973년부터 1987년까지 국가가 주도적으로 발전국가 논리에 입각해서 공장 새마을운동을 통해 노동규율과 노동윤리를 재구성했으며, 특히 노동시간뿐만 아니라 자유시간까지 생산을 위한 시간으로 흡입하고자 시간정치를 시행했다.[118] 김영선의 이 주장은 장기간으로 볼 때에는 타당하지만 1980년대의 노동문화는 1970년대와는 다른 측면을 보였다.

먼저 1980년대에 노동시간이 계속 늘어났던 이유는 국가가 주도한 "노동시간의 생산시간화 전략"이 자유시간 영역까지 침투했기 때문이기도 하지만,[119] 1980년대의 경제호황과 야간통행금지 해제 등 경제적·사회적 변화 요인 또한 그것에 작용했다고 봐야 한다. 1984년 이후 대한민국 경제는 경제적 불황에서 벗어나 수출이 급증했고, 수출 물량을 맞추기 위해 심야작업과 철야작업이 늘어났다. 그리고 야간통행금지가 해제되자 공장을 24시간 가동하면서 2교대제나 3교대제로 운영할 수 있게 되었고, 이에 따라 노동시간도 늘고 경제활동인구(고용인원)도 증가하게 되었던 것이다.

두번째로는 노동시간 문화를 조직하는 주체가 단지 국가뿐만이 아니라는 것이다. 국가 및 자본의 시간기획과 노동자의 욕망이 맞닿는 지점에서 장기간에 걸쳐 노동시간 문화와 근면이라는 노동윤리가 내면화되었다. 김영선도 '잔업경쟁'에 대해 논의하면서 이 문제를 지적하고 있긴 하지만, 노동자의 욕망을 다소 지엽적으로 보고 있다. 하지만 노동자가 적극적으로 그런 노동시간 문화를 자기의 욕망 실현에 활용한 측면도 존재한다. 결혼 때 좋은 혼수를 해가기 위해서 장시간 노동을 참아낸다거나 더 많은 임금을 받는 야간작업조에 들어가기 위해 경쟁한 사례들은 단순히 "국가와 기업의 규율장치에 따른 효과"[120]라고 보기는 어렵다. 노동자들은 이런 경제활동을 통해 얻어진 수입의 증가를 통해 중산층으로의 진입을 꾀했던 것이다.[121]

세번째로는 박정희 정권과 신군부가 국가의 목표에 따라 노동계급을 탈정치화와 노동력 동원에 끌어들인 것은 사실이나,[122] 1980년대에는 그것이 조금 다른 양상을 보였다는 것이다. 왜냐하면 당시 노동계급은 소득의 증가로 인해서 중산층 의식을 가지게 되었고, 그것은 탈정치화뿐만 아니라 민주화에 대한 관심도 유도했기 때문이다.[123] 당시 제조업 생산직 노동자들은 명목임금이 증가하긴 했으나 장시간 노동을 하며 최저생계비에도 미치지 못하는 임금을 받고 있었다. 따라서 실질임금의 증가를 위해 목소리를 낼 수밖에 없었다. 1980년대의 달라진 라이프스타일 속에서 일상을 영위하고 미래를 계획하기 위해서는 노동시간을 단축하고 실질임금을 증가해야 할 필요성이 있었던 것이다. 〈표 3-11〉에서 보듯이 1986년 이후부터는 다소나마 노동시간이 감소하고, 실질임금과 최저생계비 충당률이 점차 증가함을 알 수 있다.[124] 그리고 1980년대 말이 되면 불황과 함께 덜 벌고 덜 일하기를 원하는 노동자 의식의 확산으로 인해 점차 국가 주도의 노동력 동원이 여의치 않게 되었다.[125]

야간통금이 존재했을 때의 하루는 시작과 끝이 있고, 24시간을 단위로 운영되었다. 하지만 야간통금이 해제된 이후에는 낮과 밤의 경계가 없어져버렸다. 쉼 없고 끊임없이 계속되는 일상이 존재하게 된 것이다. 그리고 이제 밤시간은 금지의 시간에서 일상이 되었고 자원이 되었다. 이렇듯

표 3-11　1980년대 제조업 생산직 노동자의 월 노동시간과 최저생계비 충당률, 실질임금 증가율[126]

연도	월 노동시간	최저생계비 충당률	실질임금증가율
1980	234.9	33.7	−3.5
1981	278.1	34.1	−0.2
1982	238.7	33.5	7.1
1983	242.4	34.2	9.3
1984	242.2	34.7	7.2
1985	240.2	35.1	7.3
1986	245.7	38.2	7.9
1987	241.7	38.0	9.5
1988	234.7	39.8	13.5

야간통행금지의 해제는 대한민국 국민의 일상을 바꿔놓았고, 그런 시간 이용의 경험과 시간 개념의 변화는 개인을 새로운 성과주체가 되도록 이끌었다.

24시간 경제 시대의 개막과 그 파행성

경제활동의 활성화는 야간통행금지 해제의 공식적인 목표 중 하나였다. 즉 야간통행금지제도의 철폐는 개방사회를 구현하고 사회 안정과 국가안보태세 확립을 대내외에 과시하려는 목적 외에도 경제적 목적을 위한 것이기도 했다.[127] 야간통행금지 해제의 경제적 효과는 당시 사회적으로도 큰 기대를 모았다. 야간통행금지제도의 철폐가 확정되자 『동아일보』의 한 기사는 야간통행금지가 해제되면 대한민국의 실질적인 경제규모가 10~20% 늘어나고, 고용인구가 50만~60만명 증가할 것으로 전망

했다.[128] 그리고 24시간 근무가 가능해짐에 따라 교대근무를 통한 철야근무가 이루어지면 12만명의 고용이 증대될 것이 기대됐다.[129]

정당성이 부족한 신군부 정권의 입장에서 경제성장은 국민동원과 국민결집의 명분과 구심점 역할을 할 수 있었다. 1980년대는 1970년대에 비교해 '3저 현상' 등 수출 확대의 여건이 갖추어져 경제가 호황을 맞이했으므로 신군부 정권은 절약이나 저축 대신에 민간 소비와 내수를 진작하는 경제정책을 펼쳤다.[130] 수출과 내수 증가 정책에 맞추어 대한민국 사회의 생산력과 소비를 증대하기 위해서는 국민이 이용할 수 있는 시간자원의 크기를 키워서 그것이 생산과 소비에 활용되도록 촉진할 필요가 있었을 것이다. 그러기 위해서는 낮과 밤의 경계를 없애고 중단 없이 생산과 소비가 이루어지고, 자본이 원활하게 운용될 수 있는 시간 이용이 요구되었다. 결국 신군부 정권의 야간통행금지제도 철폐는 심야시간 4시간의 통행금지 해제를 넘어서서 "24시간 경제 시대의 개막"을 의미했다.[131] 신군부 정권 역시 이 점을 인지하고서 야간통행금지 해제의 경제적 이점으로서 생산과 수출 증대, 유흥 및 소비 부문의 활성화, 관광 활성화와 외화 획득, 운수업 등의 심야영업을 통한 수입 증대 등을 내세웠다.[132]

그러나 야간통행금지제도의 철폐는 서울올림픽 개최를 위해 통금 해제가 필요하다는 공식적 논의가 시작된 지 석달 만에 전두환 대통령의 '결단'에 의해 '전격적으로' 실시되었으므로, 준비기간 없이 바로 시행된 셈이다. 즉 야간시간대를 활용할 수 있는 방안이나 사회적인 합의나 시설, 법규, 치안대책 등이 갖춰지지 않은 상황에서 밤시간의 이용이 자유로워진 것이다.[133] 기업과 공장은 이를 생산력 증대의 기회로 발 빠르게 활용했지만, 사회적으로는 청소년 선도나 치안 등의 문제점이 야기되었다.

야간통금이 해제되자 현대, 삼성, 대우 등 당시 10대 종합상사를 비롯한 수출업체들은 24시간 언제라도 교대가 가능하도록 작업시간을 조정하는 등 '중단 없는' 수출활동 계획을 세웠다.[134] 그리고 1984년부터 수출이 호조세를 보이면서 24시간 가동하는 공단과 업계가 증가했고, 24시간 2교대나 3교대로 근무하는 경우가 늘어났다.[135] 이런 24시간 작업체제는 노동자들에게 열악한 근로환경과 주거환경으로 작용하기도 했다. 당시 24시간 가동되는 수출공단에는 '닭장' 또는 '벌통집'으로 불리는 좁은 자취방들이 많았는데, 노동자들은 그곳에서 교대로 칼잠을 자며 3교대 근무를 했다.[136]

또한 야간통금 해제에 대비한 교통정책의 미비로 인한 문제점도 드러났다. 교통부는 야간통금이 해제되자마자 야간통금 해제에 따른 교통대책을 발표했다. 버스, 택시, 지하철, 항공 등의 운행시간이 곧바로 연장되었다. 택시의 경우는 24시간 전일제로 운행될 수 있도록 대책이 세워졌다. 법무부와 서울시경은 교통경찰을 24시간 배치했고, 전국 공항 및 항만의 출입국 관리 공무원들도 24시간을 교대로 근무하기로 했다.[137] 이런 교통대책은 야간통행금지 해제로 인한 국민의 교통 불편을 해소하고 국민의 이동 편의를 위한다는 명분을 내세웠지만, 대외적으로 대한민국의 이미지 제고, 한국관광 붐을 조성하는 획기적 계기의 마련, 국제항공노선 스케줄 조정을 통한 관광객 유치 촉진 등을 그 효과로 기대했다.[138]

하지만 교통대책은 제대로 이루어지지 않았고, 야간통금이 해제된 후 국민의 심야 이동에 실질적인 도움이 되지 못했다. 교통수단이 운행시간을 심야까지 연장해서 운영하려면 그만큼 심야활동이 활발해져야 하고, 교통수단별 이용객에 대한 사전 조사를 바탕으로 적절한 배치가 이루어져야 한다. 하지만 그러한 준비 없이 '구색 갖추기 식' 교통대책이었기 때문에 두달이 채 안되어서 재조정되어야 했다. 빈 택시(44%)는 유류 낭비

그림 3-4   간선도로 버스정류장에서 합승손님을 찾는 '총알택시' 운전사들[139]

를 막기 위해서 도심의 특정지역과 역 터미널에 대기하도록 했다.[140] 이때
부터 일명 '총알택시'가 심야시간대에 지하철 역, 시외버스 터미널, 간선
도로 버스정류장에서 막차를 놓친 합승 승객을 모아서 태우고는 시속
110~130km로 달려 시외로 빠져나가곤 했다.[141] 심야시간대에 국민들은
생명을 담보로 밤거리를 총알처럼 내달려야 했던 것이다. 당시 심야근무
후에 귀가하던 사람들은 교통수단이 없어서 어려움을 호소했다.[142]

  야간통행금지가 해제되자 당시 동절기는 오후 10시 반, 하절기는 오후
11시로 돼 있던 영업점의 종료시간이 철폐되어 대중음식점, 전문음식점,
유흥음식점, 다방과자점 등이 영업시간 제한 없이 자율적으로 영업할 수
있게 됐다. 당시 유흥업소와 접객업소는 1980년 8월 국가보위비상대책위
원회 상임위원회의 결정에 따라 할당제와 거리제한제가 철폐된 상황이
었는데,[143] 여기에다가 심야영업에 대한 대책 없이 영업시간 종료 규정까

지 없어진 것이다. 당시 경제가 호황이었고 시중에 돈이 풀렸지만, 심야
에 이용할 수 있는 시설과 보안대책 등이 준비되어 있지 않은 상황에서
급속도로 증가한 것은 유흥업소와 퇴폐영업을 하는 곳이었다. 그리하여
심야시간대의 소비는 유흥업소와 퇴폐업소로 집중되었다. 1980년대에
유흥업소와 퇴폐업소의 수는 기하급수적으로 증가했다.[144]

1989년에 서울대학교 체육연구소가 전국 2400가구 14세 이상의 남녀
를 대상으로 실시한 '국민 여가활동 참여 실태조사'에서 현재의 여가 실
태 건전성을 묻는 설문에 응답자 중 17%만이 건전하다고 답했고 대부분
은 불건전하다고 답했다. 그리고 불건전한 여가활동의 대표적인 유형으
로 퇴폐·향락 시설(65%)을 지적했다.[145] 이러한 풍조는 사회문제로 지적
되어 1989년에 서울기독청년회는 '향락문화 추방을 위한 서울 YMCA 회
원 결의대회'를 열기도 했다. 당시 대한민국에서 향락산업이 차지하는 비
중은 GNP의 5%를 넘고, 4만여개의 업소에서 100만명이 넘는 여성접대
부가 종사한다고 이야기되었다.[146] 결국 1990년부터 유흥업소(카바레·디
스코장·대중음식점·유흥접객업소·소극장·만화가게·다방·이용업소·전
자오락실 등)의 영업시간을 자정까지로 제한함으로써 유흥업소의 심야
영업은 전면적으로 금지되기에 이른다.[147] 유흥업소의 심야영업이 금지
되자 1980년대에 2차, 3차로 이어지던 음주문화도 달라지게 되었다.[148]

이렇듯 야간통행금지의 해제는 신군부 정권이 정치에 대한 국민의 관
심을 다른 곳으로 돌리기 위해 향락·퇴폐 분위기를 조장했다고 하는 소
위 '3S(sex, screen, sports) 정책'을 활성화하는 조건으로 작용했다.[149] 야
간통금의 해제 이후 심야극장이 생기면서 당시 흥행 1위를 했던 「애마부
인」을 기점으로 영화의 성적 표현에 대한 검열이 완화되었다.[150] 그리고
1981년에는 컬러방송의 시작으로 방송의 상업성과 선정성 논란이 있었

으며, 1982년에는 프로 스포츠가 시작되어 사회·정치에 대한 국민들의 관심을 분산시켰다. 소위 '3S 정책'은 시간기획의 측면에서 신군부 정권이 주도적으로 국민의 자유시간과 여가활동을 정치에 대한 관심이나 건전하고 적극적인 활동이 아닌 수동적이고 마취적인 유흥과 향락에 쏠리게 함으로써 국민을 순응적이고 소극적으로 만들었다는 비판에서 자유로울 수는 없다.[151]

대한민국에서 야간통행금지는 오랜 기간 동안 국민들에게 일상화된 통제기제였다. 다만 크리스마스 때나 1월 1일 등 특정한 몇몇 날에 한정되어 통금이 해제되었다. 따라서 야간통행금지제도의 철폐로 인한 심야시간대의 통행과 활동의 자유는 "금지된 것의 해방구"[152]로서, 위반으로부터의 해방감과 욕망의 분출을 불러일으켰다. 그런데 1982년의 야간통금 해제는 문제점을 완화할 만한 사회적 장치를 준비하지 못한 상태에서 올림픽 유치와 개최를 위해 필요하다는 명분하에 '전격적으로' 이루어졌다. 때문에 청소년의 비행, 음주운전, 치안부재, 무질서, 퇴폐영업 등의 문제가 끊이지 않았다.[153] 이것은 일시적인 경찰력 증가나 잦은 불심검문으로 해결될 수 있는 문제가 아님에도 불구하고 당시 정권은 이런 파행성 모두를 국민의 자율성 부족 탓으로 돌리며, 국민의 일신과 일상을 감시하고 국민의 자제와 자율을 요구하는 수단으로 이용했다.[154]

4. 군사주의와 국가주의에 동원된 일상시간

국가가 국민의 일상시간을 군사적으로 구축하고 동원한 경우는 비단 1980년대뿐만이 아니다. 근대적 국가체제에서 국민의 일상을 군사적으로 동원한 것은 일제강점기 때부터 시작되었고, 이후 미군정과 한국전쟁을 거치면서 일부분 지속되거나 완화되거나 폐지되었다. 그런데 박정희 군사정권은 1966년에 '국가안전보장회의' 산하에 '국가동원연구위원회'를 설치하고 동원체제를 강화해나갔다. 박정희 군사정권은 1960년대 말부터 1970년대 초까지 전사회적으로 국민의 일상을 군사동원체제로 구축했다. 이 시기의 동원체제는 개발보다는 반공에 초점이 맞춰져 있었다.

박정희 정권이 이렇게 국민의 일상을 군사적으로 동원하는 사회체제를 조직한 것은 1960년대 후반에 남북 사이의 군사적 긴장이 고조된 데 그 직접적인 원인이 있겠으나, 장기집권을 위한 통제의 수단이기도 했다.[1] 3선개헌과 유신체제 구축을 위해 국민의 일상과 일신에 대한 확고한

표 4-1　1980년대에 군사적으로 동원된 사회적 시간들[2]

군사적 동원체제		시작	1980년대	비고	
등화관제 훈련		일제강점기 1937년	지속/강화 (군·관·민 합동훈련)	1951년 재개 1986년 이후 중단	
학교의 군사훈련	고등학교	일제강점기 1914년		1969년 재개	1998년부터 선택
	대학교				1989년부터 폐지
민방위 훈련		일제강점기 1937년		1951년 1월 계엄사령부에 민방위 총본부 창설(이후 내무부로 이관) 1972년 1월부터 매달 15일 실시 올림픽 기간에 중단	
예비군 훈련		1968년	지속	올림픽 기간에 중단	
국기하강식		1976년	지속되다가 1989년 폐지		
극장에서의 애국가 상영		1972년			
국기에 대한 맹세		1972년 공식화	1984년 법제화	2007년 문구 수정	

통제와 억압이 필요했던 것이다. 그런데 1980년대에 들어서서 이런 군사주의와 국가주의에 동원되는 시간은 더욱 강화되었다.

군·관·민이 하나 된 등화관제 훈련

1980년대를 배경으로 하는 노래, 연극, 영화, 드라마 등에 자주 등장하는 것이 등화관제 훈련 장면이다.[3] 등화관제 훈련은 적의 야간공습에 대비한다는 명분으로 공권력이 국민의 일신을 규제하고 일상시간을 일시에 정지시키는 것이다. 이 훈련은 일제강점기였던 1937년 '방공법(防空法)'이 제정되면서부터 시작되었다. 일본 제국주의가 식민지 조선에 실시한 '방공법' 중 특히 가정방공은 모든 가정이 방공 조직과 시설을 갖추고 방공 훈련과 교육을 하게 하는 것으로 가정과 가족 구성원 모두를 전

시체제로 동원하고 일상생활에 공권력의 개입이 가능토록 함으로써 식민 조선인의 '국민화'에 일조했다.[4]

일제강점기에 시작된 등화관제 훈련은 해방 이후 폐지되었다가 한국전쟁 중인 1951년 '방공법시행령'에 의거해 다시 실시하게 되었고, 1952년 '등화관제규칙'이 대통령령으로 제정되면서 법적 근거를 가지게 되었다. 한국전쟁 당시 계엄사령관은 포고문에서 러시아 항공기를 이용한 북의 공습에 대비한 등화관제 훈련에 후방 국민의 협조를 당부하며 등화관제 훈련에 소극적인 국민들에게 유감을 표명하기도 했다.[5] 등화관제 훈련은 한국전쟁 이후에도 지속되었고, 1970년대에는 민방위 훈련의 하나로 시행되었다.

그런데 1980년대에 들어서 등화관제 훈련 관련법이 바뀌고 훈련 규모와 강도에 변화가 생기게 되었다. 1980년대의 등화관제 훈련은 기존의 관련법인 '방공법'을 폐지하고 개정된 '민방위기본법시행령'에 의거해 실시하게 되었다.[6] 이는 1975년 제정된 '민방위기본법'의 미비점을 보완해 민방위대의 동원과 교육훈련을 합리화하고 민방위 훈련을 법적으로 제도화함으로써 적에 대한 대응능력을 향상시키고자 함이었다. 즉 이전에는 등화관제 훈련이 관련 법률과 여러 시행령으로 인해서 운영상 혼선이 있었으므로 효율적인 운영을 위해 '민방위기본법시행령'이라는 단일 법체계로 운영되도록 법적 근거를 마련한 것이었다.[7]

1980년 6월 25일에는 6·25 30주년을 기념하는 의미에서 전국적으로 등화관제 훈련이 실시되었다. 그날의 훈련은 한국전쟁 발발일에 행해짐으로써 등화관제 훈련의 목적과 대상을 선명하게 드러냈다. 그리고 야간 통행금지제도가 존재하던 1981년에는 국민의 등화관제 훈련 참여를 위해서 '귀가훈련'이 서울에서 실시되었다. 통금이 오후 10시로 앞당겨지고, 그 이전에 모든 서울 시민은 집으로 돌아가야 했다. 오후 6시 50분에 훈련공습경보가 울리면 긴급 대피했다가 7시부터 집으로 돌아가야 했던 것이다. 모든 상가는 오후 7시부터 영업을 중단했다. 오후 9시 50분부터 10시 20분까지 등화관제 훈련을 실시했고, 그날 오후 10시부터 새벽 4시까지 6시간 동안 야간통행이 금지되었다.[8] 실제 등화관제 훈련시간은 오후 9시 50분부터 10시 20분까지 30분에 불과했지만 그를 위해 오후 6시 50분부터 훈련에 임해야 했으므로 사람들로서는 그 훈련시간이 매우 길게 느껴졌을 것이다.

그리고 야간통행금지제도가 폐지된 이후에는 군·관·민 총방위체제가 강조되면서 등화관제 훈련은 민방위 훈련 차원을 넘어서 국가적 차원의 군사훈련의 일환으로 강화되었다. 1980년대에 전두환 대통령은 북한의 전후방 동시 전장화 전략에 대비하기 위해 전방과 후방의 구분 없는 철저한 대비를 강조했다.[9] 이는 당시 대한민국 국방정책의 기본 방향 중 하나였다. 앞으로 전쟁이 일어나면 전방과 후방 없이 동시 전장이 될 것이므로 민·관·군 일체의 총력방위태세가 필요하다는 것이었다.[10] 이러한 국가 총방위체제를 구축하고 지속해나가기 위해서는 국민의 일상시간과 일신이 동원되어야 했다. 대간첩대책본부는 수도권을 중심으로 군·경·관·민, 향토예비군, 민방위대를 모두 동원하여 대대적인 비정규전 종합훈련으로 '멸공82 훈련'을 실시했는데, 이는 북한의 비정규전 부대가 수도권에 침투할 것에 대비한 훈련이었다.[11] 그리고 이와 함께 총력전에 대비하기 위해 군·관 합동훈련인 '을지포커스렌즈 훈련'[12]의 일환으로 민간 차원에서 등화관제 훈련을 군사훈련과 유사하게 실시했다.[13] 이로써 1980년대 국민은 군·관·민 일체로 전후방 동시 전장화에 대비하게 되었고, 비정규전에 대비해서 국민의 일신과 일상시간은 유사 전시체제 구축을 위해

그림 4-1 　서울 도심의 등화관제 훈련 모습[14]

동원될 수밖에 없었다.

　1980년대에는 등화관제 훈련이 국가적 차원에서 군사훈련처럼 실시되었고, 실전을 상정하며 이를 방불케 하는 훈련으로 펼쳐졌다.[15] 〈그림 4-1〉은 1981년도 서울 도심 일대의 등화관제 훈련 장면이다. 삽시간에 칠흑같이 변해버린 서울의 거리에 탐조등의 조명이 간간이 불기둥같이 솟아오르고 불 꺼진 빌딩숲의 스카이라인만이 희끄무레 보인다.[16] 마치 전시의 한 장면을 그대로 옮겨놓은 듯하다.

　1980년대 시행된 범국가적 군사훈련의 일환인 등화관제 훈련이 당시 일상에서는 어떻게 경험되었을까? 당시 사람들은 등화관제 훈련을 하면서 일상시간이 강제적으로 정지당한 까닭에 일상의 불편을 겪기도 했고, 훈련과정 중에 행해지는 공권력 행사로 인해 부당함을 느끼기도 했다. 또 강제된 어둠이지만 이를 통해 낭만을 맛보기도 했고, 이런 훈련을 통해 적으로부터 안전을 보장받고 있다는 느낌을 받기도 했으며, 이전 일제강점기와 전쟁 중의 등화관제 경험이 겹쳐져 그 시대의 공포를 떠올리기도

했다.[17]

1980년에 발표된 오정희의 단편소설 「어둠의 집」은 등화관제가 시행되는 30분 동안 중년여성이 어두운 빈집에 혼자 있으면서 그동안 중년여성 자신이 겪은 등화관제의 경험들을 떠올리며 자신의 실체와 마주하는 이야기이다. 가족과 함께였을 때의 등화관제 시간은 '가정과 가족의 안전'을 보장해주는 국가의 존재를 깨닫게 했고, 설령 원하지 않던 진실과 마주할지라도 곧 사라질 찰나의 순간이었다. 그러나 혼자였을 때 타의에 의해 강제된 어둠은 그 여자를 다시 일상으로 돌려놓지 못했다. 그 여자는 등화관제 시간에 결국 자기가 살아온 세월과 현재 처한 상황을 정면으로 마주하면서 마치 지금 살고 있는 어둡고 낡은 집이 자신인 양 생각하기에 이른다. 등화관제가 끝나고 아들이 집으로 돌아오면서 언뜻 어둠속에서 드러났던 그 여자의 진실은 불빛에 밀려나간 어둠처럼 사라져버리지만, 강제된 어둠속에서 자기 존재의 어둠을 봐버린 그 여자는 예전의 일상으로 돌아갈 수 없게 된다.

오정희 작가는 「어둠의 집」을 집필하게 된 동기에 대해 "일상 속에서 늘 잊고 사는 일들이 어느 순간 작은 빌미에 의해서 그 진면목을 드러내는 수가 있거든요. 야간등화관제 훈련을 받는 동안 타의적인 어둠에 의해 보지 않으려던 진실의 정체를 보게 된 거죠. 그걸 작품으로 썼습니다"[18]라고 말했다. 등화관제 훈련을 통해서 국가와 공권력에 의해 어둠이 강제되었을 때 당시 사람들은 그 시대의 빛에 가려진 어둠의 본질을 인식하기도 했다. 그 '타의적인 어둠'의 시간 속에서 개인은 일신과 일상에 가해지는 공권력의 폭력성을 상대적으로 더 크게 느낄 수밖에 없었을 것이다. 국가에 의해 순간적으로 일상이 정지되고 군사적 목적을 위해 자신이 동원되고 있음을 깨닫는 순간, 등화관제 훈련시간은 국민으로 하여금 시대의 어

그림 4-2　서울 시내 등화관제 훈련 상황을 시찰하는 전두환 대통령[19]

둠과 개인의 자유에 대해 생각하게 하는 시간으로 작용하기도 했다.

　1980년대에 등화관제 훈련이 강화되자 등화관제 훈련이 개방화와 자율을 표방하는 신군부 정권의 정책과 모순된다는 점이 지적되기 시작했다. 1983년 등화관제 훈련에 대해 한 언론은 시민들의 자발적인 협조로 완벽하게 이루어졌다고 보도했지만,[20] 국민은 이에 동의하지 않았다. 전두환 대통령은 등화관제 훈련 때마다 직접 상황을 점검하고 시찰하면서 일부 가정집에서 불빛이 새어나오거나 차량이 운행되는 것에 대해 지적하고 홍보 강화를 명령했다.[21] 반면에 시민들은 등화관제 훈련을 하기 위해 이른 귀가를 하는 불편에 대해 문제를 제기했고, 등화관제를 위해 강제로 전원을 끊어버리는 경우에 대해 강한 불만을 표시했다.[22]

　등화관제 훈련은 그 취지대로 전국민의 자율적인 참여로 치르는 군·관·민 합동훈련 중 하나여야 했다. 따라서 강제성보다는 자율로 이루어져야 마땅했다. 이 훈련의 목적은 국민 스스로 생명을 위협하는 적과 싸우기 위한 것이니만큼 실전처럼 행해져야 했다. 그런데 관 주도로 강제적으로 소등을 하는 일이 비일비재했다. 때문에 소등을 재촉하는 민방위 대원이나 아예 전원을 차단해버리는 아파트 경비원들과 시민들 간의 다툼이 자주 빚어졌다.

일률적으로 아파트의 전기스위치를 내려놓을 바에야 한국전력에서 일괄 스위치를 꺼버리면 온 시내가, 아니 온 국토가 암흑으로 변하여 훌륭한 등화관제가 될 것 아닌가? 그렇다면 무엇 때문에 훈련이 필요한가? 스위치를 내리는 연습인가? 등화관제 훈련은 최소한 일상생활을 유지하면서 불빛이 외부로 새는 것을 막는 훈련일진대 정전을 시킨다면 라디오·TV에서 나온 상황을 어떻게 알며 갑자기 생긴 사고를 어떻게 처리할 것인가?[23]

이 글은 한 시민이 신문사에 투고한 것으로, 등화관제 훈련의 강제성이 국민의 안전을 위협하고 있음을 지적하고 있다. 즉 등화관제 훈련은 군·관·민 합동훈련으로서 일상을 유지하면서 적의 공습에 대비한 것인데, 강제적으로 정전을 시켜버린다면 국민의 안전을 보장할 수 없다는 것이다. 등화관제 훈련이 '정전 훈련'이나 '스위치를 내리는 훈련'이 아닌, 진정으로 전시에 국민을 보호할 수 있는 훈련이 되기를 바라는 글이다.

1980년대 등화관제 훈련은 개방화 사회의 규율로 강조되던 '자율'의 강압적이고 통제적인 면모를 드러냈다. 그래서 등화관제 훈련은 당시 사회적 시간의 이중성과, 국민의 일상을 군사적으로 동원하는 신군부 정권의 실상을 보여주는 대표적 사례로 여겨졌다. 이 때문에 1980년대를 재현하는 경우 당시의 이중적 시간성과 억압성을 보여주는 상징적 사례로 등화관제 훈련장면이 이용되곤 한다. 특히 영화 「살인의 추억」(봉준호 감독, 2003)을 통해 등화관제는 1980년대를 상징하는 이미지로 더욱 굳어졌다. 이 영화에는 등화관제 훈련 장면이 자주 나온다. 영화의 시작부터 등화관제 훈련과 살인사건 발생 장면이 교차한다. 그리고 살인사건을 수사하던 치안 인력들이 데모 진압이나 등화관제 훈련에 동원되는 장면도 나오는데, 그 시점에 살인사건이 또다시 발생한다. 이는 당시 공권력이 국민의 안위나 치안보다 국민을 억압하고 통제하는 데 집중했음을 보여준다. 봉준호 감독은 이 영화에서 등화관제 훈련 장면과 여중생 살해 장면을 교차 편집함으로써 1980년대의 '폭압성'을 극명하게 드러냈다.[24]

1980년부터 1986년까지 등화관제 훈련 때마다 대통령의 시찰이 있었고 그 훈련은 점차 강화되었다. "지금 북한은 우리의 86 아시아 경기대회와 88 서울올림픽 개최에 대한 초조감에 각종 무모한 방해공작을 획책하고 있어" "완벽한 군의 전투태세 구축과 함께 전국민의 투철한 안보자세 확립"이 중요하므로[25] 군·관·민 합동훈련의 일환으로 등화관제 훈련이 시행되어야 한다는 것이었다. 당시 등화관제 훈련은 대한민국에서 아시안게임과 서울올림픽이 개최되는 것을 방해하려는 북한의 '공작'에 대비하기 위함이었다. 대상과 목적 그리고 명분이 확실한 훈련이었다. 하지만 사회적으로 이에 대한 불만의 목소리가 지속적으로 나왔다.[26] 시민들은 전시나 비상시도 아닌 상황에서 가상의 적을 상정하여 귀가·통금·소등 훈련을 강압적으로 하는, 비정상이 정상처럼 작동하는 당시의 모순을 직접 경험하고 그에 대해 불만과 불편함을 표현하기 시작했다. 1980년대에 마지막으로 시행된 1986년 7월의 등화관제 훈련 때에는 사회 인사들이 칼럼을 통해 등화관제 훈련의 문제점을 지적하기도 했다.[27] 하지만 내무부 장관은 '을지포커스렌즈 훈련'과 야간통금, 격일제 차량통제, 등화관제 등 군·관·민이 함께 훈련하는 것을 보면서 국력 조직화의 가능성을 확인했다는 내용의 담화문을 발표했다.[28] 이는 당시 등화관제 훈련에 대한 정부와 국민의 인식 간에는 매우 큰 차이가 존재했음을 시사한다.

교련복, 군복, 예비군복

1980년대에 중학생과 고등학생은 교복으로부터의 자유를 얻었으나, 고등학생은 교련복에서 벗어날 수 없었다. 왜냐하면 고등학교를 다니는 내내 일주일에 두시간씩 교련복을 입고 군사훈련 수업을 받아야 했기 때문이다. 남자 고등학생은 제식과 총검술과 화생방 훈련 등을, 여자 고등학생은 구급법 등에 대해서 교육받았다. 대한민국 남자는 고등학생 때부터 50세에 이르기까지 의무적으로 주기적이고 정기적인 군사훈련을 받아야 했다. 다시 말해 1980년대의 대한민국 남자는 생애 주기에 따라 그것에 상응하는 군사훈련을 받으며 유사 전시체제에서 언제든지 전쟁에 동원될 것을 상정하고 살아야 했다. 고등학생과 대학생 때에는 교련을 받고 그후에는 군복무를 해야 했으며, 제대 후에는 예비군과 민방위대에 편입되어 비정규전에 대비한 훈련을 받아야 했다. 그리고 이와는 별도로 매달 민방위 훈련이 전국민을 대상으로 이루어졌다. 결국 대한민국 국민이라면 누구든지 군사교육과 군사훈련에서 예외일 수는 없었다.

〈표 4-2〉는 1980년대에 국민이 일상적으로 동원되어 군사교육과 군사훈련을 받게 되는 내용을 정리한 것이다. 1980년대의 대한민국 남자는 교복은 벗을 수 있었으나, 교련복과 군복과 예비군복은 벗을 수 없었다.

표 4-2 1980년대에 국민을 대상으로 이루어진 군사교육과 군사훈련[29]

대상	내용	시간	기간	의무/자원
고등학생	교련(남녀)	주당 2시간씩	3년	
대학생	학도호국단 (남)	1, 2학년 주당 2시간씩	2년	의무
대한민국 청년	군복무(남)	24시간×33개월	1982년 기준으로 33개월	
향토예비군	훈련(남)		35세까지 → 33세까지로 완화	의무
민방위대	훈련(남)	전국민은 월 1회. 민방 위 대원은 연 수차례	1975년 민방위기본법 기준으로 17세부터 자원 가능. 자원 연령은 여자 17~50세, 남자 50~60세. 1988년에 완화	의무/자원

대학 교련은 그 명분이 "북한의 '기습남침'에 대비하고, 남북한의 군사적 대치상황 속에서 대학생들의 안보의식을 고취한다"는 것이었지만, 박정희 정권이 3선개헌과 유신체제를 선포하기 전에 대학생들의 반대를 통제하려는 발상에서 출발한 것이었다.[30] 이에 대해 시행 초기부터 대학생들의 반대시위가 있었으나, 시위를 주도한 학생들은 강제 징집되어 군대로 보내졌다.[31] 이후 1980년대에 들어서도 대학 교련은 계속 시행되었고, 학생들의 반대시위 역시 끊이지 않았다. 교련시간에 반정부 노래를 부르거나 구호를 외치는 일도 있었다.[32] 하지만 교련교육을 거부한 대학생 명단은 14일 이내에 본적지 지방병무청장에게 통보되었고, 이후 바로 군대 징집영장이 발부되었다.

하지만 대학생들의 군사교육 반대는 끊이지 않았다. 1986년에는 그 반대가 더욱 격렬해지면서 성균관대에서 임시 휴업사태가 벌어졌고, 서울대생 2명이 분신자살을 하기에 이르렀다.[33] 그러나 정부 당국은 매년 49억 2천만원의 예산을 책정해서 1099명의 예비역 장교(4년제 대학의 경우)를 대학에 파견해 대학 군사교육을 계속하려고 했다.[34] 결국 당시 남자 대학생들은 1989년에 대학 교련 과목이 폐지되기 전까지 2년간 매주 2시간씩 교련교육을 받았고, 1학년은 병영집체교육, 2학년은 전방입소교육을 받았다.[35]

국가에서 배급하는 애국의 시간

지금까지 살펴본 직접적인 군사훈련이나 전시체제를 가상한 군사적 동원체제 외에도 1980년대의 국민은 일상적 국민의례를 통해 국가, 국가 지도자, 국민 사이의 일체감과 획일적인 '조국과 민족'에 대한 '충성'을 강요받는 시간을 매일 가져야 했다. 그 대표적인 예로 극장에서의 애국가 상영, 국기하강식, '국기에 대한 맹세'를 들 수 있다. 이 세가지는 1970년 대 유신체제를 전후해 박정희 정권이 장기집권을 꾀하면서 시작되었으며 1980년대에 들어서는 더욱 강화되고 공식화, 법제화되었다.

극장에서의 애국가 상영은 1971년 2월 문화공보부의 지침에 의해 그해 3월 1일부터 전국의 모든 공연장에서 시작되었다. 모든 공연장은 공연을 시작하기 전에 애국가 영상을 상영해야 했다. 애국가 영상은 1분 40초의 컬러물로 제작되었으며, 이때 모든 관객은 자리에서 일어나야 했다.[36] "애 국가의 올바른 보급과 국가에 대한 존엄성을 높이기 위해" 도입된 애국가 상영은 국가와 국가 지도자와 국민 간의 일체감을 형성하기 위한 과정의 일환으로 시작되었다.[37]

다음은 1981년 『월간중앙』에 발표된 황지우의 「새들도 세상을 뜨는구나」라는 시의 전문이다.

映畵가 시작하기 전에 우리는

일제히 일어나 애국가를 경청한다

삼천리 화려강산의

을숙도에서 일정한 群을 이루며

갈대숲을 이륙하는 흰 새떼들이

자기들끼리 끼룩거리면서

자기들끼리 낄낄대면서

일열 이열 삼열 횡대로 자기들의 세상을

이 세상에서 떼어 메고

이 세상 밖 어디론가 날아간다

우리도 우리들끼리

낄낄대면서

깔쭉대면서

우리의 대열을 이루며

한세상 떼어 메고

이 세상 밖 어디론가 날아갔으면

하는데 대한사람 대한으로

길이 보전하세로

각각 자기 자리에 앉는다

주저앉는다

　　　　　　　　　 ── 황지우 「새들도 세상을 뜨는구나」 전문[38]

　이 시의 작가는 영화가 시작되기 전의 애국가 상영을 소재로 해서 "군
(群)을 이루며" 자유롭게 떠나가는 '새떼'와 애국가의 시작과 함께 일어

나고 애국가가 끝나면 자리에 앉아야 하는 '우리'를 대비하고 있다. '우리'는 새처럼 자유롭게 날아가고 싶은 마음과 달리 애국가의 마지막 소절과 함께 대한민국 국민으로 호명됨으로써 다시 대한민국의 현실에 꼼짝없이 붙들려 제자리에 앉는다. 이 시가 수록된 시집은 당시 문단을 침체에서 벗어나게 할 가능성을 보여주는 시집으로 관심을 모았고, 1988년에는 연극으로도 제작되었다.[39] 이는 정부가 국가주의 이데올로기로써 국민을 통제하는 현실을 비판한 이 시에 대해 당시 사람들이 공감했음을 의미한다.

국기하강식은 국기를 내릴 때 애국가가 울리면 그 자리에 있는 모든 사람이 멈춰서서 '국기에 대한 맹세'를 낭송하고 국기를 향해 예를 갖추는 것을 말한다. 국기하강식은 1976년 10월 국무총리의 지시로 정부기관, 지방자치단체, (초등학교부터 대학교까지) 각급 학교와 공공단체에서 시행되었다. 그리고 1978년 4월부터는 KBS와 MBC 라디오를 통해 국기하강식 방송이 이루어져서 약 1분간 애국가와 '국기에 대한 맹세'를 방송했다.[40] 당시 사람들은 매일 오후 6시(동절기에는 오후 5시)에 애국가가 울리면서 국기하강식이 시작되면 하던 일과 가던 길을 멈추고 애국가가 끝날 때까지 국기에 대해 예를 갖추며 "나는 자랑스런 태극기 앞에 조국과 민족의 무궁한 영광을 위하여 몸과 마음을 바쳐 충성을 다할 것을 굳게 다짐합니다"[41]라는 '국기에 대한 맹세'를 낭송함으로써 국기 앞에서 국가와 민족에 대해 '몸과 마음을 바치는' 충성을 맹세해야 했다.

'국기에 대한 맹세'는 문교부에서 만들어 1972년 8월부터 각급 학교의 행사 때마다 학생과 교직원이 낭송하도록 했다.[42] 그 목적은 "국기의 존엄성에 대한 인식을 더욱 깊게 하고 애국 애족하는 국민정신을 드높이기 위해"서였다.[43] 처음에는 각급 학교를 대상으로 하다가 유신체제 때에는 방송을 이용해 전국민을 대상으로 시행했는데, 1980년대에는 그것을 명문화해서 더욱 강화했다. 1984년에 신군부 정권은 국기하강식과 '국기에 대한 맹세'를 '대한민국 국기에 관한 규정'이라는 대통령령으로 제정했다.[44] 이전에는 국기와 관련된 법으로 문교부 고시의 '국기제작법'과 대통령 고시 '국기게양의 방법에 관한 건'이 있었는데 이를 대통령령으로 일원화한 것이다. 그 제정 목적은 "국기의 존엄성을 높이고 국기에 관한 국민의 인식을 올바르게 하려는 것"이었다.[45] 이를 통해 국기하강식 때의 '국기에 대한 맹세' 낭송과 경례가 명문화되었다. 이 대통령령에 의하면 국기하강식 때에는 애국가 연주가 있어야 하고, '국기에 대한 맹세'와 함께 국기를 향해서 차렷 자세를 취함으로써 국기에 대해 경의를 표시해야 한다. 국기하강식 때 행하는 국기에 대한 경례와 맹세는 국가·조국·민족을 향해 충성을 맹세하는 매일의 의식이었다.[46]

〈그림 4-3〉은 『경향신문』에 실린 1982년 12월 25일 오후 5시 명동의 국기하강식 사진이다. 성탄절 휴일을 즐기러 나온 수많은 사람들이 모두 태극기를 향해 멈춰서 있다. 그리고 그 옆에는 「국기에 여미는 '한마음' 내일을 약속한다」는 제하의 기사가 '개방사회 정착시킨 그 저력, 세계 속에 새 한국의 상(像) 심어'라는 부제를 달고 실려 있다. 이 기사는 국기하강식 때 국기에 대해 획일적으로 예를 표하는 시민의 모습을 마치 대한민국 국민이 한마음으로 "개방사회를 정착"시킨 1982년을 보내고 1983년을 맞이하는 것처럼 표현하고 있다. 이는 당시 국기에 대한 경례가 애국심의 표현을 넘어서 현 정권에 대해 국민의 동의와 협력을 나타내는 것으로 담론화된 사례라고 할 수 있다.

1980년대의 국기하강식 때 행해진 '국기에 대한 맹세'와 경례는 매일의 충성 서약을 통해 개인으로 하여금 자신을 국가나 민족과 동일시하도

그림 4-3　1982년 명동의 성탄절 휴일의 국기하강식 광경[47]

록 유도하는 것이었다. 국기하강식이 1989년에 폐지되기 전까지 신문의
독자투고란에는 국기에 대한 경례가 더욱 잘 지켜지기를 바란다는 내용
이 계속 이어졌다.[48] 당시 국기하강식 준수 여부는 애국심의 정도와 반공
정신이 얼마나 투철한지를 판단하는 척도였다. 시위 도중에 국기하강식
이 행해지며 애국가가 울려퍼지자 행동을 멈춘 대학생은 애국자이자 "순
수하고 절제 있는" 반공정신이 투철한 학생이라고 지칭되었다.[49] 『동아일
보』는 투석전을 벌이던 대학생, 광주민주화운동 때 시위 중이던 대학생,
경찰과 몸싸움을 벌이던 대학생이 국기하강식 때 태극기를 향해 애국가
를 합창하거나 부동자세를 취한 사례를 보도함으로써 국기와 국가와 민
족의 일치성을 강조했다.[50]

이렇듯 1980년대에 극장에서의 애국가 상영, 국기에 대한 맹세, 국기
하강식은 애국가와 국기에 대한 예를 표하는 것을 국가에 대한 충성과 등
치시키고, 국가에 대한 충성이 현 정권에 대한 동의나 협력과 동일한 것
처럼 보이도록 하는 기제였다. 이렇게 애국심을 강제하는 국기하강식 등
은 신군부 정권이 개방과 자율을 표방하면서도 한편으로는 획일적이고
억압적인 방식으로 국가주의를 강화하고자 했음을 보여준다. 당시의 사
람들은 자신도 모르게 애국심을 일상적으로 표현하는 국민의례의 시간
을 일상에서 내재화했다. 국가주의에 의해 일상이 정지되고 일신이 통제
되는 일이 일상이 되어버린 것이다. 일례로 1981년 한 국회의원 입후보자
는 기탁금을 내기 위해 선관위를 찾아가는 길에 국기하강식 시간에 걸려
1, 2분 지체되어 등록시간을 넘기는 바람에 입후보 등록이 거부당하자 이
에 대해 소송을 제기하기도 했다.[51]

국기하강식은 이러한 당시의 시대상을 시각적으로 분명하게 드러내므
로 당대를 재현한 영화에서 곧잘 묘사되곤 한다. 영화 「변호인」(양우석 감

독, 2013)에는 부림사건의 변호를 맡은 변호인이 고문현장을 찾아갔다가 우연히 만난 경감에게 일방적으로 폭행을 당하는 장면이 나오는데 국기하강식이 진행되면서 애국가가 흐르자 경감이 폭행을 멈추고 경건하게 국기에 대한 경례를 한다. 국민의례에 의해 공권력의 폭력이 애국과 등치되고 있는 모습이다. 그리고 영화 「국제시장」(윤제균 감독, 2014)에는 부부가 싸움을 하다가 국기하강식이 행해지며 애국가가 울려퍼지자 국기에 대한 경례를 하느라 즉각 부부싸움을 중단하는 장면이 나온다. 관객들은 이 장면에서 현실과 무관한, 습관적이고 의례적인 애국의 모습을 발견하고 웃음을 터뜨린다. 하지만 애국가가 들리면 하던 일을 멈추고 애국심을 표현해야 하는 것이 1980년대의 실제 일상이었다.

강제된 '자율'의 이중성과 모순성

신군부 정권은 개방화를 표방하는 한편, '자율'을 새로운 통치규율로서 독점하고자 했다. 야간통행금지 해제를 필두로 한 일련의 자율화·자유화 조치들은 개방과 자율을 제5공화국 및 전두환 정권의 정책으로 내세울 수 있도록 했다. 이로 인해 대한민국은 대내외에 자율적으로 화합하고 민주적으로 동원 가능한 사회처럼 전시됐다. 그러나 이중적인 사회적 시간과 강제된 '자율'이 국민의 일상에서 실현되는 과정에서 불만이 터져나오기 시작했다. 즉 개방화와 자율화 조치는 국민으로 하여금 신군부 정권의 '자율'이 강제적이고 타율적인 규율로 작동한다는 사실을 체험케 함으로써 '자율'에 대한 지속적인 사회적 반발을 불러일으켰다. 그리하여 이런 이중적 시간은 1980년대를 관통해 일관되게 유지될 수 없었고,

통치규율로서의 '자율'도 그 모순성을 숨기기 어려웠다.

1980년대의 여러 자율화·자유화 조치는 학생들을 대상으로 이루어진 것이 많았다. 중·고생의 교복 자율화와 두발 자유화는 1983년부터 실시되었지만, 그 결정은 1982년 1월에 야간통행금지의 해제와 함께 신문 호외로 전해졌다.[52] 그리고 야간통금이 해제될 무렵부터 야간통금 해제가 청소년 범죄를 부추기고 청소년 선도에 어려움을 가중시킬 것임이 지적되었다.[53] 중고생의 교복 자율화와 두발 자유화의 실행은 청소년의 탈선을 부추기거나 위화감을 조성한다는 이유로 청소년에 대한 사회 전체의 책임을 강조하고 감시의 눈길을 늘리는 계기를 제공했다. 그 결과, 1년여의 준비기간을 거쳐 시행될 교복 자율화를 정착시키기 위해 학생뿐만 아니라 '청소년 선도'라는 큰 범주에서 청소년 전체와 가정·학교·사회가 '자율'을 훈련하고 익혀야 했다.[54] 중고생은 교복 자율화를 계기로 의복의 자유를 얻는 대신에 잠재적인 선도의 대상이 되었고, 대한민국 전체는 자율성을 강화하고 발휘해야 했다.

야간통행금지가 해제되면서 밤 10시가 되면 청소년들의 귀가를 촉구하던 '사랑의 종소리' 방송도 사라졌다. 청소년 귀가방송은 1965년에 청소년보호대책위에서 청소년을 선도할 목적으로 매일 밤 10시에 방송을 통해 1분간 청소년에게 일찍 집에 돌아가도록 종용하는 것이었다.[55] 야간통금이 해제된 가운데 두발 자유화와 교복 자율화가 이루어지자 사회 일각에서는 청소년의 귀가시간에 대한 염려가 계속 제기되었다. 그리고 그 염려는 청소년들에게 밤 12시부터 새벽 4시까지 '심야통금제'를 적용하는 것으로 이어졌다.[56] 당시 청소년들은 자신을 선도하려는 외부의 힘에 의해 강제된 자율을 내재화하는 한편, 자신의 정체성을 찾고 보다 주체적으로 자신의 생활과 문화를 영위해갈 기회로 교복 자율화와 두발 자유화를 활용하기도 했다. 당시 청소년들은 자기 세대의 잡지와 패션을 유행시키고, 자신이 좋아하는 스타에게 열광함으로써 1980년대의 청소년 문화를 형성해갔다.[57]

그리고 대학과 관련해서는 국민대화합 조치의 일환으로 학원자율화 조치가 이루어졌다.[58] 이를 통해 그동안 정권에 저항하다가 해직된 교수와 제적된 학생들에 대한 복교 허용과 특별사면이 이루어졌다. 그리고 학교 안에 상주하던 경찰병력도 철수했다. 이후 학교 당국과 학생선도위 등은 학생들의 시위 조직화와 시위 참가를 막기 위해 여러 방안을 도모했으나,[59] 학생들이 요구하는 학원자율화는 정부의 방향 및 기대와는 다르게 전개되어갔다.

사실, 학원자율화는 10·26 이후 대학생들이 먼저 요구한 것이었다.[60] 그런데 신군부 정권이 자신의 통치규율로서 '자율'을 독점하고 자율화·자유화 조치를 개방과 화합 정책으로 내세우면서 학원 내에는 두가지의 다른 자율과 자율화가 존재하게 되었다. 학원자율화 조치로 복적된 대학생들은 학교로 돌아와서 강제된 자율화가 아닌, 자신들이 중심이 된 자치기구인 총학생회 부활운동을 추진했다. 그 결과, 1985년에 학생에 대한 통제기구로 이용되던 학도호국단이 폐지되고 총학생회가 부활하게 되었다.[61] 그리고 학생운동의 학교 간 연대가 시작되어[62] 1987년 6월항쟁 이후에는 전국대학생대표자협의회(약칭 '전대협')를 결성하기에 이르렀다.

아이러니하게도 신군부 정권의 학원자율화 조치는 대학생들에게는 강제된 '자율화'가 아닌 다른 의미의 학원자율화를 이루는 계기로 작용했다. 신군부 정권의 학원자율화 조치는 학생운동의 활성화와 전국적인 조직화의 계기가 되었을 뿐만 아니라, 학생운동이 다른 운동과 연대하여 민주화로 나아가는 데에 주요 동력이 되기도 했다.[63] 한편, 이러한 대학사회

내 '자율'의 이중성으로 인해 학생운동을 둘러싸고 여러 주체들이 경합하게 되었다. 학생운동이 활성화되면서 '운동권'이라는 신조어가 등장했는가 하면, '비운동권'이라는 말도 생겨났다.[64] 이는 대중문화에도 큰 영향을 미쳐서 운동가요와 대중가요 그리고 건전가요가 대중을 두고 경쟁하는 구도를 형성하기도 했다.[65]

신군부 정권의 학원자율화 조치와 학생들의 학원자율화 간의 차이는, 신군부 정권이 국민대화합을 목적으로 정책적으로 시행한 자율화 조치와 국민이 생각하는 자율화의 차이, 그리고 대외적으로 개방을 표방하는 통치규율로서의 '자율'과 국민이 원하는 자율 간의 차이를 선명하게 드러내는 대표적인 예이다. 6·29민주화선언 이후에는 억압된 자율이나 자율화 조치보다는 실질적인 자율이 사회적으로 자리잡기를 바란다는 의견들이 이어졌다. 1988년 당시에 사회의 실제적인 자율 정도를 묻는 조사에서 사회 각 분야에 대한 자율 보장이 36%라는 평가가 있었다.[66] 이 조사 역시 정책적 차원이나 통치규율로 삼은 '자율'과 국민이 원하는 자율 간의 간극을 간접적으로 보여준다. 이러한 간극은 다양한 시간기획 주체들을 시간정치에 등장케 함으로써 이후 새로운 사회적 시간 구성에 영향을 미치게 된다.

균열의 가속화: 국제적 시선과 민주화로의 이행

1980년대에 신군부 정권의 통치규율인 '자율'의 모순성을 극대화하고 시간기획 주체들 간의 균열을 가속화한 요인으로는 1986년 아시안게임과 1988년 서울올림픽, 1980년대의 민주화운동, 세차례의 선거(1985년과

1988년의 총선과 1987년의 대선)와 1987년의 헌법 개정을 들 수 있다. 국제 스포츠 대회의 개최를 앞두고 대한민국에 집중된 국제사회의 시선, 국민의 민주화를 향한 열망과 시민사회의 조직적인 민주화운동, 국민의 동의와 협력이 필요한 정치일정 등으로 인해 신군부 정권은 더이상 국민의 일상시간을 강제된 '자율'을 통해 군사적으로 동원하기 어려워졌다. 유사 전시체제를 상정하고 군사적인 훈련에 동원되던 시간 중 등화관제 훈련과 민방위 훈련, 예비군 훈련 등은 아시안게임과 서울올림픽 때 중단이 되었다. 국제 스포츠 행사기간에 대한민국 국민이 일상적으로 그리고 군사적으로 동원되는 모습을 세계에 내보이는 것은 신군부 정권이 대내외에 표방한 개방과 대화합 정책, 그리고 통치규율로서 독점한 '자율'과는 모순되는 것이었기 때문이다.

1980년대의 등화관제 훈련은 1986년 7월 15일부터 17일까지 시행되고 더이상 시행되지 않았다. 즉 아시안게임 이전까지만 등화관제 훈련이 시행되었고 이후에는 중단되었다. 이는 아시안게임과 서울올림픽으로 인해 세계의 시선이 대한민국으로 향하고 있었을 뿐만 아니라, 1987년에는 개헌안을 묻는 국민투표와 대통령 선거가, 그리고 1988년에는 총선이 있었기 때문이다. 그리고 기존의 군사적 동원체제도 점차 완화되기 시작했다. 1987년에는 민방위 훈련시간이 단축되고, 훈련 불참자에게 부과되던 과태료와 벌금을 면제하는 등의 완화조치가 발표됐다.[67] 그리고 국민투표와 대통령 선거가 있던 시기에는 '민방위 날' 훈련과 예비군 훈련을 중단했다.[68] 이어서 1988년 올림픽 기간에도 민방위 훈련과 예비군 훈련을 중단했다.[69] 정부가 올림픽과 관련해서 민방위 훈련과 예비군 훈련을 잠시 중단한 이유는 "국민들의 동참 분위기를 조성하고 한국을 찾는 외국 관광객 및 선수, 임원, 보도진의 불편을 덜어주기 위해"서였다.[70] 민방위

표 4-3　1980년대 말 군사동원적 시간의 변화[71]

연도	정치일정	등화관제	민방위 훈련	예비군 훈련	대학 교련
1987년	헌법개정(10. 29.)	미실시	완화책 발표, 중단	중단	입소교육 자유선택
	대선(12. 16.)				
1988년	총선(4. 26.)		중단		반대 격화
	올림픽 (9. 17.~10. 2.)		중단 (올림픽 전후 3개월)	중단(성화 봉송~ 폐회 후 1주일)	
1989년					폐지

훈련은 올림픽을 전후해서 석달 동안(8, 9, 10월) 중단되었다. 그리고 예비군 훈련은 올림픽 성화봉송 기간부터 올림픽 폐회 1주일 후까지 부대장의 재량으로 중단되었고, 올림픽 기간에는 전면 중단되었다.

　1980년대에 군사동원적 훈련이 완화, 중단, 폐지된 경우는 국민투표를 통해서 국민의 동의를 얻어야 할 때, 국제적 행사를 개최할 때, 그리고 그런 훈련이 강한 저항에 부딪혔을 때 등 세가지 상황에서였다. 첫번째 경우는 1980년대에만 해당되는 상황은 아니었다. 어느 정권이든지 간에 총선과 대선 때에는 국민의 투표 참여를 독려하기 위해서 이런 조치를 시행했다. 그리고 신군부 정권이 서울올림픽 기간에 등화관제와 민방위·예비군 훈련을 중단한 이유는 군사적 국민동원 모습이 국제사회에 부정적으로 비춰질 것을 우려했기 때문이다. 이는 야간통행금지가 해제되기 전에 우리나라에서 국제적 행사가 개최될 때 참가자의 편의와 외국인 관광객을 위해 야간통행금지를 해제한 경우와 유사하다. 신군부 정권은 자신의 이미지 제고를 위해 올림픽 기간과 그 기간을 전후해서 군사적 성격을 띤 국민 훈련을 중단했다. 이는 신군부 정권의 개방화 및 대화합 정책과, 군·관·민 총력방위를 위해 군사적으로 국민의 시간을 동원하는 것이 서로 모순되었음을 의미한다. 또한 국민의 일상시간을 군사적으로 동원하는 것이 국민의 동의에 의해 자율적으로 이루어졌다기보다는 강제적이었음을 방증하는 증거이기도 하다.

한편, 대학 교련은 신군부 정권의 하향식 조치에 의해 중단된 것이 아니라 대학생들의 강한 반발에 의해 폐지되었다. 대학생들은 대학 교련을 지속적으로 반대했는데, 1980년대 중반부터는 반대가 더욱 격화되었다. 1986년 3월 24일에는 연세대생 천명이 '학기 중 전방입소 거부에 관한 범연세인 실천대회'를 열었다. 서울대도 그해 4월 반미투쟁과 연결하여 "양키의 용병교육 전방입소 결사반대"를 외쳤다.[72] 자민투(반미자주화 반파쇼민주화 투쟁위원회) 산하의 반전반핵투쟁위원회가 남영동 미군기지 근처에서 시위를 벌이는 한편 대학생 전방입소 거부운동을 벌이자 각 대학의 전방입소 거부운동은 더욱 확산, 격화되었다. 1986년에는 대학생들이 대학 교련에 반대해서 시위를 벌일 때 임시휴업 조치가 내려지기도 했고, 시위 대학생의 분신자살이 있기도 했다. 또 전방입소 교육을 받으러 가던 대학생들이 철도 또는 역사를 점거하기도 했고, 군 당국과의 마찰로 퇴소하거나 군사교육 반대시위를 벌이기도 했다.[73]

1988년에 군 당국은 대학생 군사교육이 본래의 취지를 살리지 못하고 도리어 학원 소요를 유발하고 군에 대한 반감을 확산시키는 등 역효과를 내고 있다는 판단에서 1989년 1학기부터 대학 교련을 폐지하겠다고 발표했다.[74] 대학 교련은 "대학의 자율성과 비판정신을 짓밟으면서 명령에 대한 무조건적인 복종과 획일주의의 군사문화를 학원으로 침투시키는 '유용하고 효율적인 통로'였다"[75]라는 비판을 받았다. 대학 교련이 1988년까지 시행되고 폐지된 반면, 고등학교 교련 교육은 계속 이어지다가 1998년에 가서야 필수에서 선택으로 바뀌게 된다.

극장에서의 애국가 상영과 국기하강식은 애국심의 발로로 해석되어 사회적으로 이것의 준수를 독려하거나 찬성하는 목소리도 있었다. 하지만 애국행동의 표현이 자율적인 의사가 아니라 형식적으로 이루어지고 획일적으로 강요되고 있음을 염려한 사회 인사들의 지적도 있었다.[76] 국기하강식 때 일상을 멈추고 국기에 대해 예를 표하게 함으로써 애국심을 표현하는 행위를 획일적으로 강제하는 것은 당시 신군부 정권이 새로운 사회규율로 내세운 '자율'과 명백하게 역행하는 것이었다. 애국심은 '자유의지'나 '자발적인 의사'로 이루어져야 하는데, 국기하강식 때 걸음을 멈추고 국기에 대한 예를 표하지 않는다고 해서 '공산당'으로 낙인찍고 적으로 돌리는 것은 애국심을 표현하는 행위를 강요하는 것이었다.

국기하강식은 그 강제성뿐만 아니라 형식화에 대해서도 비판을 받았다. 진정한 애국심은 매일 습관적으로 행해지는 의식으로 만들어지는 것이 아니라 구체적인 실천을 통해서 형성된다는 지적이 그것이다.[77] 1980년대의 국기하강식은 사람들에게 애국의 형식이 아닌 본질에 대한 질문을 던지게 했다. 1980년대에 일상적으로 요구되었던, 애국심을 표현하는 시간으로서의 국기하강식은 그 획일성과 의례성 때문에 정부에서 불허하는 시위를 할 때 시위의 시작시간을 정하는 데 활용되기도 했다. 1987년 6월 민주화운동 때 시위의 시작시간은 국기하강식이 있는 오후 6시로 정해지곤 했다.[78] 한편 1980년대 초에는 국기하강식과 애국가 상영 때 사람들의 참여도가 높았으나, 1980년대 후반으로 가면서 참여하지 않는 사람들이 점차 증가하기 시작했다.[79]

이렇듯 극장에서의 애국가 상영과 국기하강식에 대한 반대여론이 점차 강해지자, 1988년에 이에 대한 폐지 논의가 국무회의에서 공식적으로 있었다. 이때 제시된 반대여론의 내용은, 극장에서의 애국가 상영과 국기하강식이 "법제화된 애국심의 강요"라는 점과 "위정상의 국민에 대한 지배통치수단"이라는 점이었다. 그리고 그 대책으로 세가지 안이 제시되었는데, 세가지 모두 폐지가 아닌 완화책이었다. 당시에는 폐지까지는 고려하지 않았던 듯하다. 당시 문화공보부가 1988년 8월 31일 19시 30분부터 21시 30분까지 서울 시민 350명을 대상으로 실시한 전화여론조사에 의하면, 극장에서의 애국가 상영이나 국기하강식 때의 애국가 방송에 대해 찬성 비율이 더 높았기 때문이다.[80]

하지만 올림픽 성화봉송식 때 국기하강식으로 인해 일상이 정지되는 것과, 그때 행해지는 국기에 대한 경례가 문제가 되었다. 이는 당시 개방적인 축제 분위기와 배치되고 다른 나라에서는 찾아보기 힘든 사례라는 점이 지적된 것이다. 그리고 이러한 시간은 군사문화의 한 형태가 일상적인 시민생활을 침해하는 것으로, 획일적이고 강제적으로 애국심을 고취한다는 비판이 제기되었다. 이는 이제까지 신군부 정권이 표방해온 제5공화국의 개방화 정책과 '자율'이라는 사회적 규율과 명백하게 모순되는 일이었다.[81] 결국 1989년 1월 20일 문공부는 "매일 오후 5시 또는 6시에 시행해오던 국기하강식과 애국가 방송을 1월 23일부터 하지 않도록 방송사에 협조, 의뢰하는 한편 이날부터 영화관에서의 애국가 상영도 폐지하기로 했다"고 발표했다.[82] 이로써 강요된 애국심의 표현인 국기하강식 때의 애국가 방송과 극장에서의 애국가 상영, 타율적인 등화관제 훈련, 통제를 위한 대학 군사교육은 1980년대를 마지막으로 사라지게 되었다.

1980년대의 군사적 동원체제와 일상적 국민의례는 박정희 정권 때부터 있어온 것이지만, 이전 시기와 비교해볼 때 목적과 강도에서 차이점이 있었다. 박정희 정권 때의 목적은 반공주의와 유신체제의 강화 및 유지였다.[83] 그에 비해 1980년대의 군사적 동원체제는 북한의 직접적인 남침 도

발보다는 아시안게임과 서울올림픽 개최를 앞두고 사회단합과 국민동원을 위한 것이었다. 따라서 그 강도에 있어서는 차이를 보였다. 박정희 정권 때에는 통금 위반자에게 총을 쏘거나 영화관에서 국민의례를 하지 않는 사람을 즉심에 회부한 일도 있었고, '국기에 대한 맹세'를 거부한 여고생 여섯 명을 퇴학시킨 일도 있었다.[84] 그에 비해 1980년대에는 등화관제 훈련을 군·관·민 합동훈련으로 시행하기는 했으나 그 위반자가 다수 나올 정도로 통제력이 제대로 작동하지 못했다.[85] 그리고 1980년대에 들어서 국민의례 등이 법제화되기는 했지만 점차 반대의 목소리가 커져갔고 위반자도 증가하게 되었다.[86] 신군부 정권으로서도 아시안게임과 서울올림픽을 개최한 국가 또는 개최할 국가로서 외부의 시선을 받으며 개헌과 대선을 치러야 했기 때문에 강제력을 띠기도 어려웠을 것이다.

1981년부터 '국민생활시간조사'가 시작되어 정례화되었다. 이 조사의 목적은 "국가와 사회 발전에 필수적인 요소"인 국민 총 시간자원의 효율적인 활용에 필요한 기초자료를 제공하는 것이었다. 그리고 그 구체적 목적 중 하나가 국민의 생활시간에 맞는 방송프로그램 편성이었다.[1] 1980년대에 신군부 정권은 언론을 통폐합하고 언론기본법을 제정함으로써 텔레비전이 공영방송체제로 운영되도록 했다. 때문에 이전 시기와 비교해볼 때, 1980년대의 방송은 자본보다는 국가의 지배가 주도적이었다고 할 수 있다.[2] 그리고 신군부 정권에 의해 1980년대의 텔레비전은 아침방송의 재개, 컬러방송과 고교가정학습의 시작 등 커다란 변화를 맞이하면서 방송환경, 방송시간, 방송편성에서도 큰 변화를 겪게 되었다. 이에 따라 KBS는 국민의 "생활시간에 맞는 프로그램 편성"이라는 구체적 목적을 가지고 '국민생활시간조사'를 실시했다. 1980년대에 '국민생활시간조사'가 정례화되고 텔레비전 편성에 직접적인 영향을 미치는 과정을 통해서 국민의 일상시간은 시간자원으로 개념화되었고, 국민의 일상시간과 생활리듬은 동시화되었다.

제3부

국민의 일상시간,
자원으로 개발되다

5. 국민의 시간자원 개발

1980년대에 한국방송공사(KBS)는 1981년부터 시작해서 격년으로 4차례 '국민생활시간조사'를 실시했다. KBS는 국익과 건전한 사회풍토를 조성하고 공영방송이라는 이름에 걸맞은 프로그램을 효과적으로 제작하고 전파할 수 있는 방안으로 '국민생활시간조사'를 실시해서 활용했다.[1] 이 과정에서 국민의 일상시간은 사회와 국가의 발전을 위해 관리·조직되어야 하는 하나의 자원으로 개념화되었고, 국민은 시간자원을 효율적으로 사용해야 하는 주체로서 공적으로 선언되었다.

시간을 자원으로 보는 시각은 시간을 물리적인 자연현상의 하나이거나 철학적 사유의 기초로 보는 데 그치지 않는다. 시간이 자원이 된다는 것은 개인의 사적 시간을 공적으로나 사회적으로 개발, 동원하는 것이 가능하고 규제와 통제의 대상으로 삼을 수 있게 됨을 의미한다. 그런데 자원으로서의 시간의 개발과 시간자원의 재생산은 각 개인들과 그들의 일상을 통해서만 가능하다. 그러므로 국가와 자본은 각 개인들의 시간을 자원으로 개발하고 자원으로서 통제하려고 하지만, 바로 그 점이야말로 국가와 자본의 시간기획에 맞서 개인의 저항이 가능한 지점이기도 하다.

'국민생활시간조사'와 시간자원 담론

국민국가 체제에서 국가와 자본은 일정한 영토 안에 거주하는 국민의 일상시간을 자원으로 활용하고 배치하는 데 관심을 가져왔다. 국가는 국가정체성 정립과 국민동원의 차원에서, 자본은 노동시간과 여가시간과 관련해서 시간자원에 주목했다.[2] 이는 일상생활의 구조가 사회적으로 하나의 체계로 기능하며 재생산의 기제로서 작동하기 때문이고,[3] 일상생활의 재구조화는 시간과 공간의 분배와 배치를 통해 이루어지기 때문이다.

국민의 일상시간에 대한 세계 최초의 조사는 1913년에 사회학자 베번즈(G. E. Bevans)에 의해 수행된 미국 남성노동자의 여가시간 활용연구로 알려져 있다.[4] 이에 비해 소련에서는 1920년대에 혁명 후 노동자들의 생활시간 편성을 위해 국민의 일상시간을 조사한 바 있다.[5] 즉 자본주의 국가에서는 노동자들의 여가시간에 초점을 맞춘 반면, 공산주의 국가에서는 주로 정부의 경제개발계획을 위한 기초자료 수집에 그 목적을 두었다. 자본주의 국가에서는 소비에, 공산주의 국가에서는 생산에 관심을 두었다고 볼 수 있는 것이다.[6]

전국적인 규모로 국민의 일상시간에 대한 조사가 이루어진 시기는 라디오와 텔레비전이 주요한 대중매체로 자리잡으면서부터로, 영국 BBC(1938~), 일본 NHK(1969~), 한국 KBS(1981~) 등은 정기적인 '국민생활시간조사'를 실시하고 있다. 그리고 국민의 일상시간에 대한 조사가 국가적 차원의 통계기관에 의해 정례화되기 시작한 것은 1970년대부터이다. 노르웨이는 1970년부터, 네덜란드는 1975년부터, 일본은 1976년부터, 캐나다는 1986년부터, 대한민국은 1999년부터 통계를 담당하는 국가기관이 정기적으로 국민이 24시간을 어떻게 보내고 있는지를 조사하고 있다. 2018년 현재 30여개의 국가에서 이러한 조사가 시행되고 있으며 국가 간 비교도 이루어지고 있다.[7]

대한민국에서 전국적으로 국민의 일상시간을 조사하기 시작한 것은 1981년에 KBS가 시행한 '국민생활시간조사' 때부터이다. 이 조사를 1981년에 시작해서 격년으로 시행한 것은 '국민생활시간조사'의 주관자인 KBS가 밝히고 있듯이 선진국에서도 이례적인 일에 속했다.[8] 국가적 차원의 전국적인 조사는 대부분 5년에 한번 정도 시행하는 게 통례였기 때문이다.[9] 그만큼 1980년대에는 국민의 생활시간을 주요 자원으로 개발하고자 하는 국가와 사회의 의지가 강했음을 알 수 있다.

'국민생활시간조사'의 궁극적 목적은 국민의 총 일상시간을 국가와 사회의 발전을 위한 자원으로 활용하기 위함이다. 제1차 '국민생활시간조사' 때 이 조사의 목적은 국제경쟁에서 이기기 위해 국민의 총 시간자원의 실태를 파악해서 그것을 효율적으로 활용하기 위함이라고 언급된 바 있다. '국민생활시간조사'에서 국민의 일상시간은 국제경쟁력 강화를 위한 "인적자원의 계발"이라는 국가의 전략적 목적 아래서 개발되는 시간자원으로 여겨졌다. 대한민국이 다른 나라와의 경쟁에서 이기기 위해서는 국민 스스로 자신의 일상시간이 자원임을 인식하고 적극적으로 활용하는 일이 중요하다고 보았던 것이다.[10]

당시의 신문은 '국민생활시간조사'의 결과를 상세하게 기사화하고 시각적으로 보도함으로써, 국민의 일상시간은 시간자원이라는 담론을 형성하는 데 일조했다. 1981년에 첫번째로 시행된 '국민생활시간조사' 결과에 대해 『동아일보』는 "우리나라의 시간자원은 10세 이상 인구를 2천 5백만으로 잡아 6억 시간"이라고 하면서 대한민국 국민의 일상시간을 국가적인 시간자원으로 언급했다. 그리고 다른 나라(일본, 미국, 프랑스, 서독, 헝가리, 폴란드, 소련)와 대한민국 국민의 수면시간, 노동시간, 자유시간 등을 도표와 표로 만들어 제시함으로써 국민의 일상시간이 다른 국가와 경쟁이 가능한 자원임을 시각적으로 인식할 수 있도록 했다.[11] 이렇게 각 개인의 시간은 마치 하나의 공공재처럼 '국민생활시간'이라는 시간자원으로 개념화되었고, 사적이고 질적인 시간 대신 공적이고 양적인 시간이 대외적으로 대한민국의 사회적·문화적 지표를 대표하게 되었다.

『동아일보』는 처음 실시된 '국민생활시간조사'에 대해 국민이 시간의 중요성과 시간의 한정성을 깨닫게 된 계기였다고 논평했다. 그리고 시간은 하나의 자원이므로 특정인의 사적 사용은 논의할 대상이 아니지만 사회적인 총 시간자원은 사회 전반적으로 중요한 의미를 가지므로 잘 활용해서 발전의 수단으로 삼아야 한다고 주장했다.[12] 이렇게 '국민생활시간조사'를 통해서 개인의 일상시간이 '국민생활시간'으로 불리고 조사되면서, 질적으로 각기 다른 개인의 사적 시간들이 추상적인 공적 시간자원으로 수치화되었고 개발 가능한 자원으로서 논의가 가능하게 되었다. 결국 '국민생활시간조사'를 통해 국민의 일상시간은 인적자원의 하나로서 국가와 사회와 개인의 발전을 위해 활용되어야 할 자원으로 인식되었고, 실제로 개발의 대상이 되었다.

제1차 '국민생활시간조사'는 1981년 9월에 KBS가 NHK(일본방송협회)의 도움을 받아 실시했다. 주관자는 KBS였지만 실질적인 연구와 조사는 서울대학교 신문연구소(현 언론정보연구소)를 중심으로 이루어졌다.[13] 이 조사는 대한민국 정부 수립 이후 최초로 전국의 국민을 대상으로 24시간 동안 무슨 활동을 어느 시간대에 얼마 동안 하는지를, 즉 구체적 일상생활이 행해지는 시간대와 시간량을 알아보는 것이었다. 전국의 10세 이상 인구 약 3500명을 대상으로 금요일·토요일·일요일 사흘 동안 24시간을 15분 단위로 나눠서 그 시간에 무슨 행동을 얼마 동안 하는지, 즉 구체적인 행동과 시간량을 조사해 통계화했다. 조사는 여자중학교를 선정해 조사원이 조사대상 가정의 중3 여중생에게 조사의 목적과 기입방법 등을 설명하면, 그 여중생은 가구원에게 이를 전달하여 직접 기입토록 했다. 고령자나 비문해인 등 기입이 곤란한 경우에는 해당 여학생이 질문하여 대신 기입했다.[14]

1980년대 '국민생활시간조사'에 쓰인 조사지는 1975년에 행해진 NHK의 국민생활시간조사의 조사지를 참고해서 일부 수정하고 보완해 만든 것이었다. 상단에는 오전과 오후로 구분해서 0시부터 24시까지 매 15분 단위로 96개로 나눠놓은 사흘간의 시간대 표가 있다. 여기에 조사대상자는 어떤 행동을 어느 시간대에 얼마 동안 했는지 표시한다. 그리고 하단에는 조사대상자의 성·연령·학력·직업을 묻는 난이 있다. 이는 시간량과 시간대를 하위집단별(지역별·성별·연령별·학력별·직업별)로 분석해서 각 집단의 행동별 시간량과 더불어 시간대별로 행동 비율을 알아보기 위함이었다.[15]

피조사자의 행동은 대분류 13개와 중분류 32개로 나뉘어 조사됐다. 대분류는 수면, 식사, 신변잡일, 일, 학업, 가사, 교제, 휴양, 여가활동, 이동, 신문·잡지·책, 라디오, 텔레비전 등이다. 그리고 32개 중분류에는 100가지가 넘는 구체적인 예를 각각 제시했다. 그리고 결과를 분석할 때에는 생활필수시간(수면, 식사, 신변잡일), 노동시간(일, 가사, 통근), 여가시간(교제, 휴양, 레저, 신문·잡지·책, 라디오, 텔레비전 등), 이동시간, 재택시간 등으로 분류해서 그 변동을 살펴볼 수 있게 했는데, 이는 다른 나라와의 비교에도 이용되었다.[16] 그리고 라디오와 텔레비전을 다른 여가활동과 분리해 조사함으로써 공영방송의 프로그램 편성에 도움을 받고자 했다.[17]

KBS의 '국민생활시간조사'는 1980년대에는 격년제로 실시되었으나, 1990년 이후에는 5년에 한번씩 이루어져 2018년 현재 10차례(2015년 제10차 조사) 실시되었다. 1990년 이후의 조사도 효과적인 시계열적(時系列的) 연구를 위해 1980년대와 동일한 방법으로 실시되었고, 일본과의 비교 연구를 위해서 일본과 같은 시기(동일 기간과 동일 연도)에 조사를 실시하고 있다.

1999년 통계청의 '국민생활시간조사' 전까지는 KBS의 '국민생활시간조사'가 전국적인 규모로 정기적으로 국민의 일상시간에 대해 조사하는 유일한 사회조사였다. 통계청이 설립된 이후 통계청 주관의 '국민생활시간조사'가 1999년부터 5년에 한번씩 시행됨으로써 국민생활시간조사는 KBS와 통계청으로 이원화되었다. 〈표 5-1〉은 그동안 실시된 KBS와 통계청의 '국민생활시간조사'를 정리한 것이다.

KBS의 조사는 생활시간대에 맞는 방송편성을 위해, 통계청의 조사는 국민계정에 잡히지 않는 가계생산의 가치 측정을 위해 시작되었다. 두 조사 간에는 목적 외에도 조사 규모와 시기, 방법 등에 차이점이 있다. KBS의 '국민생활시간조사'는 1981년부터 정례화되어 현재까지 이어져 오고 있기 때문에 1980년대부터 지금까지 국민의 일상시간 변화에 대한 시계열적 연구가 가능하다.

표 5-1 1981년~2019년 '생활시간조사' 개요[18]

KBS 국민생활시간조사				
회차/시행 연도	기간	지역/지점	인원	비고
제1차 1981년	9월 18일(금)~9월 20일(일)	116/150	3,600명	10세 이상 15분마다 금·토·일 3일간 2년마다
제2차 1983년	4월 15일(금)~4월 17일(일)	88/104	3,300명	
제3차 1985년	5월 10일(금)~5월 12일(일)	85/150	3,500명	
제4차 1987년	6월 19일(금)~6월 21일(일)	92/100		
제5차 1990년	10월 추분시 금, 토, 일(3일)	69/69	3,500명	일본과 비교
제6차 1995년		100/100		
제7차 2000년				
제8차 2005년				
제9차 2010년	10월 추분시 토, 일, 월(3일)			
제10차 2015년				

통계청 생활시간조사			
회차/시행 연도	기간	가구/인원	비고
제1차 1999년	연 1회, 9월 2일~13일	17,000가구/ 42,973명	10세 이상 응답자당 2일 10분마다 5년마다
제2차 2004년		12,750가구/ 31,634명	
제3차 2009년	연 2회 (3월 13일~22일, 9월 11일~20일)	8,100가구/ 20,263명	
제4차 2014년	연 3회 (7월 18일~27일, 9월 19일~28일, 11월 28일~12월 7일)	12,000가구/ 27,716명	
제5차 2019년	연 3회 (7월 19일~28일, 9월 20일~29일, 11월 29일~12월 8일)	12,000가구/ 약 26,000명	

1980년대 국가정책과 국민생활시간의 변화

1980년대에 진행된 '국민생활시간조사'는 국민의 일상시간을 자원으로 인식하고 이를 국가와 사회의 발전을 위해 개발하고자 하는 목적에 따라 각 회차마다 목표하는 바를 구체적으로 제시했다. 1981년의 제1차 조사는 신군부 정권의 교육개혁과 텔레비전 정책이 국민의 일상시간에 미치는 영향을 알아보기 위함이었다.[19] 1983년의 제2차 조사는 첫 조사 시점인 1981년 이후에 일어난 변화, 즉 "야간통행금지 해제 등 국민생활의 자율화 조치"와 "88 올림픽 개최의 확정" 등으로 인한 국민생활시간의 변화를 파악하는 것이 목적이었다.[20] 그리고 그 조사 결과를 텔레비전 편성과 정책 수립에 활용함으로써 국민의 일상시간을 국가 발전을 위해 효율적으로 사용해 대한민국이 선진국으로 발돋움하는 데 도움이 되고자 했다. 즉 정부의 정책이 국민의 일상시간에 미치는 영향에 대해 파악하고, 그것을 국정 방향과 공영방송의 프로그램 편성에 이용하고자 했던 것이다. 그리고 이후 국민의 생활시간에 작용할 주요 요인으로 86 아시안게임과 88 올림픽 등을 꼽음으로써 이 조사의 초점이 정부의 시간정치에 맞춰질 것임을 분명히 드러냈다.[21] 이는 이 조사의 목적이 단순히 국민생활시간의 실태를 파악하는 데 그치지 않고 국민의 일상시간을 재조직하고자 하는 지향점을 가지고 있었음을 의미한다.

1985년의 제3차 '국민생활시간조사'가 중점을 둔 것은 야간통행금지 해제가 야간문화에 어떤 영향을 미쳤는가였는데,[22] 1983년의 제2차 '국민생활시간조사'에서는 야간통행금지 해제가 일상시간에 미친 영향이 미미하게 나타났기 때문이다.[23] 또한 앞으로 있을 아시안게임과 서울올림픽 개최와 운영을 위해 국민의 일상시간에 대한 자료가 필요했을 것이다. 이렇듯 1983년과 1985년의 조사는 자율화 조치와 야간통행금지제도 폐지 이후의 국민의 일상시간 변화를 알아보기 위한 것이었다.[24] 그리고 1987년의 '국민생활시간조사'는 일광절약시간제(서머타임제) 실시에 따른 국민생활시간의 변동에 초점을 맞추면서 올림픽을 치르는 데 필요한 기초자료를 확보하는 것을 목적으로 하고 있다.[25] 서머타임제 실시로 인한 생활시간의 변화를 살펴보기 위해 서머타임제 실시(1987년 5월 10일) 이후인 6월 19일부터 6월 21일까지 조사를 실시했다. 그리고 설문지에 '질문 4'를 추가해서 서머타임제 실시가 편리한지, 불편한지에 대한 의견을 묻고 계속 실시해야 할지, 가능하면 계속 실시해야 할지, 당장 폐지해야 할지 답변하게 했다. 이는 서머타임제의 재실시와 폐지 문제가 국민의 생활과 밀접하므로 그 문제를 결정할 때 여론의 향방이 중요했기 때문이었을 것으로 보인다.

1980년대의 '국민생활시간조사'는 시행된 국가정책을 시의성 있게 조사한다는 점이 중요했다. 1980년대에 행해진 '국민생활시간조사'에서 주목했던 국가정책은 1980년의 7·30교육개혁조치에 의한 과외 금지,[26] 1982년의 야간통행금지 해제, 1987년의 서머타임제, 1986년의 아시안게임과 1988년의 올림픽 등 네 가지이다.[27] 신군부 정권은 이 정책들을 통해 국민의 일상시간의 배열과 구조를 재구성함으로써 사회변화를 꾀했다. 결국 1980년대 '국민생활시간조사'의 목적은 신군부 정권의 시간정치를 위한 것이었다고 할 수 있다.

1980년의 과외 금지는 국가보위비상대책위원회(이하 '국보위'로 약칭)가 행한 7·30교육개혁조치 중 하나였다. 이 조치는 교육 정상화와 과열과외 해소를 위해서 대학의 입학정원을 늘리는 한편 재학생들의 과외 수업을 금지했으며, 아침 또는 심야에 TV고교가정학습을 방영하고 대학에 전일수업제를 도입하는 등[28] 대학생과 고등학생, 그리고 교육 관계자와 학부모의 일상시간에 많은 영향을 끼쳤다. 1983년 '국민생활시간조사' 결과, 과외 금지 조치 이후에 초등학생과 중학생의 학습시간은 줄어든 반면, 고등학생과 대학생의 학습시간은 증가한 것으로 나타났다.[29] 고등학생의 경우에는 학원 수강과 과외가 금지되긴 했지만, 학교의 보충수업과 자율학습에 참여해야 했기 때문으로 보인다. 특히 대학생의 학습시간량의 증가세가 두드러지는데, 이는 국보위가 대학의 면학 분위기 조성을 위해 실시한 졸업정원제와 전일수업제의 영향 때문으로 보인다.

표 5-2 1981년과 1983년 학습시간량 비교[30]　　　　　　　　　　(단위: 시간, 분)

	평일			토요일			일요일		
	1981	1983	증감	1981	1983	증감	1981	1983	증감
초등학생	7.05	6.48	-17	5.31	5.19	-12	2.00	1.40	-20
중학생	9.22	8.53	-29	6.52	6.32	-20	3.32	3.29	-3
고등학생	10.20	10.25	+5	8.01	8.01	0	4.45	5.13	+28
대학생	6.22	6.59	+37	4.41	4.49	+8	3.17	4.16	+59

1981년부터 시행된 졸업정원제는 입학정원은 늘리되 졸업정원은 동결해서 수업 출석과 학점 관리를 하지 않으면 졸업할 수 없게 한 제도였다. 1981년 입학생부터 대학생은 유급, 학사경고, 제적 등으로 졸업을 못하게 될까봐 4년 내내 수업 출석과 학점 관리에 신경을 써야 했다. 당시에 대학생들의 이런 현실을 두고 "낙제 공포증" 또는 "졸업 공포병"이라는 말들이 등장했다.[31]

당시 대학 수업은 야간과 주간이 분리되어 있었고 주간은 8, 9교시까지 수업이 이루어지는 게 보통이었으나, 대학 인력과 시설을 충분히 활용할 수 있게 아침부터 밤까지 강의가 이루어지도록 한 조치가 전일수업제였다. 대학교 당국과 교수들은 졸업정원제로 증가한 학생 관리와 학사 운영, 그리고 국보위가 지시한 전일수업제를 시행하기 위해서 13교시까지 수업을 연장하고 교수 확보, 학사 징계 강화 등 국보위 지시에 따라 대학 교육을 개혁하기 위해 노력을 기울여야 했다.[32] 국보위는 이러한 조치를 통해 공부하는 대학을 만들겠다고 천명했지만, 이는 대학생과 대학교수의 관심을 현실 정치로부터 분리해 상아탑에 가두어두기 위한 조치로 보인다. 정권을 창출하기 전인 전국비상계엄령 시기에 이런 대대적인, 심지어 '교육혁명'이라고까지 일컬어진 교육개혁을 단행한 것은 교육개혁이 절실했다기보다는 지배구조의 재편을 위해 국민 생활을 통제해야 했으므로 이를 위해 국민의 일상시간을 재구조화할 필요성이 시급했기 때문으로 보인다.

1982년의 야간통행금지 해제는 전두환 대통령이 새 헌법에 의해 제12대 대통령에 취임한 이후에 취해진 조치였다. 야간통행이 해제되기 직전인 1982년 1월 1일부터 4일까지 전 경찰은 총동원되어 계엄근무에 돌입했고,[33] 해제 후에는 2월부터 도로방범순찰대를 발족해서 방범활동을 강화했다. 그 목적은 "올림픽 유치를 위해서 국민의식을 개혁한다"는 것이었다.[34] 즉 야간통행금지제도의 해제는 신군부 정권이 국민의 일상시간 중 '야간'시간대에 대한 금지를 통제로 바꿈으로써 겉으로는 개방과 자율을 표방하면서도 억압과 통제를 지속하기 위한 통치기제였다. 그리고 더 나아가 이를 통해 국민의 일상에 깊이 관여할 명분을 획득하고, 통제하고 동원할 대상으로서의 국민의 시간자원을 24시간으로 확장한 것이었다.

서머타임제는 1987년 5월 10일부터 10월 11일까지, 그리고 1988년 5월

9일부터 10월 9일까지 두번에 걸쳐 실시되었다. 이는 1961년의 실시를 마지막으로 폐지되었던 시간제도가 다시 부활한 것이었다. 서머타임제 시행은 야간통행금지 해제와 함께 국민의 일상시간에 큰 변화를 가져왔다. 〈표 5-3〉은 1981년부터 1990년까지 오후 10시부터 오전 1시까지 잠을 자는 사람의 비율을 나타낸 것이다. 이 표를 보면 야간통행금지 해제와 서머타임제 실시로 인해 국민의 수면시간에는 다소 변화가 있었음을 알 수 있다. 우선 해가 거듭될수록 늦게 잠드는 사람들이 증가함을 알 수 있다. 1981년에는 자정 전에 자는 사람의 비율이 88%였는데 1983년에는 87%, 1985년에는 84%로 감소했다. 그리고 오후 10시대와 오후 11시대에 수면자율이 줄어든 것으로 봐서, 1980년대에는 점차 자는 시간이 늦춰졌음을 알 수 있다.

표 5-3 1981년~1990년 전국민의 평일 오후 시간별 수면자율[35]   (단위: 퍼센트)

연도	오후 10시대 수면자율				오후 11시대 수면자율				오후 12시대 수면자율			
	10시	15분	30분	45분	11시	15분	30분	45분	12시	15분	30분	45분
1981년	41	47	56	61	75	79	85	88	95	95	96	96
1983년	42	46	57	61	73	77	84	87	94	94	95	96
1985년	36	41	51	56	69	74	81	84	93	93	94	95
1987년	25	28	38	43	60	64	73	77	89	90	91	92
1990년	39	42	52	56	71	75	83	85	94	94	95	95

그리고 〈표 5-3〉을 보면 1987년의 수면시간은 다른 시기의 조사 결과와는 차이를 보인다. 그 까닭은 1987년에 서머타임제가 실시되어 생활시간이 전체적으로 한시간 앞당겨짐으로써 생활시간과 생체리듬이 맞지 않았기 때문이다. 그러나 1990년의 조사 결과를 보면 다른 시기와 유사한

것을 알 수 있다. 서머타임제가 폐지되면서 수면시간이 이전으로 돌아갔기 때문이다. 서머타임제 실시가 당시 사람들의 수면시간에 상당한 변화를 초래했으나 폐지되자 원상태로 돌아간 것이다. 결국 서머타임제 실시는 일시적으로 국민의 생활시간에 변화를 가져왔지만, 국민의 생체리듬에 영향을 미쳐 지속적으로 국민의 일상을 변화시키는 데까지는 나아가지 못했고, 당시 사람들에게 생활상의 불편과 피로감을 느끼게 했음을 알수 있다.

국민생활시간, 국가경쟁력의 지표

'국민생활시간조사'는 조사 초기부터 대외적인 전시 목적을 지니고 있었다. 대한민국은 1981년 제1차 '국민생활시간조사'를 마친 후 1982년에 전세계 15번째로 국제비교생활시간조사 회원국으로 가입했다.[36] 그리고 1982년 멕시코에서 열린 세계 사회학 대회에 참가해서「한국에 있어서의 생활시간조사」라는 논문을 발표했다.[37] 그리고 1985년 제3차 '국민생활시간조사'는 국제비교생활시간조사를 1985년에 실시하기로 한 멕시코회의의 결정에 따른 것이었다. 따라서 3차의 조사는 다른 조사와는 다르게 국가 간 생활시간 비교에도 그 목적을 두고 있었다.[38] 이에 따라 한국과 10개국 12지점(일본, 벨기에, 독일, 프랑스, 미국, 불가리아, 헝가리, 폴란드, 체코, 유고슬라비아) 간의 생활시간 비교가 이루어졌다.[39] 다른 나라와의 단순 비교는 제1차 조사 때부터 시도되었다.[40] 하지만 실질적으로 국가 간 비교조사가 이루어진 것은 KBS의 1990년 제5차 '국민생활시간조사' 때부터였다.[41] 이렇게 '국민생활시간조사'는 국내 정책에 활용됨은

물론, 대외적으로 대한민국이 다른 나라와 경쟁이 가능한 정상국가라는 이미지를 선전하는 데에도 이용되었다.

1980년대에 들어서 '국민생활시간조사'라는 일련의 조사와 연구를 거쳐 대한민국 국민의 일상시간은 대내외에 대한민국의 시간자원으로서 공식적으로 언급되기 시작했다. 그리고 '국민생활시간조사'의 결과는 국민생활의 질을 나타내는 주요 지표로 자리잡게 되었고, 국민의 시간은 국가와 사회의 발전을 위해 효과적으로 개발, 관리, 활용되어야 하는 대상으로 개념화되었다. 이렇듯 1980년대에 국민의 일상시간은 국가의 시간자원으로 개념화되어 국가와 사회 발전을 위해 동원됨으로써 국내적으로는 국민을 재결집하고 동원하는 자원으로 활용되었을 뿐만 아니라, 국외적으로는 정권의 정당성을 인정받고 국가 간 경쟁을 강화할 수 있는 유력한 경제적·정치적 자원으로 활용되었다.[42]

1980년대의 '국민생활시간조사'와 그 결과 보고는 대한민국을 통치하고 있던 당시의 정권이 국민의 삶의 질을 세계의 다른 나라와 비교할 수 있을 정도로 관리하고 신장시킬 능력을 갖춘 정상적인 권력이라는 점을 간접적으로 대내외에 선언하는 표지로 사용되었다. 통계(statistics)는 국가가 통치를 목적으로 "사회의 실상과 국가의 통치활동을 기술하는 국가의 담론"이다.[43] 1980년대의 '국민생활시간조사'에 의해 국민의 일상시간은 정기적이고 지속적으로 조사와 연구의 대상이 되었고, 대내외적으로 국민의 일상시간은 국가의 시간자원으로 언급되면서 국민은 통치 대상으로, 국민의 일상시간은 정책 대상으로 인식되기 시작했다. 당시 신군부 정권의 취약한 정당성, 지배구조의 갈등과 균열 등은 이러한 조사의 진행과 그 숫자 뒤에 자리할 수 있었다.

6. 또 하나의 국민 시계, 텔레비전

라디오와 텔레비전은 근대 국민국가의 성립과 국민의 형성에서 근대적 일상을 구조화하는 시간매체로서의 역할을 해왔다. 특히 텔레비전은 대중매체적 테크놀로지로 개발되어 사회적 기능을 수행해왔다. 따라서 그것에 대해서는 이데올로기적 측면, 기술적 측면, 방송편성의 측면, 수용자 측면 등에 대한 논의가 모두 요구된다. 1980년대 신군부 정권의 언론정책은 텔레비전 방송의 정체성과 편성방향에 직접적이고도 지대한 영향을 미쳤다. 신군부 정권은 텔레비전이 정권 홍보과 정당성 확보에 효과적인 매체라는 점에 주목하고 '이데올로기적 국가장치'로 그것을 적극적으로 활용했다.[1] 따라서 국민 일상시간의 변화와 관련해 1980년대 신군부 정권의 텔레비전 정책에 주목할 필요가 있다. 그리고 1980년대 '국민생활시간조사'의 구체적 목적 중 하나가 국민의 일상시간에 맞는 공영방송 편성이었고 주기적으로 '국민생활시간조사'에 기초해서 편성을 바꾸었기 때문에, 1980년대 국민의 일상시간 구조에 영향을 미쳤을 주요 요소로서 당시 텔레비전 편성의 변화를 살펴볼 필요가 있다.

1980년대의 텔레비전 편성은 1980년에 국보위에 의해서 강제적으로 언론 통폐합이 이루어지고 언론기본법이 만들어지면서 크게 변화했다. 1980년대의 텔레비전 방송은 KBS를 중심으로 통폐합된 후 KBS와 MBC로 이원화되었고, 형식상으로 공영방송체제를 갖췄다. 그리고 아침방송의 재개, 컬러방송과 고교가정학습 시작 등 편성상의 변화가 있었다. 이모든 과정은 공영방송체제에서 방송사가 국익을 우선하고 건전한 사회 풍토를 조성하도록 하기 위함이라는 명분하에서, 신군부 정권이 텔레비전 방송을 통치 이데올로기를 전달하고 국민의 일상시간을 재조직할 창구로 이용할 수 있는 조건을 형성한 것이었다.

신군부 정권의 텔레비전 편성정책: 국익과 건전 풍토 조성

전두환과 신군부 권력기관(보안사령부, 국보위, 국가보위입법회의 등)은 텔레비전의 사회적 영향력에 주목했다. 당시 텔레비전 수상기 보급률은 90%에 육박했고 방송기술도 발전되어 있는 상황이었기 때문에 1960년대나 1970년대와 비교하면 텔레비전 방송을 사회 통제와 동원에 활용하기에 매우 좋은 조건이었다. 신군부 세력은 국내 민심을 관리하는 차원에서 언론을 규제하기 위한 수순을 순차적으로 진행했다.[2] 1980년 '서울의 봄' 시기에 전두환과 신군부 세력은 정권 장악을 위해 언론을 적극적으로 이용할 틀을 마련해나갔다. 당시 보안사령관이었던 전두환이 12·12군사쿠데타로 군권을 장악하기 이전부터 보안사는 언론대책반을 설치했고,[3] 1980년 3월 초부터는 '전두환 대통령 만들기'를 위한 여론 조작을 주도

했다. 그리고 보안사 언론대책반은 전두환이 국보위 상임위원장에 임명
되고 신군부가 실질적인 정권을 장악하자, 단순한 여론 조작에 그치지 않
고 언론을 재편성해서 통치의 도구로 사용하고자 하는 적극적인 조치를
취했다.[4] 같은 해 6월, 국보위 문공분과위 언론과는 「언론계 부조리 유형
및 실태」를 작성했고, 보안사 언론대책반은 「언론계 자체정화 계획서」를
작성하고 언론인들을 대량으로 강제 해직했다.[5]

전두환이 제11대 대통령에 취임하고 제5공화국 헌법을 공포함으로써
국회는 해산됐다. 신군부 정권은 국회를 대신한 국가보위입법회의[6] 체제
하에서 11월 12일에 언론 통폐합 조치를 발표했다. 그 주요 내용은 방송
공영화, 신문과 방송의 겸영 금지, 신문 통폐합, 중앙지의 지방주재 기자
철수, 지방지의 1도 1사제, 통신사 단일화 등이었다.[7] 언론 통폐합은 형식
상으로는 자율적인 구조조정이었으며, 그 실시 명분은 언론기관의 난립
으로 언론 기업들이 부실화되고 부정부패의 온상이 되어 건전한 언론풍
토를 저해하는 것을 막기 위한 조치였다.[8] 그러나 그 실질적 목적은 계엄
령 해제 이후에 발생할 언론계의 저항을 억제하고 언론을 효과적으로 통
제하기 위함이었다. 1980년 초에 허문도가 전두환 대통령에게 건의한 언
론 통폐합에 관한 서류는 그런 사실을 증명해주고 있다.[9]

언론 통폐합이 시행되기 이전 대한민국에는 모두 63개의 언론사가 있
었다. 그런데 언론 통폐합 조치에 의해 63개 중 44개의 언론사가 통폐합되
었다. 63개 언론사 중 방송사는 29개였으나, 언론 통폐합 조치로 인해서
라디오를 포함해서 KBS, MBC, CBS 3개의 방송사만 남고 통합되게 되었
다. 텔레비전 방송은 TBC가 KBS에 통합됨으로써 KBS와 MBC만 남게 되
었다. 다음의 〈표 6-1〉은 언론 통폐합 이전과 이후의 방송사 변화를 정리
한 것이다.

표 6-1　언론 통폐합으로 인해 KBS와 MBC로 흡수된 방송사들[10]

방송국(29개)		언론 통폐합 이전	언론 통폐합 이후
TV	한국방송공사 (KBS)		KBS1
	문화방송(MBC)	21개 지방방송국(지방국 6, 가맹국 15) 부산문화, 부산문화TV, 춘천, 원주, 강릉, 청주, 삼척, 충주, 대전, 대구, 포항, 안동, 울산, 마산, 마산TV, 진주, 전주, 광주, 목포, 여수, 남양	MBC(KBS가 주식 65% 인수)
	동양방송(TBC)		KBS2
라디오	동아방송(DBS)		KBS
	서해방송[11]	TBC네트워크	KBS군산
	전일방송[12]		KBS광주
	한국FM[13]		KBS대구
	기독교방송(CBS)		보도, 광고 금지

1980년 12월 1일부로 대한민국의 텔레비전 방송은 KBS·MBC 이원체제가 되었다. 그러나 KBS가 MBC 주식의 65%를 인수한 상태이므로 대한민국의 텔레비전 방송은 실질적으로 KBS 독점체제이자 서울 중심의 중앙집권체제였다.[14] 신군부 정권은 텔레비전의 채널을 KBS 공영방송을 중심으로 제한함으로써 텔레비전에 대한 통제권을 강화하고 '전파영토'를 전유하고자 했다. 이는 텔레비전의 편성이 정부의 정책에 따라 직접적으로 일상의 시간성에 관여할 가능성과 확실성이 커졌음을 의미한다.[15]

1980년대 국보위와 국가보위입법회의에 의한 언론정책은 탄압에 멈추지 않고 보다 적극적이었다. 이를 텔레비전 방송과 관련해서 살펴보면, 국보위와 국가보위입법회의는 언론 통폐합 조치를 통해 텔레비전 체제를 KBS 중심으로 공영화한 이후 컬러방송을 정규화했고, 가정고교방송을 개시했으며, 아침방송을 재개했다. 이로써 텔레비전의 방송시간, 방송량, 방송편성, 시청률 등이 변화하면서 국민의 일상생활과 시간성에 영향을 미치게 되었다. 다음의 〈표 6-2〉는 국보위와 국가보위입법회의가 텔레비전과 관련해서 펼친 정책을 정리한 것이다.

표 6-2 국보위와 국가보위입법회의에 의한 텔레비전 편성정책[16]

1980년대 텔레비전 정책	실시일
'가정고교방송' 시작	1980년 6월 16일
언론 통폐합과 언론기본법 제정	1980년 11월 12일, 26일
컬러방송 정규화	1981년 1월 1일
교육전문방송 시작	1981년 3월 2일
아침방송 재개	1981년 5월 25일

이러한 정책은 모두 1년도 안되는 기간 안에 이루어졌다. 이렇게 당시 텔레비전 정책과 편성이 신군부에 의해 치밀하게 기획되고 신속히 진행된 까닭은 그것이 정권 창출과 유지에 필요한 정책을 뒷받침하기 위한 수단이었기 때문이다. 결국 공영방송의 프로그램 편성은 정권의 정책 수행의 하위기제로서 작동한 것이라고 볼 수 있다. 당시 텔레비전 방송은 "선량한 시민과 건강한 가정, 건전한 사회윤리의 제고"를 목표로 하면서,[17] 신군부 정권의 정책을 홍보하고 국민화합을 위한 메시지를 전달했다. 전두환 정권은 박정희 정권보다 텔레비전을 적극적으로 정권 홍보와 정권 유지에 이용했다.[18]

스캐널(P. Scannell)의 연구에 의하면 방송시간은 일상시간 밖에 존재하지만 시청이라는 행위를 통해 지금 내가 여기에서 경험하는 현상학적 시간으로 존재하게 되면서 우리의 일상시간을 구성하고 재생산한다.[19]

또 텔레비전 방송은 프로그램 단독의 시간성이 아니라 편성을 통해 연속성과 규칙성을 가지는데, 그 흐름은 일상의 리듬과 시간을 재조직한다.[20] 텔레비전은 편성을 통해 시청자의 사적 시간에 간섭할 수 있으며, 편성의 변화를 통해 새로운 사회적 시간이 개발되거나 일상시간과 구조가 재구성되게 할 수도 있다. 따라서 1980년대 초 국가의 정책에 의해 변화된 방송프로그램의 편성틀은 1980년대 국민의 일상에서 새로운 사회적 시간을 개발하고 재구성함으로써 국민의 일상을 재조직했을 것이라 추정할 수 있다. 한편, 1981년에 시행된 '국민생활시간조사'에 의하면 다른 나라에 비해 전반적으로 TV시청률이 높은 것으로 나타났는데, 그 원인으로 컬러방송과 아침방송 재개라는 방송의 변화가 지적되었다.[21]

'TV과외': 새로운 방송시간대의 개척

'가정고교방송'을 정규방송으로 편성한 것은 신군부 정권이 펼칠 1980년대 텔레비전 정책과 그에 따른 체제와 편성의 변화를 예고하는 일이었다. 즉 '가정고교방송'은 아침방송대와 심야방송대를 개척했고, 전문교육방송의 출범을 예견케 했으며, 컬러방송의 시작을 기대하게 했다. 교육방송은 1969년부터 실시되었으나 1973년의 에너지 파동 때 에너지 절약 차원에서 폐지된 바 있다. 1980년대 초에 KBS 라디오를 통해서 시작된 '가정고교방송'은 1980년 6월 16일부터 텔레비전의 정규방송으로 편성되었다.[22]

국보위는 "전국의 대입 수험생들에게 균등한 기회를 제공함으로써 과열과외를 완화시킨다는 취지"에서 국어·영어·수학 세 과목의 강의를 텔레비전 방송을 통해서 시청할 수 있게 했다.[23] 첫 '가정고교방송' 시청률은 고3이 89%, 고2가 62%였고, 본방송 시청률이 높았다.[24] '가정고교방송'은 처음에 밤 11시 10분부터 12시 40분까지 1시간 반 동안 심야시간대에 편성되었다. '가정고교방송'의 시작은 에너지 절약 차원에서 기존의 교육방송과 아침방송이 중단된 상황에서 내려진 파격적인 방송시간 연장 조치였다.[25] 그러나 늦은 방송시간에 대해 불만 여론이 생기자 방송시간을 10시 반으로 앞당겨서 밤 12시에 마치도록 조정했다.[26]

> 'TV과외'가 큰 바람을 일으키고 있다. 고교생이 있는 가정은 거의 예외 없이 심야에 TV가 켜져 있고 재수생이나 일반 직장인들에게도 이제는 하나의 인기프로그램으로 위치를 굳히고 있다. … 또 많은 학생들은 TV 과외의 방영시간이 너무 늦어 불편하다며 방영시간을 앞당겨달라고 바랐는데 서울여고 3년 최금순 양은 "강의를 다 듣고 나면 0시 반이 돼 보통 1시쯤에나 잠자리에 들게 되는데 아침에는 집에서 6시에 나가야 하기 때문에 여간 고단하지 않다"고 어려움을 털어놓기도 했다.[27]

당시에는 야간통행금지가 있었고, 방송사는 KBS·MBS·TBC 체제였다. 그리고 방송시간은 그전에는 에너지 절약 차원에서 오후 6시에 시작해서 밤 11시 반에 종료되었는데, 대학입시를 위한 '가정고교방송'에 1시간 30분을 할애하고, 심야시간 방송을 시작으로 전체 방송시간을 확대한 것이다. 이는 당시 고교생에게는 물론 대입에 관심이 있는 재수생이나 일반인, 그리고 그런 가족이 구성원으로 있는 가정의 일상시간과 생활리듬에 영향을 미쳤다. 특히 고등학생의 기상시간과 수면시간, 학습시간 등에 변화를 초래했다.

곧이어 국보위는 '7·30교육개혁'에 의해 과외를 금지하고 이를 보완하기 위해 고교가정학습의 과목도 11개로 늘리고 방송시간도 대폭 늘렸다.[28] 국보위의 발표에 따르면 '7·30교육개혁'은 "사회계층 간의 위화감을 해소"하고 "범사회적 국민단합"을 위한 것이었다.[29] KBS와 MBC 양 방송국은 "선량한 시민, 건강한 가정, 건전한 사회윤리의 제고"라는 캐치프레이즈하에 단행된 9월 개편에 이를 반영해 KBS는 9월 1일부터, MBC는 9월 15일부터 아침시간에 '고교교육방송'을 편성했다.[30] 이는 정규 아침방송이 재개되기 훨씬 전의 일이었다. 이렇게 정규 아침방송은 아니었지만 텔레비전 방송이 아침 5시 반부터 시작되었고, 그 재방송으로 인해 방송 종료시간이 30분 늦춰짐으로써 총 방송시간은 대폭 확대되었다. 이때 '가정고교방송'이라는 명칭도 '고교교육방송'으로 바뀌었다. 1981년 2월 2일 교육전문방송(KBS3)이 생긴 이후에도 이런 편성은 지속되다가 1982년 봄 개편을 통해서 '고교교육방송'이 KBS1과 MBC의 편성에서 제외되고 KBS3에서 전담하게 되었다.[31] 이러한 '고교교육방송'은 이전에는 존재하지 않았던 새로운 방송시간대를 개척했으며, 이는 고교생이 있는 가정의 아침 일상과 심야시간 이용에 영향을 미치게 되었다.

컬러방송: 텔레비전 매개성의 강화

1980년대 컬러방송의 시작은 사회·경제뿐만 아니라 방송 제작환경과 편성에 많은 변화를 불러일으켰다. 컬러방송에 대한 요구는 1980년 이전부터 존재했다. 하지만 컬러방송은 사회적으로 위화감을 조성하고 과소비를 야기한다는 이유로 이루어지지 않았었다.[32] 그러나 당시 주한미군방송 AFKN이 컬러방송을 송출하고 있었고, 부산 등지에 거주하는 사람들은 컬러수상기를 통해서 일본 방송을 컬러로 시청하고 있었다.[33] 게다가 1980년 이전의 국내 방송사들은 컬러방송의 기술력을 어느정도 갖추고 있었다. 1974년 미국 대통령의 방한 장면과 1975년 한일 축구전이 컬러로 방영된 바 있었고, 당시 방송프로그램 중 드라마, 쇼, 다큐멘터리 등이 컬러로 방영되었다.[34] 그리고 컬러수상기의 생산능력도 갖추고 있어서 1974년부터 미국으로 수출하고 있었다.[35] 따라서 가전업체는 국내 시판을 예상하고 꾸준히 그에 대한 투자를 해오고 있었다.[36] 결국 컬러방송은 기술이나 경제적인 측면보다는 정치적이고 사회적인 이유로 그 시작 시기가 조율되고 있었던 것이다.

그런데 1978년 12월에 '한미 컬러TV 협상'에서 대한민국이 컬러TV를 국내에서는 판매를 금지하고 오로지 미국 수출을 위해서만 생산하고 있다는 이유로 미국이 1980년 6월까지 19개월 동안 자율규제에 의해 컬러수상기의 대미 수출을 연간 29만대로 제한하면서 컬러TV의 국내 시판이 쟁점이 되었다. 컬러TV의 대미 수출이 규제되기 이전에는 국내 컬러TV 생산량의 95%가 미국으로 수출되고 있었다. 당시 가전업계 3사(금성사, 삼성전자, 대한전선)는 연간 120만대의 생산능력을 가지고 있었으므로 29만대 수출쿼터는 유휴시설과 유휴인력에 대한 우려를 낳았다.[37] 그러자 가전업계에 의한 컬러TV의 국내 시판과 컬러방송에 대한 요구가 거세졌다.[38] 또한 가전업계의 도산과 실업 문제는 국가 경제에 부정적인 영향을 미칠 것이 예상되었다. 결국 대미 수출쿼터를 확대하기 위해서는 컬러수상기의 국내 시판이 허용되어야만 했다.[39] 국내 시판이 허용되면 연간 2백만대가 판매되고 4만여명의 고용 효과를 보게 됨으로써 그 파급효과는 1500억원에 달할 것으로 예상됐다.[40]

결국 정부는 1980년 8월부터 컬러TV의 국내 시판을 허용했다. 그러나 문공부는 "전국적으로 컬러TV 방영을 시청할 수 있는 시설이 완비되려면 최소한 지금으로부터 1년 이상의 시설기간이 필요한 실정"이라고 밝혔다. 그리고 이에 덧붙여 시설이 완비되더라도 그 교육적·사회적 영향을 검토하여 단계적인 방영계획을 추진해야 할 것이라고 했다.[41] 그리고 12월 컬러 시험방송을 할 때에도 컬러 정규방송의 시기는 다음해 4월로 예정되어 있었다. 그러나 이미 국내에 컬러수상기가 30만대나 보급되어 있었고, 방송사도 기술적으로 컬러방송을 하는 데 아무 문제가 없었다.[42] 게다가 방송사가 기술적인 준비를 끝냈는데도 문공부에서 컬러방송을 지연하고 있다는 내용이 유포되었다.[43] 국보위는 문공부의 발표 내용과는 달리 시험방송 한달 만에 컬러방송을 전격적으로 허용했다.[44] 이로써 컬러방송은 예상보다 빠르게 1981년 1월 1일부터 정규화되었다. 컬러방송이 시험방송 한달 만에 정규화된 것은 다른 나라의 사례와 비교했을 때 매우 이례적인 경우였다.[45]

1960년대 KBS의 방송 시작이 박정희와 군부에 의한 '크리스마스 선물'이었던 것처럼,[46] 1980년대의 컬러방송 시작은 전두환과 신군부에 의해 기획된 '새해 선물'이었다. 왜냐하면 시작 시점이 정치적으로 고려된 측면이 있었기 때문이다. 앞에서도 언급했듯이 경제적·기술적으로 컬러방송의 조건이 갖추어져 있었고, 시작 시기는 사회적·정치적인 고려사항이었다. 컬러TV의 시험방송은 언론 통폐합 조치로 인해 TBC가 마지막고별방송을 한 그다음 날에 행해졌다. 컬러 시험방송의 내용은 제17회 '수출의 날' 행사였다. 수출의 날에 전두환 대통령이 기업인들에게 포상하고 치사를 통해서 경제발전을 이룩하기 위한 국가 정책을 홍보하면서 '국민 대결집'을 역설하는 장면이 컬러방송을 통해 중계되었다.[47] 컬러

시험방송 날짜는 현 정권의 정책 홍보와 정당성 확보에 가장 효과적인 날로 결정된 것이었다.[48] 그리고 컬러방송의 정규화는 전두환 대통령의 방미 일정과 취임식 일정, 그리고 제11대 총선을 앞둔 시점에 전격적으로 이루어진 것이기도 했다.[49] 이렇게 컬러방송의 시작은 신군부 정권의 정당성 확보와 정책 홍보에 국민들의 관심을 집중시키는 데 일조했다.[50]

1980년 8월부터 컬러수상기의 국내 시판이 허용되자 그해에 8만 9천대가 판매되었다. 특히 12월 1일 시험방송 날에는 전국에서 하루 주문량이 3500대에 달했다. 이렇게 컬러TV 주문이 쇄도하자 1주일 만에 품귀현상이 벌어지기도 했다.[51] 당시 정부는 특소세 인하, 수요자 금융, 컬러TV 시범방송 등을 통해 컬러텔레비전 수상기의 구입을 독려했다. '수요자 금융'은 가전제품 등 내구재를 구매하는 사람에게 구입가격의 80~100%를 지원하는 제도였다.[52]

표 6-3 1980년대 연도별 흑백·컬러 텔레비전 총 등록대수[53]

연도	총 등록대수		전년대비 증가대수		가구당 보급률(%)		
	흑백	컬러	흑백	컬러	흑백	컬러	계
1980	6,128,835	138,749	171,128	128,504	81.5	1.8	83.1
1981	5,523,847	1,197,908	604,961	1,059,159	70.3	14.7	85.0
1982	4,820,009	2,299,243	703,865	1,101,335	62.1	27.3	89.4
1983	4,032,842	3,173,345	787,167	874,102	47.9	37.9	85.8
1984	3,421,685	4,178,730	611,167	1,005,385	38.4	45.9	84.3
1985		4,773,993		595,263		52.4	
1986		4,925,413		151,420		51.4	
1987		5,390,075		464,662		54.7	
1988		6,019,131		629,056		59.2	
1989		6,384,984		365,853		60.3	

1981년 2월 기준으로 컬러TV는 서울 17%, 부산 12.2%, 광주 5.3%의 보급률을 보였다.[54] 그리고 1985년에는 전 가구의 52.4%가 컬러TV를 보유하게 되었다. 그런데 컬러TV를 시청하면 시청료를 내야 했으므로 그를 피하고자 등록하지 않은 수상기까지 포함하면 보급률이 80%에 육박했을 것으로 추산하기도 한다.[55] 각 연도의 판매대수와 보급률은 조사주체에 따라 차이를 보이지만 1989년도에 이르면 전 가구의 80% 이상이 컬러텔레비전을 보유하게 되고, 흑백수상기까지 포함하면 1가구당 1대 이상의 텔레비전을 보유하게 된다.[56] 컬러TV의 시판 허용과 컬러방송의 시작은 컬러수상기를 갖기 원하는 사람들의 소비욕구를 불러일으켰고, 불황에 빠졌던 가전업계의 성장을 이끌어냈다.[57] 이 조치는 경기를 회복시키면서[58] 정권의 정당성과 정책 홍보에 사용될 효과적인 테크놀로지를 국민들로 하여금 기쁜 마음으로 소유하게 만들었다.

컬러방송이 정규화됨으로써 방송프로그램 편성에 다양한 변화가 생겼다. 쇼, 드라마 등 오락프로그램이 대형화되고 화려해졌으며, 뉴스도 편성이 확대되면서 대형화되었다. 보도 및 다큐멘터리 역시 다양화되고 심층화되었으며, 프로 스포츠의 시작과 함께 아시안게임과 서울올림픽 개최로 인해 스포츠 방송이 집중 편성되었다. 또한 교육방송, 어린이 방송, 교양방송 등이 신설되거나 강화되었다. 특히 '이산가족을 찾습니다'와 같은 특별생방송은 시청자들의 시선을 사로잡았다.[59] 컬러방송은 시작 전부터 텔레비전 시청시간을 견인할 것으로 예상되었고,[60] 각 프로그램별로 새로운 시청자군이 창출되었다.[61] 그리고 주기적이고 반복적인 시청시간대를 효과적으로 형성함으로써 일상시간의 리듬과 구조에 아주 큰 영향을 미치게 되었다.

아침방송: 일상시간의 재구조화

컬러방송이 시작되고 얼마 지나지 않은 1981년 5월에 7년 6개월 전에 중단되었던 아침방송이 재개되었다. 이전의 아침방송은 1973년 유류파동 때 에너지 절약 차원에서 점차 줄어들다가 그해 12월 3일에 완전히 중단되었다.[62] 하지만 아침방송 중단은 에너지 절약의 차원에서만 취해진 조치는 아니었다. 당시 정부는 텔레비전 수상기를 보급하는 데 적극적이었던 반면 방송시간 편성에는 억압적이었다.[63] 근대화를 추동하고 권력의 정당성을 홍보하는 데에는 텔레비전이라는 매체가 요구되었지만, 일상시간을 통제하고 동원하기 위해서는 방송시간에 대한 억제가 필요했기 때문이다. 국민의 일상시간을 근대화에 동원하는 데에서 자유시간은 근로를 위한 재충전 시간이어야 했다. 따라서 산업역군의 재충전 자유시간을 위해서는 텔레비전 방송시간을 통제할 필요성이 있었고, 아침방송은 이에 적합하지 않았다.[64] 그러나 1980년대 들어서는 '새 시대 국민화합'을 위해 아침방송이 요구되었다.[65] '새 시대 국민화합'은 전두환이 제11대, 제12대 대통령으로 취임할 때마다 대대적으로 언론에서 거론되었고,[66] 1983년 초에는 실질적으로 학원자율화 조치 등 일련의 조치가 '국민화합 조치'라는 이름으로 시행되었다.[67] 아침 정규방송의 재개는 그 일련의 과정에서 실행된 것이었다.

컬러방송이 시작되기 전에는 사회적으로 아침방송에 대한 찬반 여론이 팽팽했다. 반대 측에서는 에너지 낭비와 국민의 텔레비전 의존도 심화, 방송사의 능력과 자원상의 어려움, 아침방송의 주 시청자인 주부와 어린이의 생활방식에 미칠 영향 등을 그 이유로 들었다. 반면, 찬성 측에서는 증가하는 정보와 경직된 방송편성의 활성화, 그리고 아침방송의 재

개가 컬러TV 생산에 미치는 효과 등을 그 근거로 제시했다.[68]

한편 문공부가 밝힌 아침방송의 취지는 정치적인 측면이 강했다. 문공부는 대통령 보고를 통해서 아침방송의 목적이 방송을 통해 국민의 교육과 교양을 확대하고, 국민의 정보욕구를 충족시키며, (정부와 국가 정책에 대한) 적극적인 홍보를 하기 위함이라고 밝혔다.[69] 하지만 문공부가 '아침방송 실시계획'을 검토, 보고한 1981년 4월에만 해도 아침방송의 재개를 연기해야 한다는 의견이 제기되었다. 그 이유는 아침방송이 시급한 것도 아니고, 에너지를 절약해야 한다는 여론이 있었기 때문이다. 그런데 정부와 국가 정책의 적극적인 홍보라는 취지에 따라서 아침방송 시작 시기는 5월 25일로 결정되었다. 이는 '국풍 '81'(5월 29일~6월 1일)과 전두환 대통령의 아세안 5개국 순방(6월 25일~7월 9일) 시기를 고려한 것이었다.[70]

1981년 5월 25일부터 아침 정규방송이 재개됨으로써 가정의 아침풍경은 달라지게 되었다. 이전에는 '고교가정학습'만 아침 5시 30분에서 7시까지 재방송되었다. 그러나 아침 정규방송이 편성되면서 아침시간의 기상재택자(起床在宅者)를 대상으로 한 7시의 아침뉴스를 시작으로 10시까지 세시간 동안 여러 프로그램이 방송되었다. 그리고 이후 아침 정규방송 시간은 네시간으로 증가하면서 총 방송시간이 주당 스물네시간 증가하게 되었다.[71] 또한 예전과 달리 컬러로 방송됨으로써 시청자는 이전과 다른 시청경험을 하게 되었다. 이렇게 아침 정규방송이 재개되자 기존에 존재하지 않던 아침방송 시청자들이 생겨났는데, 이는 이전과 다른 새로운 일상이 시작됨과 생활리듬의 변화를 예고하는 것이었다.

아침 정규방송은 재방송되는 프로그램 없이 "국민 생활과 직결되는 교양, 교육, 정보적인 내용이 집중 편성"되었다.[72] 실제로 편성된 프로그램을 보면 주로 뉴스, 생활정보, 교양, 드라마, 어린이 프로그램 등이었다.

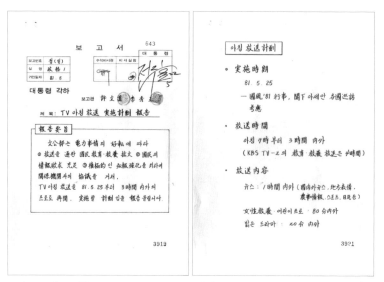

그림 6-1 「TV 아침방송 실시계획 보고」의 앞면(좌)과 실시 시기에 관한 내용 부분(우)[73]

아침 정규방송은 초기에 어린이와 주부에 초점을 맞췄으나, 곧이어 농촌을 대상으로 한 '앞서가는 농촌'(KBS1, 매일 오전 6시 25분~55분, 일요일 오전 6시 ~7시)을 편성하기도 했고, 직장인을 대상으로 한 '샐러리맨 시대'(KBS2, 매일 오전 7시 45분~8시)를 방영하기도 했다. 드라마를 제외하면 이같은 편성은 1987년까지 계속 이어졌다. 즉 새벽부터 아침 10시까지 가족의 전부 또는 일부는 전국민을 대상으로 이루어지는 '정보의 교환과 교양 향상'의 시간을 가지게 되었고, 이것은 점차 일상으로 자리잡혀갔다.

아침방송의 재개는 물리적으로 방송시간의 증가를 가져왔다. 이 때문에 텔레비전 시청시간 증가, 시청시간대의 변화라는 일상의 변화가 초래되었다. 1981년 제1차 '국민생활시간조사'에 의하면 대한민국 국민의 1일 TV시청률이 남자는 1.5시간, 주부는 1.7시간으로 일본을 제외한 다른 나라에 비해 전반적으로 높은 것으로 나타났다. 그리고 이는 "여가활용

표 6-4 　1981년 5월 25일 첫 아침 정규방송 텔레비전 편성표[74]

아침 프로		
25일 오전		
시간	KBS1	KBS2	MBC
7	00 KBS 뉴스와이드 　　일기예보	00 스페인어 회화 30 개구장이 철이 45 어린이 위인전	00 MBC 뉴스쇼 50 새아침의 합창
8	00 아침드라마「은하수」 25 스튜디오 830	00 아기 체조 05 꿈나라 이야기 30 어머니 교실	10 아침연속극「포옹」 35 어린이 만화선물 45 안녕하세요 변웅전입니다
9	20 가정요리 40 5분체조 45 가정뉴스 　　일기예보	00 가정상담실 30 여성백과 '꽃꽂이'	25 오늘의 요리 35 뽀뽀뽀 50 MBC 뉴스

을 위한 오락 레저 시설과 시간적 여유가 적고 TV에 관한 관심이나 호기심이 컬러화, 아침방송 재개 등으로 높아진 탓"으로 분석되었다. 그리고 아침방송의 시청률은 주부(94%)보다 국민학생(95%)이 더 높게 나타났다. 이는 당시 대한민국 사회에서 "TV가 어린이의 교육이나 사회화에 크게 작용하고 있음을 증명해주는 증좌"였다.[75]

　아침방송은 빠르게 국민의 일상으로 자리잡혀갔다. 아침방송이 재개된 지 5개월 후쯤에 이루어진 제1차 '국민생활시간조사'에 의하면 오전 7시부터 9시 반까지의 시청자율이 10%로 조사되었다. 이는 밤 11시 이후(11%)의 시청자율과 비슷한 수치였다. 최고 시청자율(46%)에 비하면 낮은 편이나 이전에 존재하지 않았던 방송시간에 고정적인 시청자군을 만들어냈다는 점에서 의미가 있었다. 그리고 아침시간 중 기상해 있는 사람들이 많은 시간대와 방송시간을 일치시켰다는 점에서 성공한 편성이라고 할 수 있었다.

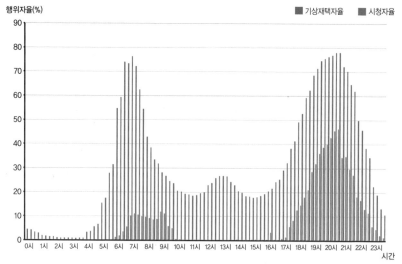

행위자율(%)
■ 기상재택자율 ■ 시청자율

그림 6-2   1981년 시간대별 기상재택자율과 시청자율의 시간대별 변화[76]

〈그림 6-2〉를 보면 1981년도 기상재택자율과 시청자율이 표시되어 있
는데, 기상재택자는 집에 있으면서 잠을 자지 않는 사람들을 가리킨다.
기상재택자는 시청 가능한 시청자의 크기를 결정하기 때문에 매우 중요
하다. 1981년도에 기상재택자율이 가장 높은 시간대는 오전 6시 30분부
터 7시 30분, 오후 7시 15분부터 9시 30분까지이다. 이 시간대의 기상재
택자율은 70~76%에 이르렀다. 방송사는 이렇게 아침시간대의 잠재적
시청자군을 겨냥해 일정한 시청자를 형성해냈던 것이다.

1980년대 텔레비전 뉴스: 규칙성과 현실구성성

대한민국에서 텔레비전 뉴스가 '일상적 규칙성'을 확보한 것은 1976년

텔레비전 편성정책에 의해서 오후 9시에 저녁뉴스가 고정적으로 편성된 이후이다.[77] 1980년대 들어 텔레비전 뉴스는 일상시간을 더욱 구조화하게 되는데, 아침방송 재개, 컬러방송 시작, 프로 스포츠 개막 등으로 방송시간이 증가하고 방송환경이 달라지면서 아침뉴스와 스포츠 뉴스가 일상에서 자리잡히게 되고 뉴스가 대형화되었기 때문이다.[78] 아침방송이 재개되면서 뉴스는 시청자와 방송사 모두에게 관심의 대상이 되었다.[79] 재개된 아침 정규방송에서 제일 먼저 시작되고 제일 비중이 높았던 것은 뉴스였다. 따라서 1970년대에 저녁뉴스가 일상생활의 동시화와 일상시간의 구조화에 일조했듯이, 1981년에 재개된 아침 정규방송의 아침뉴스는 아침방송 시청자들을 창출함으로써 1980년대의 일상시간과 생활리듬에 변화를 가져왔을 뿐만 아니라 국가 이데올로기를 전달하는 데에도 큰 역할을 했다.

그러나 아침뉴스의 필요성은 정치적 필요에 의해서만이 아니라 시청자의 입장에서도 요구되었다.[80] 아침방송 재개 이후 국민의 관심은 실제로 뉴스에 쏠렸고, 아침뉴스는 일정한 시청률을 유지했다.[81] 그리고 1981년 7월부터 9월까지 2개월간 방송위원회가 서울대 신문연구소에 위탁해서 54개 단위지역에서 만 18세 이상 남녀 2천명을 대상으로 실시한 조사에서도 아침방송에서 가장 원하는 프로그램은 뉴스로 밝혀졌는데, 그 비율은 46.6%나 되었다.[82] 방송사도 아침뉴스에 주목했다. 1981년 아침방송을 재개할 당시 아침 방송시간 중 3분의 1이 뉴스였고, 아침뉴스가 저녁뉴스보다도 길었다. 아침뉴스는 이전에 존재하지 않았던 TV 시청시간대와 시청자를 만들어냈다. '국민생활시간조사'에 의하면 1981년 평일 아침 7시의 시청자율은 10%였지만,[83] 1983년에는 20.7%나 되었다. 이는 저녁 9시 뉴스의 시청률 34%에는 못 미치지만, 아침시간이 뉴스 전달에서 매우 효

과적인 시간대임을 보여주는 것이었다.[84]

이렇게 아침뉴스가 자리잡히게 되자 MBC는 뉴스를 아침뉴스·저녁뉴스·주부뉴스로 분류하고, 각 시간대별 가시청자를 겨냥해서 뉴스 진행자를 고정하여 방송했다.[85] 1980년대 방송사의 뉴스프로그램 비중 강화는 당시 사람들이 보도매체를 선택할 경우 신문보다 텔레비전을 더 선호하는 변화를 가져오기도 했는데, 1983년에 서울 시민 2천명을 대상으로 한 TV시청형태 조사 결과, 보도매체로서 하나만 선택할 경우 텔레비전을 선택하는 비율이 신문보다 더 높게 나타났다.[86]

1980년대에 들어 텔레비전 편성에서 방송 시간과 횟수가 대폭 늘어난 뉴스는 국민의 현실구성과 사회적 시간의 재조직에 상당한 영향을 미쳤을 것으로 여겨진다. 뉴스는 자체적으로 선형적인 시간성을 지니지만, 종합편성 안에서는 순환성이 있으며 하나의 흐름으로서 리듬을 가지고 있다. 그리고 뉴스의 이런 시간성은 일상의 시간과 상호작용함으로써 일상의 리듬을 변화시키기도 한다. 특히 뉴스가 가지는 현실구성력은 새로운 시간성을 갖게 한다.[87]

1980년대의 텔레비전 방송은 아침뉴스로 시작해서 마감뉴스로 끝났다. 보통 평일에는 다섯번의 뉴스가 고정된 시간에 동일한 진행자와 포맷으로 진행되었다. 즉 뉴스는 방송의 시작과 끝을 알리고, 방송사의 정체성을 담지하는 것이었다. 그리고 그것은 하나의 계획된 편성 속에서 존재했다. 이처럼 1980년대의 뉴스는 하나의 시보(時報)로 존재하기도 했고, 특정한 정체성을 나타내기도 했으며, 당시의 사회적 시간에 간섭하면서 시청자로 하여금 의식하지 못하는 사이에 뉴스의 시간성과 리듬을 의례적인 일상의 리듬으로 받아들이게 했다.[88]

프로야구 중계방송: 주기성과 결집성

컬러방송이 시작된 지 얼마 되지 않은 1982년 3월 27일에 프로야구가 출범했다. 프로야구의 텔레비전 프로그램 편성이 성공적으로 안착할 수 있었던 데에는 컬러방송과 중계방송의 기술 발달에 힘입은 바가 컸다.[89] 프로야구는 개막하자마자 국민들의 관심을 끌어모아 "온 국민 스포츠"가 되었다.[90] 그런데 프로야구는 다른 스포츠와 달리 시즌의 연속성(3월 말에서 9월까지가 시즌이며, 포스트 시즌까지 하면 10월까지 7개월 동안이다)이 있었고, 팀당 100경기를 치르기 위해서는 1주일에 6일 동안 경기가 열려야 했다. 프로야구는 그 운영의 특성상 일상성과 주기성을 지니고 있었던 것이다.[91] 출범 첫해인 1982년에는 선수가 부족해서 1주일에 4일 팀당 80경기가 열렸는데, 텔레비전으로 매주 3경기가 중계되었다. 이렇게 프로야구의 일상성과 주기성이 텔레비전 중계를 통해 안방에 들어옴으로써 "프로 관람 시대"[92] 개막과 함께 국민의 일상과 일상시간 구조에 영향을 미치게 되었다.

프로야구의 텔레비전 중계는 전두환 대통령의 지시에 의한 것이었다. 전두환 대통령은 프로야구 개막 전인 1982년 1월에 가진 구단주와의 모임에서 "TV 중계방송을 골든아워에 많이 하도록 하고, 현재의 외화, 드라마, 기타 연예 프로를 줄이고 중계"하도록 지시했다.[93] 방송사로서도 프로야구 중계는 다른 오락·연예 프로그램에 비해 제작비가 10분의 1밖에 들지 않으면서 시청률이 높게 나왔기 때문에 달라진 방송 편성정책으로 인해 늘어난 방송시간을 채우기에 좋았고, 컬러방송에도 적합해서 적극적으로 방송했다.[94] 특히 MBC는 '청룡'이라는 프로야구단을 소유했기 때문에 더욱 적극적으로 야구 중계방송을 내보냈는데, 이로 인해 비난을 사기도 했다.[95]

그림 6-3 전두환 대통령의 프로야구 개막식 시구 장면96

　수요일과 주말에 3회씩 프로야구 경기 방송을 내보낸 것은 사실상 낮 방송을 시작한 셈이므로 당시 에너지 절약 정책에 역행하는 일이었다. 이로 인해 에너지 낭비라는 비판이 있었다.97 그리고 신군부 정권이 프로야구를 안방에까지 끌어들여 시청자들의 관심을 정치에서 스포츠로 돌리려 한다는 비판과 함께98 프로야구의 야간 경기와 그 텔레비전 중계로 인해 일상시간이 영향을 받고 생활리듬이 깨진다는 비판이 계속 제기되었다.99 그러나 전두환 대통령의 지시와 높은 시청률에 힘입어 그 방송 기조는 지속되었다.

　텔레비전에서의 프로야구 중계는 새로운 일상성을 획득하며 국민의 여가활동과 여가시간을 변화시킨 한편, 당시 야구팬들로 하여금 서로 직접 대면하지 않아도 텔레비전 화면을 통해서 서로 공감대를 나누는 경험을 하도록 했다. 특히 야구 경기가 열릴 때마다 애국가와 함께 국민의례가 행해짐으로써 대한민국의 축소판인 연고지별 야구단의 경기는 국민 단합을 과시하고 국민결집을 꾀하는 장치로 이용되었다. 프로야구 경기 때마다 웅대하게 펼쳐지는 국민의례는 중계를 통해 안방에까지 연결되었고, 이때마다 인기가수가 애국가를 부르는 가운데 야구장의 선수와 관중은 국민의례를 행했다. 이는 프로야구의 출범 의도가 국가주의에 의한 국민 결집에 있었음을 시사하는 것이기도 하다. 텔레비전을 통해서 프로야구 중계를 시청하는 시간은 같은 구단을 응원하는 사람들과 공동체 의식을 공유하고, 자신이 즐기는 스포츠를 통해 대한민국이 하나임을 느끼고 다짐하는 시간이기도 했다.

TV 전성시대: 생활시간과 리듬의 동시화

1980년대 초의 텔레비전 편성 변화는 '국민단합과 국민대화합'을 명분으로 채 1년도 안되는 단기간에 이루어졌다.[100] 이 모든 과정은 비상계엄령이 선포된 비정상적인 국가상황에서 국보위와 국가보위입법회의에 의해 시작되었고, 새 헌법에 의해 제5공화국이 출범하고 전두환이 제12대 대통령으로 취임한 지 얼마 지나지 않은 시기에 종결되었다.[101] 언론 통폐합과 공영방송체제, '가정고교학습'과 컬러방송의 시작, 아침방송의 재개 등은 신군부 세력과 정권에 의해 그 방향과 내용과 시기가 결정되었다.[102] 신군부의 언론 통폐합과 텔레비전 편성정책은 그 전격성과 파급력 때문에 당시 'TV 쇼크'라고 일컬어졌다.[103]

1980년대는 국민의 생활시간이 국가와 사회의 발전자원으로 개발되고 활용되는 가운데 신군부 정권의 텔레비전 편성정책에 의해 영향을 받던 시기였다. 그 결과, 텔레비전 방송이 적극적으로 일상의 주요 부분을 차지하게 되었다.[104] 〈표 6-5〉를 보면 1981년 당시 텔레비전을 시청하는 사람의 비율은 요일에 따라 87~92%에 이름을 알 수 있다. 이는 1977년의 시청률 54.4%에 비하면 놀라운 증가이다.[105] 1980년대에는 "텔레비전에 의한 여가의 식민화"라고 표현될 정도로 텔레비전 시청이 자유시간에 이루어지는 여가활동의 대부분을 차지하고 있었다.[106]

표 6-5   1981년 텔레비전 시청자율, 평균 시청시간, 자유시간[107]

	평일	토요일	일요일
행위자율*	87.39%	89.71%	92.18%
국민 전체 평균 시청시간	1시간 49분	2시간 26분	3시간 15분
국민 진체 평균 자유시간	3시간 36분	4시간 23분	5시간 29분

* 행위자율: 하루에 한번 이상 텔레비전 방송을 시청하는 사람의 비율

하지만 텔레비전 프로그램 편성이 1980년대의 일상시간 전체를 일관되게 간섭한 것은 아니었다. 일례로 서머타임제 이후 행해진 1987년의 '국민생활시간조사'에 의하면 아침방송의 시청률이 감소한 것으로 나타났는데, 이는 서머타임제에 의해 한시간 앞당겨진 방송시간과 사람들의 생활습관이 서로 맞지 않았기 때문이다.[108] 아침방송 시청률의 견인차 역할을 했던 아침뉴스[109]도 서머타임제가 시행되자 시청률이 감소했다. 정부와 방송사의 적극적인 편성정책에도 불구하고 평균 시청시간이 항상 증가한 것은 아니었다. 1980년대에는 세시간의 아침 정규방송이 편성되었고, 서머타임제 실시 기간에는 한시간의 심야방송이 편성되었으며, 교육방송과 교육방송국 설립 등으로 방송시간이 대폭 증가했다. 그리고 컬러방송의 시작으로 프로그램이 대형화하면서 볼거리가 많아졌고, 정기

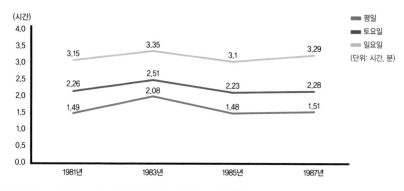

그림 6-4 1981년~1987년 전국민 평균 시청시간 변화[110]

적으로 '국민생활시간조사'를 시행해 그 결과를 바탕으로 생활시간에 맞게 텔레비전을 편성했다. 그러나 〈그림 6-4〉를 보면 1985년을 기점으로 해서 전체 국민의 텔레비전 시청률은 낮아진 것을 알 수 있다. 1985년에 평균 시청시간이 감소했다가 1987년에 늘긴 했지만 그 이전으로 회복하지는 못했다.

텔레비전 평균 시청시간이 감소한 이유는, 시청자들이 텔레비전 정책이나 편성에 불만을 가졌거나 편성이 국민의 일상시간과 맞지 않았기 때문일 것이다. 1985년의 급속한 감소는 1986년에 시청료 거부운동이 범국민적으로 전개될 것을 예고하는 듯하다.[111] 1987년에는 서머타임제에 의해 일상시간이 한시간 앞당겨져 일상시간과 생체리듬이 불일치하게 돼서 텔레비전의 편성이 국민의 생활시간과 맞지 않았던 듯하다. 그리고 이때는 민주화 투쟁으로 연일 시위가 벌어지는 상황이었기 때문에 사람들이 텔레비전을 시청하는 시간이 줄어들었던 것으로 보인다. 그러나 텔레비전 평균 시청시간은 감소했어도 개인 시청자의 평균 시청시간은 계속 증가했다.[112] 이는 스포츠나 쇼 프로그램 등 특정 프로그램에서 주 시청자군이 형성되었음을 의미한다.

텔레비전 프로그램 편성은 단선적 시간성과 주기성을 가진다.[113] 텔레비전의 이런 시간성은 시계와 다르게 사회적 시간을 생산하고 규율하는 기제로 작동한다. 때문에 기상시간이나 식사시간에 자동적으로 텔레비전을 켠다거나, 텔레비전 프로그램을 통해서 그날이 주말인지, 그 시간이 밤인지, 때가 연말인지를 깨닫는 경우도 생기게 된다. 예를 들면 1980년대에는 아침뉴스와 저녁뉴스가 시보 역할을 담당했는데, 정확한 시각을 알림과 동시에 세상과 가정을 연결하는 '창'으로 역할했다. 1981년에 시작된 「뽀뽀뽀」와 「전국노래자랑」은 그 시그널 음악만 들어도 그 시간이 평일 아침인지 일요일 정오인지를 알 수 있게 했다.

텔레비전 프로그램의 편성은 단순히 방송사의 시간표가 아니라 그것을 소비하고 수용하는 시청자들에게 작동되는 하나의 "계획적으로 짜여진 흐름"이다. 시청자 입장에서는 개별적인 공간과 시간에서 텔레비전을 보고 안 보는 것을 자신이 선택하기 때문에 자신의 일상이 간섭받고 있다는 사실을 깨닫지 못하거나 이를 인정하지 않겠지만, 텔레비전 편성은 시청자의 일상과 시간성에 영향을 끼친다.[114] 텔레비전은 사회적 시간을 일상적 시간과 공간에 침투시켜 사적 시간을 규율할 뿐만 아니라, 그 관계에서 새로운 사회적 시간을 만들어내기도 한다. 1980년대에는 신군부 정권의 텔레비전 정책과 편성 의도대로 항시 국민의 일상과 일상시간이 동원된 것은 아니었지만, 1980년대 텔레비전 방송은 국민의 생활시간에 맞는 피크타임대를 형성해 반복된 일상에서 일정한 시청시간대를 구성함으로써 당시 국민의 일상시간과 생활리듬을 동시화했다.[115]

7. 모든 길은 텔레비전으로 통한다

　텔레비전의 시간성은 일상을 통해 개인의 시간에 간섭하는 것을 넘어선다. 텔레비전이라는 매체를 통해서 외부의 사회적 시간은 개인의 시간과 관계하면서 새로운 사회적 시간을 구성한다. 이는 각 개인이 서로 떨어진 공간에서 개별적으로 행하고 있는 것 같은 그 일상이 실상은 텔레비전이라는 매체를 통해 동시적으로 공유되고 있기 때문이다.[1] 1980년대에는 텔레비전이 각 가정에 거의 다 보급되었고, 사람들이 자유시간의 대부분을 TV를 시청하면서 보냈기 때문에 텔레비전의 시간성과 국민의 일상시간이 점차 연동되어 텔레비전을 매개로 해서 국민의 일상시간이 정치적 자원으로 동원 가능하게 되었다.

　〈그림 7-1〉에서 보듯이 1980년대의 자유시간 중에서 텔레비전 시청이 차지하는 비중은 35~63%에 이른다. 이는 당시의 사람들이 자유시간 대부분을 텔레비전 시청으로 소비했음을 의미한다. 이렇게 여가활동이 텔레비전 시청에 집중되는 현상은 국민의 일상에 대한 텔레비전의 영향력

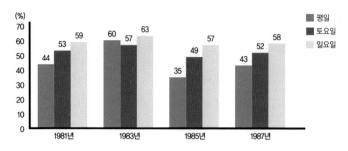

그림 7-1 1980년대 전국민 평균 자유시간 중 TV 시청이 차지하는 비율[2]

을 증대시킨 한편, 시청자의 위상과 역할에도 변화를 가져왔다.

테레비전 방송은 일상적인 정규 편성만으로 이루어지지는 않는다. 때로는 특별한 의도에 의해 준비되고 계획된 이벤트 방송이 편성되기도 한다. 이러한 방송은 일상적인 시청과는 다르게 축제적인 시청경험을 제공하는데, 이를 미디어 이벤트라고 한다.[3] 미디어 이벤트는 사전에 계획되고 공표되고 광고되며, 실황으로 생중계된다는 특징을 지닌다. 따라서 방송 주관자는 오랜 준비와 광고를, 시청자는 큰 기대와 관심을 가지고 그 순간을 기다리면서 방송에 주목하게 된다.

미디어 이벤트는 전사회적으로나 전세계적으로 이목이 집중되는 역사적 현장을 매스미디어를 통해 각 개인과 가정에 전달한다. 이를 시청한 개인 또는 가정은 그것을 시청한 모든 사람과 연결되어 공감대를 형성하게 된다. 즉 미디어 이벤트는 민족과 국가를 "실질적으로 감지할 수 있는 것으로 만들고, 수용자들에게 직접적이고 살아 있는 느낌을 제공"[4]한다는 점에서 방송매체를 통해 분열된 사회를 통합하여 국가와 사회가 지향하는 방향으로 이끄는 효과적인 수단이 된다. 대한민국 사회에서 미디어 이벤트는 1980년 이전에도 줄곧 있어왔지만, 1980년대에 들어 두드러지게 증가하는 양상을 보인다. 이는 1980년대 들어 나타난 방송환경의 변화에도 기인한 것이지만 사회의 갈등과 모순을 봉합해야만 했던 1980년대의 당면과제 때문이기도 하다.

한편, 미디어 이벤트의 시청경험은 시청자로 하여금 능동적인 수용자로서 역할하게 할 뿐만 아니라 사회적으로 사회구성체의 범위와 방향을 재설정하게 하는 효과도 가져온다.[5] 이는 미디어 이벤트가 반드시 주최자가 의도한 방향대로 작동하지만은 않는다는 의미이다. 1980년대 중반부터 텔레비전의 매개성과 집중화가 강화되고 텔레비전 이벤트가 증가하면서 대한민국 시청자의 위상과 역할이 변하게 된 것은 이 때문이라고 할 수 있다.

텔레비전 이벤트의 시대

1980년대의 대표적인 미디어 이벤트 중에서 국민의 단합을 과시하기 위한 것으로는 전국체전, 민족정체성을 드러내기 위한 것으로는 '국풍 '81'과 독립기념관 건립성금 모금 이벤트를 꼽을 수 있다. 그리고 아시안게임과 서울올림픽은 세계적으로 대한민국의 존재를 알리기 위한 스포츠 미디어 이벤트라고 할 수 있다. 이러한 미디어 이벤트들은 대내외에 대한민국의 단합을 과시하고 국가정체성을 재확립하기 위한 것이었다. 이것에 비해 대통령 선거 개표방송이나 국회청문회 등은 시청자들로 하여금 국민의 알 권리를 함께 누리도록 했다. 결국 1980년대 미디어 이벤트는 국민단합 및 국가정체성 확립을 위한 것과 국민의 알 권리 공유를 위한 것으로 대별할 수 있다.

전국체전 개막식은 1980년대에 해마다 펼쳐진 미디어 이벤트였다. 전

그림 7-2 1981년 전국체전 카드섹션 '위대한 새 대평양 시대의 개막'[6]

국체전 개막식은 아침 정규방송 개시 전에도 아침시간대에 중계방송되었다. 시청자들은 오랜 기간을 거쳐 준비한 개막식 행사를 텔레비전을 통해서 시청하며 체전에 참가한 사람들과 공감대를 형성하며 국민으로서의 하나됨을 느꼈을 것이다. 제5공화국 출범 이후 개최된 1981년 제62회 체전은 "씩씩한 새 기상 펼치는 새 역사"라는 기치하에 "올림픽 리허설 체전"이라고 불렸다. 이 체전에는 대통령 내외가 참석해서 대국민을 향해 치사의 말을 전했고, 폐지되었던 카드섹션을 벌이는 등 화려하게 펼쳐졌다.[7] 그리고 해외동포들까지 참가한 퍼레이드를 펼치면서 "단합된 민족의 힘"을 과시했다.[8] 〈그림 7-2〉는 당시 체전 개막식 장면 중 하나이다. 각 도의 선수들이 운동장에 질서정연하게 도열한 가운데 카드섹션으로 전두환 대통령의 모습과 "위대한 새 태평양 시대의 개막"이라는 문구를 표시했다. 이런 장면이 방송을 통해 안방에 전달됨으로써 사회 균열의 모습은 감춰지고, 전두환 대통령은 올림픽을 유치하고 대한민국의 새 시대를 이끌어갈 새로운 지도자로 비춰졌다.

1980년대에 치러진 전국체전의 개막식은 해가 거듭될수록 카드섹션에 동원되는 인원수가 많아지고 화려해졌다. 인천에서 열린 1983년 제64회 체전 때에는 고교생 4200명이 동원되어 총 280가지 카드섹션을 벌였다.[9] 이때에도 전두환 대통령 내외의 모습이 카드섹션으로 그려졌다. 그리고 1987년 광주에서 열린 제68회 전국체전은 "88 마지막 리허설"이라고 불렸는데, 매스게임에 전남 지역 12개 고교의 학생들이 동원되었다. 이때는 "위대한 광주, 아름답고 세계를 향해 가는 조국"이라는 주제하에 여중생 1800명과 2만 3천명의 관중이 카드섹션을 벌였다.[10] 1980년대의 국민은 전국체전이라는 국가적 스포츠 이벤트가 컬러로 생중계 또는 녹화 중계되는 것을 시청함으로써 국가 지도자의 이미지를 각인하고 국민단합을 경험하는 시간을 공유했다.

'국풍 '81'은 1981년 5월 28일부터 6월 1일까지 5일간 여의도 일대에서 대학생을 대상으로 열린 축제였다. 이 행사의 부제는 '전국대학생 민속·국학 큰 잔치'였다. 이 축제는 한국신문협회가 주최하고 KBS가 주관했으며 고려대 민족문화연구소가 후원했다. 당시 '국풍 '81'을 알리는 신문기사와 광고는 4월부터 시작되었다. 각 신문사는 지면 1면에 동일한 내용의 '사고(社告)'를 실어 '국풍 '81'의 개최 사실과 그 목적을 소개하고 안내했다. '국풍 '81'의 주관방송사인 KBS는 이 행사의 목적을 "대학의 국학 열풍과 서울 시민의 전통문화의 갈망을 서로 연결해주는"[11] 것이라고 밝혔다.

이 행사가 열리는 동안 정부는 행사 장소인 여의도 일대에 야간통행금지를 해제했다.[12] KBS는 이 행사의 전야제와 폐막식을 생중계했고, '국풍 '81 시리즈' '국풍 '81 시리즈 하이라이트' '국풍 '81 시리즈 행사장의 이모저모'를 통해 행사 내용을 방송했다. 낮방송이 가능한 토요일과 일요일에는 3시간 이상 '국풍 '81'에 관한 방송을 내보냈다. 시청자들은 수많은 대학생과 시민이 5일 밤낮에 걸쳐 민속놀이를 벌이고 전통공연을 펼치며 즐기는 장면을 컬러방송으로 안방에서 볼 수 있었다. 5일 동안 벌어진 민속대축제와 많은 사람들이 어우러지는 모습은 사실 모순과 갈등의 현실로부터 비켜선 것이었다. '국풍 '81'이 벌어지는 5일 동안 텔레비전 방송을 통해 이 행사가 각 가정에 전달됨으로써 정치적 갈등과 사회적 분열의 현실 대신 대한민국은 민속적으로 하나임이 전시되었다.[13] 이 행사에는 194개 대학의 대학생 6천명과 일반인 단체 7500명 등 총 1만 3500명이 참가했고, 개막식에는 30만명의 시민들이 모였다.[14] 5일 동안 열린 이 행사를 보기 위해 전국에서 1천만명이 왔다고 한다.[15]

그러나 민속문화 계승을 명분으로 대학생과 시민이 한곳에서 민속문화를 즐긴 것은 신군부 정권에 협조적인 모습으로 비춰졌다는 비판도 있었다.[16] 그리고 실제로 국풍에 반대하는 시위와 국풍 행사를 방해하고자 한 일들도 있었다.[17] 그러나 이런 내용은 언론 보도에서 배제되거나 반민족적인 행위로 비판 대상이 되었다.[18] 이렇듯 많은 사람들의 이목을 집중시키고 볼거리를 제공한 '국풍 '81' 행사는 이후 방송사들로 하여금 전국가적인 이벤트를 기획해 방송하게 하는 계기로 작용해 '국풍 '81' 이후 방송사 주관의 이벤트가 급증했다. 이에 따라 시청자들은 텔레비전을 통해서 민족적이고 국가적인 이벤트에 참여하는 경험을 보다 자주 경험할 수 있게 되었다.

독립기념관 건립 계획은 1982년 일본의 역사교과서 왜곡 사건에 의해

촉발되어,[19] 민정당의 발의로 결정되었다. 독립기념관 건립은 1987년 8월 15일 개관을 목표로 진행되었으며, 특이한 점은 국민 성금으로 이루어졌다는 사실이다. 당시 그 예산은 5백억원이었는데, 기념관준비위원회는 순수한 민간운동으로 "4천만 국민과 3백만 해외동포가 전원 참가하는 범국민 성금에 의해 추진"하겠다고 밝혔다.[20] 성금은 1982년 8월 31일부터 접수하기 시작했으며, KBS와 MBC는 독립기념관 건립성금 모금을 미디어 이벤트로 기획하여 방송했다.

MBC 텔레비전은 9월 3일 '방송의 날'에 열네시간(아침 7시부터 저녁 9시까지) 생방송으로 모금방송을 했다. 그날 새벽부터 성금을 내려고 줄을 선 사람들의 모습이 텔레비전을 통해 안방에 전달되었고, 각 중계차가 구로공단과 광화문 등지를 찾아가 근로자들과 시민들의 성금 모금을 전했다. 그리고 지방과 해외지사까지 연결해서 모금활동을 비춰주었다.[21] KBS도 "겨레의 마음은 하나"라는 구호 아래 생중계로 6일 동안 총 열여덟시간에 걸쳐 독립기념관 건립성금 모금방송을 진행했다.[22] 독립기념관 건립성금 모금 미디어 이벤트는 국민에게 민족의 독립과 자존에 대한 인식을 촉구했다. 여러 신문사와 방송사가 각각 독립기념관 건립을 위한 성금 모금 이벤트를 벌였으며, 모금한 지 약 1년 반쯤이 지난 1984년 3월에 성금은 예산액 5백억원을 넘어서기에 이르렀다.[23] 독립기념관 건립성금 모금 미디어 이벤트는 외부세력에 대한 대응이라는 의미에서 민족의 정체성을 재확인하고 국민의 단합을 꾀한 사회적 시간으로 작동했다.

'이산가족찾기'는 KBS가 1983년에 6·25전쟁을 기념하기 위해 단발성으로 준비한 95분짜리 프로그램이었다. 그런데 뜻하지 않은 국민들의 호응으로 138일간 435시간 30분 동안 생방송이 이어졌고, 이때부터 '특별생방송'이 하나의 미디어 이벤트로 자리잡게 되었다.[24] 이러한 폭발적인 반응은 이 방송의 내용이 시청자들의 요구와 맞아떨어졌기 때문이다. 당시만 해도 남북문제를 다루는 프로그램은 반공 드라마와 전쟁 다큐멘터리가 대부분이었다. 그러나 이 프로그램은 실질적인 이산가족 상봉에 초점을 맞추었기 때문에 그만큼 시청자들의 적극적인 참여와 호응을 불러일으켰다. 한국갤럽조사연구소에 의하면, 당시 전체 가구 중 가족이나 친지 중에 이산가족이 있는 경우가 16.5%였다.[25] 그리고 이 방송이 성공한 또 하나의 이유에는 방송 테크놀로지의 발전이 있었다. 당시 컬러방송이 전국적으로 연결되어 있었고 위성 중계 역시 가능한 덕분이었던 것이다. 따라서 이전부터 이산가족 상봉을 위한 여러 행사와 시도가 있어왔지만, 1983년 '이산가족찾기'의 성과와는 비교가 되지 못했다.[26] 한국갤럽조사연구소의 조사에 의하면 전국민의 53.9%가 새벽 1시까지 이 프로그램을 지켜봤으며, 그중 88.8%가 눈물을 흘렸다고 한다. 실제로 시청자들은 이 특별생방송을 통해서 남북이 분단된 후 오랫동안 헤어져 있던 가족을 상봉하는 이산가족들을 지켜보며 기쁨과 감격을 맛보았고(21.3%), 혈육의 정이 무엇보다도 강하며 분단으로 인한 가족의 이산은 매우 애처롭고 안타까운 일임을 느꼈다고 한다(19.4%).[27]

'이산가족찾기'는 다른 미디어 이벤트와는 다르게 수용자의 필요에 의해 편성이 이루어졌고 진행되었다는 점, 장기간에 걸쳐 전국민의 공감을 이끌어냈고 국제적으로도 깊은 인상을 남겼다는 점, 사회적으로 이산가족 문제와 통일 문제를 환기시키는 계기가 되었다는 점에서 특별했다. 즉 '이산가족찾기'는 이산가족이 직접 상봉하는 장면을 생중계로 보여줌으로써 시청자로 하여금 민족이 혈연으로 연결되어 있음을 생생하게 느끼게 했고, 남과 북의 분단현실과 민족의 하나됨을 깨닫게 했던 것이다. 그리고 대외적으로 '이산가족찾기'는 분단된 대한민국의 현실과 국가정체성을 드러내는 데 매우 효과적인 미디어 이벤트였다. 다른 미디어 이벤트와 달리 이 '이산가족찾기'는 외국의 보도기관들에 의해 널리 보도되었다.[28] '이산가족찾기' 생방송은 세계 방송사에서도 유례가 없는 미디어 이벤트로서 2015년에 유네스코 세계기록유산으로 등재되었다.

이와 같은 미디어 이벤트 외에 국가정체성과 관련된 미디어 이벤트로는 대통령 취임식과 해외순방 중계를 들 수 있다. 이것 역시 컬러방송과 위성중계라는 방송기술에 힘입은 바 크지만, 내용과 상관없이 계속되는 국가 지도자에 대한 방송은 그 지도자에게 정당성을 부여하고 그 국정운영을 당연하고 자연적인 질서로 받아들이며 순응하게 만드는 과정이기도 했다. 당시 텔레비전 방송은 소위 '땡전뉴스'라고 지칭될 만큼 뉴스시간을 통해 전두환 대통령의 정치일정 장면을 주기적으로 안방에 전달함으로써 전두환 대통령을 '새 시대'의 정치지도자로 각인되게 했다.[29] 그리고 1980년대 아시안게임과 서울올림픽을 앞두고 활발하게 이어진 전두환 대통령의 해외순방과 방미에 대한 방송, 북방외교를 하던 노태우 대통령의 해외순방에 대한 방송은 두 대통령이 통치하는 국가와 사회의 질서를 당연한 것으로 수용하게 만드는 효과를 불러일으켰을 것이다.

스포츠 방송 역시 하나의 미디어 이벤트로서 국가정체성의 확립에 일조했다. 우선 국내 스포츠 경기는 프로 씨름단과 야구단이 조직됨에 따라 주기적으로 중계방송되었고, 팬덤을 형성하기까지 했다. 국제 스포츠 경기는 국내에서 개최되든 국외에서 개최되든 간에 자주 생중계되었다. 특히 한·일전의 경우는 더 관심을 모았는데, 1986년 월드컵 아시아 최종예선전으로 한·일 간의 경기가 있었을 때에는 양 방송사가 동시에 위성중계를 하기도 했다.[30] 또한 아시안게임은 아시아 속의 한국, 서울올림픽은 세계 속의 한국이라는 국가 이미지를 선명히 드러내는 미디어 이벤트로 작용했다. 아시안게임과 서울올림픽은 유치가 결정된 1981년부터 대대적인 홍보가 이루어졌다. 아시안게임과 서울올림픽 방송은 한국 국민과 세계 여러 나라가 주목한 미디어 이벤트로서 국가의 존재와 정체성을 강력하게 각인시켰다.

닉 콜드리(Nick Couldry)는 미디어가 "매개된 중심의 신화"가 됨으로써, 일상에 영향을 미치는 미디어 권력이 부지불식간에 하나의 질서로서 당연하게 수용되고 재생산되고 있음을 비판적으로 분석한 바 있다.[31] 1980년대에는 텔레비전 편성에 의해 생활리듬이 변화하고 생활패턴의 동시화가 진행되는 가운데 텔레비전을 매개로 한 미디어 이벤트로 사회적 시간의 재구조화가 더욱 심화되었다. 이것은 그만큼 사회적 시간 구성에서 텔레비전의 매개성이 강화되었음을 의미한다. 1980년대에는 텔레비전으로 집중된 상징권력으로 인해 미디어 이벤트의 효과가 증폭되었다.

KBS 시청료 거부운동: 시청료 대 수신료

미디어 이벤트가 항상 사회통합만을 유도하는 것은 아니다. 그것은 다차원적인 사회를 조성하는 역할을 하기도 한다. 왜냐하면 미디어 이벤트는 "의식이면서 동시에 의회적인 특징을 갖고" 있기 때문이다.[32] 1980년대 당시 텔레비전에 집중된 상징권력은 그 집중도만큼이나 미디어 이벤트의 의회적인 성격을 사회의 다차원화에 활용하기에 효과적이었다. 왜냐하면 미디어 이벤트는 일상을 중단시키는데, 그 순간에 두가지 반응이 일어날 수 있기 때문이다. 하나는 현실에 대한 감각을 되찾고 미디어 이벤트에 대해 비판적인 시각을 갖는 것이고, 다른 하나는 현실 역시 미디어 이벤트처럼 상대적인 구성물임을 인식하는 것이다. 전자는 미디어 이벤트에 의한 집중성을 다른 방향으로 돌려서 그것을 전략적으로 이용하게 한다. 후자는 미디어 이벤트를 그것이 제시하는 미래의 개방성을 좇아서 현실을 재구성하는 계기로 삼는다.[33]

1980년대 미디어 중심의 신화는 공영방송의 편파성과 상업성에 대한 문제가 제기되면서부터 조금씩 흔들리기 시작했다. 점차 시청자들도 매개된 중심의 신화로서 텔레비전이 전파하는 형식과 내용에 대해 비판적 의식을 갖게 되었다. 그리고 민주화 이행기를 거치면서 텔레비전을 매개로 한 상징권력의 집중성은 완화되거나 분산되었다. 이는 민주화 과정 속에서 방송환경이 변화함과 동시에 텔레비전으로의 상징권력 집중화에 대한 문제 제기가 일어나 공영방송이 새로운 역할을 하도록 요구받았기 때문이다.

당시 시청자들은 공영방송체제에서 상업광고가 계속되고 일명 '땡전 뉴스'라고 칭해지는 뉴스프로그램의 보도양태에 대해 거부감을 표현했는데, 그 방법은 시청료 거부운동으로 나타났다.[34] 시청료 거부운동은 1984년 경상도와 전라도 농민을 중심으로 일어났다.[35] 그리고 1986년에 이르러서는 범국민운동본부가 발족되면서 야당·재야·시민단체 등이 협력해서 전국민운동이 되었다. 이는 당시 직선제 개헌운동과 맞물리며 큰 호응을 얻게 되었다.[36]

시청료 거부운동은 "공영방송과 직접적으로 연계된 유일한 시민의 고리인 시청료를 정치적 이유로 거부하고 사회민주화를 목표했다는 점에서 공영방송은 말할 것도 없고 이를 뒷받침한 당시 체제에 대한 근본적인 반대운동"[37]이었다. 현 정부 역시 이를 반체제운동으로 규정했다.[38] 이 운동은 시청자의 권리로 공영방송의 문제점을 제기한 것이었지만, 결국에는 현 정부와 체제에 대한 변혁을 이끄는 동력이 되었다.[39] 신군부 정권은 언론 통폐합 등을 통해서 KBS를 공영방송화했으며, 공영방송의 근간은 시청료였다. 따라서 국민이 시청료 납부를 거부한 것은 공영방송에 대한 비난을 넘어서 사회 민주화와 정치적 민주화를 목표로 한 것이었다. 〈표 7-1〉에 나타난 시청료 거부운동의 1차 목표와 최종 목표는 이를 분명하게 드러내 보여준다. 이처럼 시청료 거부운동은 방송 민주화와 사회 민주화를 위한 것이었다.[40]

표 7-1 시청료 거부운동의 목표[41]

구분	수단적 목표	1차 목표(과정적 목표)	2차 목표(최종적 목표)
주요 운동목표	KBS TV 시청료 거부 또는 폐지	-왜곡 편파보도 중단 -공영방송의 광고행위 중단 -저질, 퇴폐 방송 중단 -권력 유지 방송 중단	-방송 민주화: 방송의 공익성·공정성 실현, 수용자 중심의 방송 실현 -사회 민주화: 정치적 민주화 실현
부차적 운동목표	-언론 수용자의 능동적 의식화 -민주 시민의 권리 회복 의식화 -언론운동단체와의 연대활동		

수신료는 이전부터 준조세로 부과되던 세금이었다. 흑백텔레비전 시기에는 수신료가 800원이었지만 컬러방송이 시작되면서 컬러TV 수신료로 2500원이 부과되었다. 이전과 비교해서 3배가 넘는 수신료였지만 초기에는 별다른 저항이 없었다. 하지만 신군부 정권의 언론 통제로 인해 공영방송의 편파성이 심해지고 수신료 징수에도 불구하고 상업광고를 계속하는 것에 대해 시청자들은 수신료를 내지 않는 방법으로 항의 의사를 분명히 표시했다. 시청자들은 '수신료'를 '시청료'라고 명명하고 KBS 시청을 거부했다. 이로써 공영방송의 공정성과 건전성은 수신료를 받기 위한 필요조건으로 자리매김하게 되었다.[42]

시청료 거부운동이 범국민적인 시
민불복종 운동으로 확산되자, 문공부
는 KBS 운영개선안을 마련했다. 하지
만 이 방안은 시청료 거부운동을 반정
부운동으로 파악한 정치적 시각 때문
에 제약이 있었다. 공영방송의 공정성
보다는 상업광고의 점차적 폐지와 시
청료 징수방법에 대한 개선 등으로 문

그림 7-3 시청료 거부운동 스티커[43]

제를 해결하려고 했다.[44] 국민들은 이에 만족하지 않고 계속 시청료 거부
운동을 전개해갔다.[45] 가두 캠페인을 벌이고, 현수막을 걸고, "KBS-TV를
보지 않습니다"라는 스티커를 나눠주면서 대문에 붙이도록 했다.[46] 이에
KBS는 〈그림 7-4〉에서 보듯이 시청료 징수 감소로 인해 점차 재정이 악
화되어갔다.

공영방송의 역할과 위상에 대해 국민이 시청자로서 문제 제기를 하게
된 데에는 다음과 같은 조건이 존재한다. 먼저 당시 공영방송체제가 한국
사회에서 상징권력을 독점하고 있었고, 방송과 정부가 유착관계였다는
점이다. 그리고 '국민생활시간조사'를 바탕으로 해서 이루어진 텔레비전

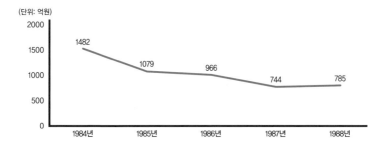

그림 7-4 시청료 거부운동 전후의 시청료 징수액 변화[47]

편성과 국민생활시간 간의 연동성이 심화되면서 국민생활시간의 리듬과 패턴에서 동시화가 상당히 진행되었다는 점이다. 이런 조건들이 존재하지 않았다면 시청료 거부운동이 전국적으로 확산되어 오랫동안 이어지지는 못했을 것이며, 민주화운동의 동력으로 작용하지도 않았을 것이다.

시청료 거부운동은 실질적으로 KBS의 수익구조를 변화시켰을 뿐만 아니라 당시 사람들의 텔레비전 평균 시청시간도 감소시켰다. 〈표 7-2〉를 보면 시청료 거부운동이 본격적으로 전개된 1985년과 1986년에 KBS와 MBC의 수입 증감이 달라진다. 1985년 전에 양 방송사는 수입액이 계속 상승세를 보였고 MBC는 계속 그 추세를 유지한 데 비해 KBS는 1985년부터 하강세로 접어들기 시작한 것이다. 그리고 1985년에는 국민들의 평일 텔레비전 시청시간도 그전에 비해 20분이나 감소했다.

표 7-2   1980년대 KBS와 MBC의 수입 현황과 시청시간[48]   (단위: 억원)

	1981	1982	1983	1984	1985	1986	1987	1988
KBS	1,073	1,580	2,118	2,718	2,663	2,576	2,687	3,371
MBC	595	616	751	885	972	1,095	1,324	1,572
시청시간 (평일)	1시간 49분		2시간 8분		1시간 48분		1시간 51분	

TV 시청과 국민의 알 권리

1980년대 초반 신군부에 의해 텔레비전 편성이 통제되면서 텔레비전의 매개성이 강화되었고, 국민은 시청자로서 국가적 행사에 동원되거나 미디어 이벤트에서 구경꾼의 역할을 했다.[49] 그리고 그 과정에서 사람들은 공감대를 형성하고 생활리듬과 패턴을 동시화했다. 이렇게 텔레비전으로 집중된 매개를 통해 1980년대의 국민은 유사한 감각과 리듬을 가진 시청집단을 형성하게 되었으며,[50] 그 집단성으로 인해서 사회적으로 비중이 커지게 되었다. 1980년대 후반으로 가면서 시청자는 알 권리와 발언권을 가진 주요 사회집단의 면모를 지니기 시작했다. 민주화 이후에는 사회문제를 토론하는 텔레비전 프로그램과 국민의 알 권리에 바탕을 둔 다큐멘터리가 많이 제작되기도 했다.[51] 그리고 1980년대 말에는 정부 정책의 홍보와 사회통합을 목적으로 하는 미디어 이벤트와는 다른 성격의 미디어 이벤트가 등장하기 시작하는데, 바로 선거 개표방송과 국회청문회 방송이었다.

1987년에 처음으로 대통령 선거 개표방송이 생중계되었고, 그후 선거 개표방송은 정규화되어 지금에까지 이르고 있다. 문화방송(MBC)은 1987년을 "선거방송 원년"이라고 칭하고, 대선 개표방송을 "정치프로그램의 탄생"이라고 평했다.[52] 그후로 국민들은 개표방송을 통해서 자기가 행사한 선거권의 상세한 내용을 실시간으로 시청할 수 있게 되었다. 그리고 1988년에는 대한민국 역사상 처음으로 국회청문회가 텔레비전을 통해 방송되었다. MBC는 이를 "TV 정치시대 개막"이라고 부르면서 국회청문회 방송이 "국민의 정치적 의식을 크게 진작시켰으며, 국민의 방송으로 새롭게 태어나는 한 계기"가 되었다고 평했다.[53] 첫 국회청문회는 5공 청문회였다. 처음에는 녹화방송이었는데 이후 생중계로 바뀌면서 시청률이 62%까지 치솟았다. 이 청문회에 대한 국민의 관심과 주목은 서울올림픽을 뛰어넘은 수준이었다.[54]

그리고 미디어 이벤트로 기획된 것은 아니었지만 사회적으로 큰 파장을 일으킨 텔레비전 생중계가 있었다. 올림픽이 폐막된 지 얼마 지나지 않은 10월 16일에 12명의 탈주범이 발생했고, 그중 일부가 새벽에 한 가정집에 들어가 14시간 동안 인질극을 벌였다. 그런데 탈주범 중 한명인 지강헌이 텔레비전 생중계를 요구했고, 방송사는 정규방송을 중단하고 탈주범들의 인질극을 일요일 아침시간에 각 가정의 안방으로 생중계했다.[55] 그때 지강헌이 한 말이 "유전무죄 무전유죄"였다. 그 전해에 전두환 대통령의 동생 전경환이 새마을 비리로 인해 70억원대의 횡령과 탈세 혐의로 징역 7년을 선고받았는데,[56] 지강헌은 500여만원을 훔친 죄로 징역 7년에 보호감호 10년을 선고받았었다. 지강헌은 생중계를 요구함으로써 시청자를 증인으로 삼고자 했다. 그는 텔레비전 화면을 통해 국민들에게 죄의 경중과 형량에 대한 문제를 제기했고, 이는 5공 비리와 올림픽 이후 심화된 사회 양극화 등 사회구조적인 문제에 대한 공감을 불러일으켰다.[57]

인질극 생중계 방송은 기존의 방송사에서 방영한 미디어 이벤트와는 달리 사전에 계획되거나 홍보된 바 없었고, 등장인물과 서사구조도 달랐다. 이전의 미디어 이벤트에 등장하는 인물은 시청자와 구분되는 존재였고, 공간 역시 일반 가정집이 아니었다. 그에 비해 인질극 생중계는 한 가정집에서 시청자와 비슷한 처지에 있는 사람이 경험한 일들이 동시간으로 전달되었다. 많은 시청자들이 텔레비전 화면을 통해 인질범들이 '나'를 향해 세상의 불공평함을 부르짖고 스스로 목숨을 끊는 장면을 그대로 지켜봤다. 시청자들은 예고 없이 인질범들과 인질로 잡힌 가족을 텔레비전을 통해 마주해야 했기 때문에 불안과 공포에 떨면서도, 한편으로 기존의 다른 미디어 이벤트에서는 경험할 수 없었던 깊은 공감과 안타까움을 공유했다. 인질범들의 문제 제기를 사회구조적인 문제로 인식했기 때문이다.[58]

당시 이 인질극 생중계는 6·29선언을 거치면서 언론의 민주화가 이루어지지 않았다면 전파를 탈 수 없었을 것이다. 정부에 의해 텔레비전 편성이 영향을 받았던 때에는 정치적 문제가 안방의 시청자에게 곧바로 연결될 수 없었기 때문이다.[59] 이는 언론기본법이 폐지되고 언론노동조합이 설립되어 텔레비전 편성의 민주화가 이루어짐으로써 가능했으며, 텔레비전 편성과 텔레비전 시청행위가 이전과는 달라졌음을 보여준 한 사례였다. 이전에는 텔레비전 방송이 시청행위와 시청시간을 사회통합적인 사회적 시간으로 재구성함으로써 사회구조적으로 발생한 문제를 은폐 혹은 봉합하는 데 활용됐다면, 이 경우에는 직접 문제를 제기한 것이었다. 이후 이 인질극 사건은 텔레비전 드라마, 다큐멘터리, 영화 등을 통해 현재에까지 전해지고 있다.[60] 현재까지도 당시의 시대적 공감이 계속해서 이어져오고 있는 것이다.

국민국가가 운용하는 사회적 제도로서의 시간제도는 관습에 의해 지켜져 내려오는 사회적 시간과는 구분된다. 이 시간제도는 국가가 법률이나 법령에 의거해서 공식적으로 국민의 일상을 주기적이고 반복적으로 구조화하기 위해 사회적 제도로 규정한 시간을 의미한다.[1] 그중에서 국제표준시와 국가기념일 등의 제정과 운용은, 대외적으로는 시간주권과 국가정체성을 표방하는 데 활용되고, 대내적으로는 국민통합과 사회통제에 이용된다.[2] 한편으로 이것들은 기존에 지켜오던 다른 사회적 시간체제와 충돌을 빚기도 한다.

1980년대의 대한민국 사회는 군사정변을 통한 신군부 정권의 등장, 그리고 아시안게임과 올림픽 개최로 인해 세계의 주목을 받게 되었다. 1980년대의 대한민국 국민은 간접적으로는 국가 차원의 국민국가 시간체제와 일상시간 간의 부딪침을 통해서, 그리고 직접적으로는 해외여행과 해외유학의 자유화, 1987년과 1988년의 서머타임제 실시, 1986년 아시안게임과 1988년 서울올림픽의 유치와 개최 과정 등을 통해서 글로벌 시간체제와 조우하게 되었다. 당시의 국민은 일상적인 시간이 글로벌 시간체제와 직간접적으로 맞부딪치는 경험을 통해서 국가정체성과 국민정체성에 영향을 미치는 글로벌 시간제도에 대해서 새롭게 인식하게 되었다. 또한 국가 기념과 집단기억을 둘러싸고 여러 주체들 간에 경합이 벌어지기도 했다. 즉 1980년대에는 글로벌 시간체제와 로컬리티 시간체제 간의, 그리고 국가 기념과 국가 상징을 둘러싼 여러 주체들 간의 경합이 두드러졌다.

제4부

시간을 둘러싼
국가와 국민의
경합

8. 세계시간 속의 대한민국

한 국가가 근대적인 글로벌 표준시간체제를 공식적 시간제도로 받아들이는 것은 세계체제에 편입하고자 하는 의사표현인 동시에 주권국가임을 주장하는 일이기도 하다. 따라서 이는 국가정체성과 시간주권을 드러내는 일이 된다. 그런데 대한민국 국민은 1987년과 1988년에 기존 국제표준시는 그대로 유지하되 하절기 약 5개월 동안 한시간을 앞당겨서 생활해야 했다. 1980년대에 들어 대통령이 정한 바에 따라 시간대를 이동할 수 있는 법안과 대통령령이 마련되었기 때문이다. 이로써 당시 사람들은 2년 동안 시간대 변동을 통해 글로벌 시간체제에 의한 일상시간과 일상리듬의 변화를 직접적으로 경험했다. 당시 사람들은 국민 동의나 사회적 논의 과정 없이 대통령령에 의해 일방적으로 시간대를 변경하는 것에 반대 목소리를 냈고, 이에 대한 찬반 논의가 일어나면서 시간주권을 새롭게 인식하게 되었다.

국제표준시와 일광절약시간제 : 통치자의 독점권

대한민국의 첫 국제표준시 적용은 대한제국 시기인 1908년에 순종의
칙령에 의해서 이루어졌다. 이때 대한제국은 근대적인 세계 표준시간체
제인 국제표준시 동경 127도 30분을 대한제국의 표준시로 천명했다.[1] 이
렇게 국제표준시를 채택함으로써 대한제국은 공식적으로 과거의 전통적
시간질서와 중국의 시간체제로부터 벗어나게 되었다. 그리고 일제강점
기 때 일본은 식민지 조선에 대한 통치 편의를 위해서 식민지 조선의 표
준시를 일본 표준시인 동경 135도로 변경했다. 이후 한국의 표준시는 동
경 127도 30분과 동경 135도를 오가며 지배권력의 통치 편의에 따라 수
시로 바뀌었다.[2]

〈표 8-1〉에서 보듯이 2019년 현재까지 대한민국의 표준자오선은 법률
적으로 네차례 변동되었고 한차례 재제정되었다. 첫번째 국제표준시의
공식적인 선언과 두번째 국제표준시 변경은 일본의 영향하에서 일어난
일이었다. 세번째와 네번째는 이승만 정권과 박정희 정권의 창출과 그 유
지와 관련되어 있으며, 다섯번째는 서울올림픽 때 미국의 중계시간에 맞

표 8-1 표준자오선의 변경과 서머타임제 시행 변화[3]

회차	연도(년)	주체	표준자오선	서머타임제 시행
1	1908	순종	동경 127도 30분	
2	1912	조선총독부	동경 135도로 변경	
3	1954	이승만 (휴전협정 이후)	동경 127도 30분	1948~1951(4회) 1955~1960(6회)
4	1961	박정희 (국가재건최고회의)	동경 135도로 변경	폐지
5	1986	전두환	동경 135도로 재제정	1987~1988(2회)

취주기 위해 서머타임제를 실시한 것과 관련된다.[4] 한 국가의 표준시는 국민의 생체리듬에 맞아야 하고, 혼란 없이 안정적으로 운영되어야 하며, 세계협정시(UTC)와의 시간 환산이 용이해야 한다.[5] 그런데 대한민국의 표준시는 학문적 연구나 국민적 합의에 의해 정해진 것이 아니라 외부적 요인과 정권의 변동에 의해 영향을 받곤 했다.

2019년 현재 대한민국의 표준시는 동경 135도이다. 하지만 지금의 표준시는 1961년의 '표준자오선 변경에 관한 법률'에 의해서가 아니라, 1986년에 제정된 '표준시에 관한 법률'에 의거한 것이다. 1986년에 대한민국은 일광절약시간제(서머타임제) 실시를 위해서 '표준자오선 변경에 관한 법률'을 폐지하고 '표준시에 관한 법률'을 통해 동경 135도를 표준자오선으로 재제정했다. 이 법령에 의해 표준시는 기존의 동경 135도로 유지하되, 대통령령으로 일광절약을 위해서 연중 언제든지 일상생활시간을 조정할 수 있게 됐다.[6] 일광절약시간제는 낮과 밤의 길이가 계절에 따라 다르므로 낮이 긴 계절에는 표준시를 앞당겨서 낮시간대의 활동을 촉진하기 위한 시간제도이다. 실제로 제1차 세계대전과 제2차 세계대전, 그리고 오일쇼크 때 서구 여러 나라는 에너지 절약을 위해 이 제도를 도입한 바 있다.[7]

대한민국에서 서머타임제는 세 시기에 걸쳐 시행되었다. 제1차 시기는 1948년부터 1951년까지로서, 미군정기에 미군정청령에 의해 시작되었고, 대한민국 정부 수립 이후에는 대통령령에 의해 유지되었다. 제2차 시기는 1955년부터 1960년까지로서, 이승만 정권에 의해 시행되다가 국가재건최고회의(박정희 군부세력)에 의해 폐지되었다. 그리고 제3차 시기는 1987년과 1988년으로서, 전두환 신군부 정권에 의해 서울올림픽을 계기로 실시되었다가 국민의 반대에 의해 폐지되었다.

〈표 8-2〉는 2019년 현재까지 대한민국에서 시행되었던 서머타임제를 표로 정리한 것이다. 서머타임제의 본래 취지는 에너지 절약이다. 그러나 대한민국의 서머타임제는 미군정 당시 UN의 작전상 편의를 위해서 시작되었다.[8] 그리고 대한민국 정부 수립 이후인 1949년 4월 2일에는 대통령령 74호에 의해 법제화되었다.[9] 당시 국민들은 '건국 사업'을 부지런히 하기 위해서 이 제도를 통해서 '일촌의 광음'이라도 보태야 했다.[10] 서구 선진국의 시간제도인 서머타임제는 1961년에 폐지되기 전까지 국가 발전을 위한 국민의 근면한 시간 이용과 국민동원의 수단으로 이용되었다. 그러므로 실시 초기부터 서머타임제에 대해서 사회적으로 비판이 제기되었고, 1957년에는 국회에서 서머타임제 폐지를 가결하기도 했다. 하지만 이승만 정권에서 이 제도는 "선진국의 예를 따라" 계속 실시되었다.[11]

표 8-2 12차례 실시된 일광절약시간제[12]

		실시년도	실시시기	시행법령	시행자
제1차	1	1948년	6월 1일~9월 12일	미군정청령	하지 사령관
	2	1949년	4월 3일~9월 11일	대통령령 74호	이승만 대통령
	3	1950년	4월 1일~9월 11일		
	4	1951년	5월 6일~9월 8일		
제2차	5	1955년	5월 6일~9월 8일	대통령령 180호 대통령령 489호 대통령령 714호	
	6	1956년	5월 20일~9월 29일		
	7	1957년	5월 5일~9월 21일		
	8	1958년	5월 4일~9월 20일		
	9	1959년	5월 4일~9월 19일		
	10	1960년	5월 1일~9월 17일		
제3차	11	1987년	5월 10일~10월 11일	법률 제3119호 대통령령 12136호	제12대 국회 전두환 대통령
	12	1988년	5월 8일~10월 9일		

서머타임제 폐지가 적극 검토되던 시기는 4·19에 의해 이승만이 하야한 후인 제2공화국 때였다.[13] 이는 당시 대한민국의 산업구조가 낙후되어 있고 국민들의 인식도 부족해서 서머타임제 실시가 별 효과가 없었다는 평가에 따른 것이었다.[14] 그리고 서머타임제는 미군정 당시 UN의 작전상 필요에 의해서 실행된 것으로 당시의 실정과는 맞지 않는다는 이유로 폐지가 결정되었다.[15] 5·16 이후 국가재건최고회의는 '표준자오선 변경에 관한 법률'을 제정해서 표준자오선을 일본 표준시인 동경 135도로 되돌리고 서머타임제를 폐지했다. 서머타임제는 표준시가 동경 127도 30분이었을 때와 동경 135도일 때 합쳐 모두 10차례 실시되었지만, 에너지 절약이라는 목적에 부합하지 않고 대한민국의 사정에도 맞지 않는다는 사실이 그 폐지로 충분히 입증된 셈이다. 그러나 그럼에도 불구하고 서머타임제는 1987년과 1988년에 재도입되었다.

1980년대 서머타임제

1961년에 폐지된 서머타임제는 1985년부터 그 재도입 문제가 다시 거론되기 시작했다. 서머타임제가 에너지 절약에 효과적이며 그에 대한 찬성 여론이 높다는 신문 보도가 이어졌다.[16] 신군부 정권은 1986년에 '표준시에 관한 법률'을 새로 제정하면서 이 법안의 목적이 일광절약시간제를 실시하기 위함이라고 분명히 밝히고, 우리나라에 일광절약시간제가 필요한 까닭으로 국민의 근면성 고취, 에너지 절약, 국민의 여가와 자기발전 욕구 충족, 국민보건의 향상을 들었다.[17] 일광절약시간제를 순전히 국민을 위해 실시되는 시간제도인 것처럼 언급했다. 그런데 이는 1948년

미군정이 피점령국 일본에서 서머타임제를 시행하면서 설명한 그 도입 목적과 매우 유사하다.[18] 따라서 그 명분의 진위가 의심스러울 수밖에 없는데, 그 도입과 시행마저도 일방적으로 이루어졌다.

만약 대한민국 사회에 서머타임제를 실시하는 것이 에너지 절약에 효과가 있다면, 오일쇼크 때 이 제도를 시행했어야 옳을 것이다. 그러나 그때 에너지 절약을 위해 다른 여러 나라들이 이 제도를 실시했던 것과는 달리,[19] 대한민국은 이 제도를 실시하지 않았었다. 이는 당시 대한민국의 산업구조상 일광절약시간제의 에너지 절약 효과가 그리 크지 않았기 때문이었던 것으로 판단된다. 게다가 서머타임제 도입으로 인한 방송시간의 연장은 에너지 절약과는 역행하는 일이었다. 그리고 이 제도의 시행 이유가 정말 국민보건의 향상과 에너지 절약 때문이었다면, 표준시를 이동하기보다는 생활시간에 약간의 변동을 주는 것만으로도 가능했을 것이다. 이전에도 교통문제 해결을 위해 출근에 시차를 두는 등 일상생활시간 변동 사례가 있었다.[20]

또한 1980년대에 실시된 두차례의 서머타임제는 그 실시기간이 이전과 달랐는데, 이는 1980년대에 실시된 서머타임제의 목적이 그 이전 시기와 달랐음을 의미한다. 앞의 〈표 8-2〉를 보면 제1차 시기와 제2차 시기의 서머타임제는 모두 9월 안에 종료되었다. 그런데 1980년대에 시행된 서머타임제의 실시기간은 5월 둘째주 일요일부터 10월 둘째주 일요일까지였다.[21] 1987년에는 5월 10일에 시작해서 10월 11일에 종료됐고, 1988년에는 5월 8일에 시작해서 10월 9일에 끝났다. 이는 서울올림픽 폐막일이 10월 2일임을 고려한 것이었다. 결국 1986년 '표준시에 관한 법률'의 신규 제정은 미국의 서울올림픽 중계시간을 고려해 시간대 변경을 한 것이었다고 볼 수 있다.

그런데 신군부 정권은 국민의 일상시간을 변경하면서도 이러한 사실을 서머타임제 폐지 결정을 발표할 때까지 국민에게 정확하게 밝히지 않았다. 그리고 그 실시를 결정하는 과정에서도 국민의 의견을 반영하지 않았다. 게다가 그 결정과정에서 국민의 일상을 지배하는 세시풍속이나 생활리듬 등도 고려하지 않았다. 이런 정부의 태도는 2년간 서머타임제를 경험한 사람들이 일광절약시간제의 실시가 그 명분과는 다르게 국민의 편의와 무관하며, 국익과 집권자의 통치 편의를 위해 국민의 일상시간을 강제로 동원한 것임을 알게 되면서 그것에 강력하게 반발하게 되는 근거가 되었다.

서머타임제 실시는 일몰과 일출 시간에 맞춰 국민의 생활시간을 전체적으로 이동해야 하므로 일상생활 전체에 직접적인 영향을 미치고, 생활리듬에 혼란을 가져올 가능성도 크다.[22] 특히 당시 우리나라에서 이 제도를 실시할 경우 '시간마찰'을 유발할 가능성이 컸다. 왜냐하면 당시 대한민국은 사회적으로는 양력·음력의 이원적 시간체제였으므로, 음력으로 쇠는 명절이나 기념일, 생일 등이 다수 존재했기 때문이다. 따라서 일광절약시간제를 시행해서 시간을 앞당길 경우 특정한 날이 다른 날로 바뀔수도 있는데,[23] 그렇게 되면 특정한 날이 본래 가지고 있던 의미가 크게 훼손돼버리는 것이다.

실제로 올림픽 개최와 국제화 시대에 발맞추기 위한 서머타임제의 실시는 국민의 일상생활에서 마찰을 유발했다. 이는 국민의 생활시간을 "선진제국 시간대와 조화시켜 국제화 시대에 부응"[24]하고자 하는 정부의 방침에 대한 도전을 불러올 여지를 내포하고 있었다. 게다가 서머타임제는 정부가 내세운 명분과는 달리 올림픽 경기의 중계시간을 미국의 방송시간에 맞추기 위해서 시행되었다는 사실이 알려지면서 국민의 반대는 거세어지기 시작했다.

신군부 정권이 서머타임제를 재도입하면서 내세운 세가지 명분 중 근면한 생활 유도와 여가시간 활용은 어느정도 효과가 있었던 것으로 보인다. 주류 소비 증가율이 감소한 대신 취미와 레저 산업 매출이 증가했다. 그러나 그것이 국민생활의 활력과 자기발전 기회의 확대로 이어졌는지는 알 수 없다. 왜냐하면 서머타임제 도입으로 근무시간이 늘어났고, 심야시간 활동이 증가했으며, 수면시간이 부족해지는 등 피로감을 호소하는 경우가 늘어났기 때문이다.[25] 서머타임제가 국제화 시대와 조화를 이루고 올림픽 중계와 운영을 원활하게 하는 데 도움을 주었는지는 모르지만, '올림픽용' 시간제도라는 국민의 거센 비판을 받게 되었다.[26]

길어진 낮, 길어진 노동

1980년대의 서머타임제 실시는 자유시간의 증가로 이어지지 못했다. 서머타임제 실시 이전의 염려대로[27] 서머타임제는 실제로 노동시간을 연장시키는 결과를 낳았다. 서머타임제 실시 목적 중 하나가 국민들로 하여금 오후 자유시간을 활용하여 여가와 자기발전 욕구를 충족케 하는 것이었으나, 오히려 서머타임 실시 이후 자유시간은 줄어들고 여가활동은 위축되었다. 서머타임제의 실시로 업무와 수업이 한시간 일찍 끝나므로 그만큼 자유시간이 증가하고 여가활동이 증가해야 함에도 불구하고, 그 반대의 결과가 생겨났다. 왜냐하면 출근시간은 변하지 않은 채로 퇴근시간만 한시간 연장되었기 때문이다. 따라서 전체 노동시간은 증가하게 되었다. 그 결과, 자유시간은 자연히 감소할 수밖에 없었다.[28]

표 8-3　유직자의 일 시간량: 1985년과 1987년 비교[29]

	평일		토요일		일요일	
	1985년	1987년	1985년	1987년	1985년	1987년
전체 평균시간(시간, 분)	6.55	7.40	5.58	6.46	3.22	3.34
행위자율(%)	97	96	94	95	58	56
행위자 평균시간(시간, 분)	7.08	7.59	6.20	7.04	5.48	6.22

〈표 8-3〉을 보면 1987년도 유직자의 일 시간량은 평일, 토요일, 일요일 모두 서머타임제 실시 이전인 1985년도와 비교했을 때 대폭 증가했음을 알 수 있다. 이는 1985년도와의 비교에서만 나타나는 현상이 아니라 1980년대 네차례의 '국민생활시간조사' 중 1987년도의 유직자가 일을 하는 전체 평균시간과 행위자 평균시간이 가장 많은 것으로 조사되었다.[30]

1987년에 실시된 서머타임제로 인해 노동시간이 늘어났다는 사실은 시간대별 일 행위자율의 변화를 살펴보면 더욱 분명해진다. 〈그림 8-1〉에서 보듯이 평일 오후 4시 이후의 모든 시간대에서 일하는 사람의 비율이 1985년도에 비해 증가했다. 서머타임제로 인해서 전체시간이 한시간 앞당겨졌음에도 불구하고 이전과 마찬가지로 생활하고 있었던 것이다. 오후 시간이 증가했음에도 그 시간에 여가를 즐기지는 못했다. 왜냐하면 서머타임제가 도입되자 유직자는 오히려 일을 더 해야 했기 때문이다.[31] 학원, 놀이공원, 백화점 등이 영업시간을 연장했으므로 그곳에서 근무하는 노동자들의 근무시간이 증가한 것은 필연적 결과였다. 한시간 앞당겨진 시계시간대로 퇴근이 이루어지지 않았기 때문에 결과적으로 노동시간을 증가시키는 결과를 가져왔다.

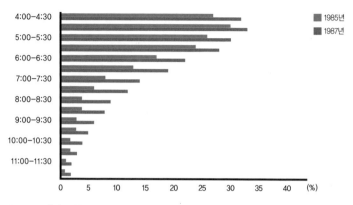

그림 8-1 평일 오후 4시 이후 전국민의 시간대별 일 행위자율 비교[32]

서머타임 피로

서머타임제 실시로 일상시간이 한시간 앞당겨지면서 사람들의 취침시간과 기상시간이 변화하게 되었다. 늦게 잠자리에 드는 사람이 늘면서 국민의 활동시간이 심야시간대로 이동했다. 이러한 결과는 서머타임제 도입으로 오후 영업시간이 연장되고 자정 이후의 심야방송대가 신설되었기 때문으로 보인다. 이는 노동, 학업, 텔레비전 시청 등의 활동을 심야시간대로 연장하는 결과를 가져왔다.

〈그림 8-1〉에서 보듯이 서머타임제가 실시되면서 오후 4시 이후의 행위자율은 증가했다. 그리고 텔레비전 시청률이 전반적으로 감소한 가운데 심야방송의 시청률은 소폭 상승했다.[33] 학생들의 경우 학교수업을 제외한 자율학습 시간대를 보면 서머타임 실시 이전에 비해서 오전 5시부터 7시 사이의 행위자율은 감소했고, 오후 4시에서 7시 사이, 그리고 밤 10시부터 새벽 1시 사이는 증가했다.[34] 이는 서머타임제가 학업시간대를

변화시켰음을 의미한다. 즉 일상시간이 한시간 앞당겨지자 오전의 이른 시간에 학습하는 행위자는 줄고 심야시간대에 학습하는 행위자는 증가한 것이다. 이러한 점은 서머타임제의 실시가 1982년 야간통행금지제도의 폐지보다 국민의 생활시간에 미치는 영향이 더 빠르고 강력했음을 보여준다.[35]

1987년에 서머타임제는 5월 10일부터 실시되었고, '국민생활시간조사'는 6월 19일부터 21일까지 시행되었다. 그 조사에서는 국민의 수면시간이 1985년에 비해 평일은 4분, 토요일은 12분, 일요일은 19분 증가한 것으로 조사되었다. 그러나 서머타임 실시 이후 약 두달 후인 7월 2일에 수행된 한국갤럽조사연구소의 조사(전국 20세 이상 남녀 1012명 가정방문조사)에서는 전국민의 수면시간이 22분 감소한 것으로 나타났다. 평일과 토요일의 기상시간은 변화가 없었고 일요일의 기상시간만 늦춰졌다. 반면 취침시간은 평일, 토요일, 일요일 모두 늦춰지면서 수면시간이 대폭 감소한 것으로 나타났다. 그리고 밤 12시 이전에 잠자리에 드는 사람의 비율이 57.1%에서 42.9%로 감소한 데 비해, 밤 12시 이후에 잠자리에 드는 사람의 비율은 14.8% 늘어났다.[36]

일상시간의 변경으로 인해 생체리듬이 서머타임제에 적응하기까지의 피로감은 사실 예견된 일이었다. 서머타임제로 인한 혼란을 예방하기 위해서 서머타임의 시작과 종료는 일요일에 행해졌다. 〈그림 8-2〉는 서머타임제 실시 하루 후에 신문에 게재된 한 제약회사의 간장약 광고이다.[37] 이 제약회사는 서머타임제에 익숙해지기 전까지 수면 부족으로 인해 피로할 것이므로 '서울올림픽 공식 간장약'을 먹고 피로를 풀라고 광고하고 있다. 이러한 우려는 현실로 드러났다. 서머타임제 실시 기간 중에 이루어진 여론조사에서 서머타임제 실시에 대한 반대여론이 많았는데, 반

그림 8-2 "서머타임 피로!"라는 제하의 대웅제약 우루사 광고[38]

대 이유는 생활리듬 혼란(41.0%), 수면 부족(23.1%), 근무시간 연장
(20.2%), 습관변화 부담(9.1%) 순이었다.[39]

1980년대에 다시 실시된 서머타임제는 국민의 일상시간과 맞지 않았
고, 생체리듬을 변화시키지도 못했다. 1987년 '국민생활시간조사'는 서
울올림픽을 앞두고 그 원활한 운용을 위한 기초자료를 확보할 목적에서
서머타임제 실시로 인한 시간 사용의 패턴 변화에 중점을 두고 이루어졌
다.[40] 그런데 그 조사 결과에 의하면 사람들의 생활리듬이 서머타임제와
부합하지 않음이 드러났다. 텔레비전 시청 피크시간은 정확하게 한시간
늦춰졌지만, 취침시간과 기상시간은 그렇게 기계적으로 이동하지 않았
기 때문이다.[41] 서머타임제가 시간제도상으로는 국제적 기준에 가장 근
접한 것인지는 모르나, 당시 대한민국 국민의 일상생활과는 맞지 않았던
것이다.

이렇게 서머타임제 실시로 인한 불편과 피로를 호소하는 사람이 늘어
가는 가운데 서구 선진국의 제도인 서머타임제와 대한민국 국민의 생체

리듬 간의 간극을 단순히 생활상의 피로감이 아니라 생활패턴을 바꾸고 길들여야 하는 문제라고 언급하는 칼럼이 신문에 실리기도 했다. 그 칼럼의 필자는 대한민국 국민인 자신이 서구 선진국의 시간제도에 적응하지 못하는 이유에 대해 "이놈의 체질이 순수한 재래종"이기 때문이라고 하면서, 서구 선진국의 것이지만 대한민국에 속하지 않는 외부적인 것으로서 그 제도를 언급한다.[42] 당시의 사람들은 서머타임제를 통해 제도로서의 사회적 시간체제와 국민의 일상시간체제 간의 괴리감을 직접 경험하고서 글로벌 시간체제에 맞춰 생활하는 데서 오는 생활상의 불편을 넘어 글로벌 시간기준에 대한 민족주의적 시간주권 의식을 가지게 되었다. 그리고 통치자가 자의적으로 통치 편의를 위해서 독점적으로 시간대를 조정하는 것에 대해 문제를 제기하기 시작했다.

여가활동의 변화: TV 집중화의 심화

1980년대에 실시된 서머타임제는 당시 사람들의 자유시간을 감소시켰을 뿐만 아니라 여가활동에도 변화를 가져왔다. 1987년의 '국민생활시간조사'에 의하면, 1987년 평일 전국민의 생활시간을 1985년과 비교했을 때에 전체적으로 노동시간은 38분 증가했고, 자유시간은 33분 감소했다. 이는 서머타임제를 실시하면서 자유시간의 증가를 기대했던 것과는 상반된 결과였다.

그런데 자유시간이 감소한 가운데 〈표 8-4〉에서 보듯이 교제·휴양·레저에 사용한 시간은 줄어들었지만 텔레비전 시청시간은 늘어났다. 이는 서머타임제의 시작과 종료에 맞춰 텔레비전 편성을 변경하면서 방송시

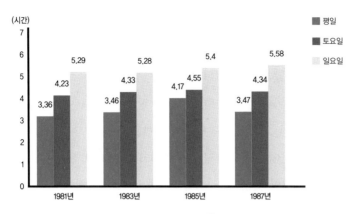

그림 8-3 1980년대 전국민의 자유시간 증감 변화[43]

간이 대폭 늘어났기 때문인 것으로 보인다. 서머타임제 실시에 맞춰서
KBS와 MBC는 방송시간을 새벽 1시까지 연장했다.[44] 또 MBC는 요일별로
심야방송을 편성했다.[45] 이렇게 심야방송이 신설되면서 주당 방송시간은
430분 증가하게 되었다. 서머타임제가 종료된 이후에는 개편을 통해 토
요일에 종일방송을 했는데,[46] 서울올림픽과 선거에 대비해서 매주 토요
일 밤에 새벽 3시까지 심야방송 시간대를 연장했다.[47] 이같은 방송시간의
증가, 편성과 내용 변화 등은 국민의 여가생활 변화를 반영하거나 그것을
추동했을 뿐만 아니라, 국민의 여가활동 중 TV 시청이 차지하는 비중을
증가시킨 요인으로 작용했다.

표 8-4 1985년과 1987년의 평일 전국민의 일과 여가활동 시간의 증감 비교[48] (단위: 시간, 분)

	노동		여가활동										
	일		교제		휴양		레저		신문· 잡지·책		라디오		TV
1985	3.03	+38	46	-3	1.25	-29	38	-4	29	+2	39	-2	1.48	+3
1987	3.41		43		56		34		31		37		1.51	

1987년도의 텔레비전 시청시간 증가는 텔레비전 시청행위자율이 매년 꾸준히 감소하고 있는 추세를 감안하고 다른 여가활동 시간이 감소하고 있는 경향에 견주어볼 때 특징적인 현상이다. 하지만 시청률은 감소했다. 실제로 피크타임대가 한시간 앞당겨지면서 밤 7시에서 9시까지의 시청률은 8%나 떨어졌다. 그리고 아침방송의 시청률과 저녁 9시 뉴스의 시청률 또한 하락했다.[49] 이는 서머타임제 도입에 따른 텔레비전 편성이 시청자의 시청습관에 별다른 영향을 미치지 못했기 때문인 것으로 보인다.[50] 왜냐하면 당시 텔레비전 편성은 한시간 앞당겨서 내보내고 방송 종료를 한시간 연장했을 뿐이라는 지적을 받을 정도로, 국민의 일상시간에 맞춘 편성을 내놓지 못하고 있었기 때문이다.

시간주권 의식의 성장

서머타임제를 실시하는 이유가 미국의 올림픽 중계시간에 맞추기 위해서라는 사실이 알려지면서 이 제도에 대한 국민의 반대 목소리는 커져 갔다.[51] 미국과의 올림픽 중계료 협상 기사는 1985년부터 언론에 등장하기 시작했다. 올림픽 경기의 중계시간에 따라 미국의 중계료가 결정된다는 신문 보도가 1985년 7월에 있었다.[52] 그리고 7월 22일에 『동아일보』『경향신문』『매일경제』는 정부가 서머타임제의 재실시를 검토하고 있다는 보도를 했다. 그러나 서머타임제의 실시 이유를 설명할 때 세 신문사의 보도 태도는 달랐다.

『경향신문』은 중계료에 대해 언급하면서 서머타임제 실시의 부수적 결과처럼 보도했다. 서머타임제에 대해서는 정부가 3개월 전에 공무원을 대상으로 여론조사를 해서 긍정적인 결과를 얻었다고 발표하면서 "여름철에는 상오 5시 30분쯤 해가 뜨는데 상오 9시에 출근하는 것은 시간적 낭비"라고 지적했다. 그리고 서머타임제를 실시하게 되면 "88올림픽을 앞두고 미국 방송사와의 중계료 협상에도 유리하게 된다"고 하면서 마치 중계료는 서머타임제를 실시하게 되면 따라오는 부수적인 이익인 것처럼 언급했다.[53]『경향신문』은 서머타임제 실시가 확정된 이후에도 일관되게 에너지 절약과 함께 중계료 수익을 언급했다.[54]

이에 비해『동아일보』와『매일경제』는 미국 방송사와의 중계료 협상에 대한 언급을 하지 않았다. 먼저『동아일보』는 서머타임제 실시에 대해 정부가 신중히 검토 중임을 강조했다. 그리고 그 실시 이유에 대해서는 "여름철의 일광시간과 국민의 생활활동을 맞추기 위해"라고 하면서 이에 대해 각계의 의견이 있음과 그 실시 여부는 아직 미정이나 실시한다면 내년부터라는 정부의 입장을 매우 완곡하게 에둘러 보도했다.[55]『매일경제』는 정부가 국민의 여가선용 기회를 늘리고 공무원의 복무체계를 재정립하고자 서머타임제의 재실시를 검토하고 있으며, 그 궁극적 목적은 에너지 절약이라고 보도했다. 그리고 특히 공무원에 초점을 맞춰 언급함으로써 마치 서머타임제 실시의 영향이 공무원에게만 한정될 것 같은 인상을 주었다.[56]

그런데 막상 서머타임제가 실시되자, 불편을 겪는 국민의 목소리를 대변하는 신문의 기사와 사설, 칼럼 등이 등장하기 시작했다. 특히 이듬해인 1988년의 두번째 실시를 앞두고는 사회 각계에서 이에 대한 여러 언급이 나왔다. 우선 서구 선진국의 일광절약시간제는 대한국민 국민의 생체리듬과 맞지 않는다는 지적이 있었다.『경향신문』은 이런 정부의 방침은 뉴턴의 관성의 법칙을 거스르는 일로서 마치 왼손잡이를 오른손잡이로 바꾸려는 무리한 시도와 마찬가지라고 비판했다.[57] 그리고 『동아일보』는 서머타임제 실시 과정상의 일방적이고 비민주적 방식에 대한 지적을 이어갔는데, 실시 이전이나 실시 중에 국민의 의사를 묻는 어떤 과정도 없었음을 비판하면서 국민의 의견을 구하는 구체적 방법으로 토론·공청회·여론조사 등을 들었다.[58]

이렇게 서머타임제 실시에 대한 반대여론이 높아지자 야당인 평민당과 민주당은 1988년 서머타임제 실시를 앞두고 서머타임제 폐지를 주장했다. 그러나 각각의 입장은 다소 차이가 있었다. 평민당은 올림픽 기간에만 한시적으로 실시하고 이후에는 폐지하자고 했고, 민주당은 강제적인 시행에 반대하면서 폐지를 요구했다. 민주당은 폐지 이유로 "교통사고의 증가, 노동생산성 저하, 부당 근로시간 연장" 등을 들었다.[59] 하지만 1988년 서머타임제 실시를 앞둔 시점에서는 당장 폐지하자는 의견보다는 올림픽 기간 동안 한시적 시행을 하되 이후의 존속에 대해서는 반대한다는 의견이 대부분이었다. 이는 서머타임제가 올림픽에 유리하게 작용하리라는 점에 대해 사회적으로 어느정도 합의가 이루어졌기 때문이라고 할 수 있다.[60] 올림픽 기간 중의 서머타임제 실시에 대해서는 올림픽의 성공적 개최를 위해서라면 불편하지만 참아내야 할 '사회적 비용' '사회적 부담' '투자'라는 사회적 동의가 어느정도 이루어진 것이다.[61]

그런데 국민 불편을 담보로 해서 미국으로부터 받은 중계료가 헐값이라는 보도가 이어지자,[62] 서머타임제의 일방적이고 강제적인 시행이라는 과정상의 문제를 넘어서 시행 자체에 의문을 표시하는 의견까지 나왔다. 서머타임제 도입으로 인해 겪어야 하는 불편이 생활상의 불편을 넘어 민족적 자존심을 건드리며 반미 감정과 함께 시간주권 문제로까지 나아가게 되었다.[63] 올림픽 폐막 이후 서머타임이 종료되자 1987년과 1988년의 서머타임제에 대해서 주체성을 상실한 시간제도라는 비판이 일기 시작했다. 서머타임제는 올림픽 중계권료를 위해 국민의 시간을 저당잡힌 시간제도였다는 것이다.[64] 한 시민은 기고를 통해서 서머타임제의 도입을 '비주체적'이라고 비판했다. 서머타임제는 국민들에게 필요하지도 않고 피곤만 가중시키는 시간제도인데, 정부가 거짓으로 국민을 속여 국민의 일상시간을 동원했다는 것이다.[65]

　서머타임제에 대한 국민의 반응은 서머타임제 실시 이전과 이후, 올림픽 개최 시기와 폐막 이후가 각각 달랐다. 도입 이전의 설문조사에서는 찬성 쪽이 우세했다. 1985년에 실시한 설문조사에서는 도시 중산층의 71%가 찬성하고 21.5%가 반대하는 것으로 나타났다. 찬성 이유는 여가 시간 증가 등 시간 활용의 효율성이었다.[66] 이는 당시 사람들이 시간 이용의 효율성에 많은 관심과 기대가 있었음을 보여준다. 그러나 서머타임 시행 중인 1987년 7월에 행한 설문조사에서는 반대가 더 많아졌다. 찬성이 39.5%이고 반대가 47.1%였다.[67] 서머타임제에 대한 찬성과 반대 비율이 역전된 것은 서머타임제 실시가 시간 이용의 효율성보다는 생활리듬에 혼란을 주고 수면시간을 줄이고 노동시간을 연장시키는 등 부정적인 결과를 초래했음을 의미한다. 그리고 올림픽 폐막 이후에 서머타임제의 존속 여부를 묻는 설문조사에서는 반대 62%, 찬성 20.4%라는 결과가 나왔다.[68] 이는 서머타임제 실시 이전과는 정반대의 결과였다.

　〈그림 8-4〉는 서머타임제에 관한 찬반 비율의 변화를 그래프로 표시한 것이다. 첫번째는 서머타임 실시 전인 1985년에 실시한 여론조사의 결과이고, 두번째는 서머타임 시행 중에 행해진 조사의 결과이며, 마지막 것은 1987년과 1988년 2년에 걸쳐 서머타임제를 실시한 후 그 존속 여부를 물은 조사의 결과이다. 실시 전과 실시 후에 국민의 여론이 정반대로 변

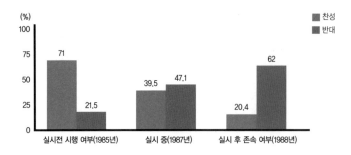

그림 8-4 서머타임제 실시에 대한 국민 여론의 변화[69]

한 것은 서머타임제가 기대를 충족시키지 못했다는 사실과 서머타임제
실시가 정부가 제시한 본래 목적을 위한 것이 아님에 대한 반감의 표시,
그리고 서머타임제와 생체리듬 간의 불일치를 경험한 결과로 보인다.

  결국 총무처는 올림픽이 끝나자마자 공식적으로 서머타임제 도입이
올림픽과 관계있었음을 인정하고 비판적 여론을 반영해 서머타임제 폐
지를 검토하겠다고 밝혔다.[70] 그리고 서머타임제는 1989년 5월 8일자로
대통령령에 의해 폐지가 결정되었다.[71]

> 당초 일광절약시간제 실시의 주요 목적 중 하나가 88 서울올림픽 대회
> 의 성공적 완수를 지원하는 데 있었던 점을 감안, 올림픽이 성공적으로
> 끝난 현 시점에서 동 제도 계속 실시를 반대하는 대다수 국민의 여론을
> 수렴하여 금년부터 이 제도를 폐지하고자 함.[72]

  1980년대에 두번에 걸쳐 시행된 서머타임제는 신군부 정권이 국가 차
원에서 올림픽 행사를 '성공적으로' 치르기 위해 국민의 일상시간을 동
원하고자 한 것이었다. 그러나 서머타임제가 신군부 정권의 의도대로만

학생들의 시위에 대비, 연일 비상근무를 하고 있는 서울대 교직원들은 서머타임으로 큰 곤혹을 치르며 울상. … 서울대생들은 최근 시위를 마치고도 교내 아크로폴리스에 모여 토론을 갖고 하오 9시가 되어도 해산하지 않는 등 서머타임 실시 이후 학생 시위 시간이 대체로 1~2시간 정도 연장됐기 때문. 이에 대해 본관 정문을 지키는 한 교직원은 "학생들의 시위가 있는 날이면 하오 11시가 되어야 퇴근할 수 있다"면서 "학생 시위가 있는 날은 서머타임을 역으로 시행했으면 좋겠다"고 푸념.

그림 8-5 서머타임으로 늘어난 시위시간에 대한 만평과 기사 내용[73]

이용된 것은 아니었다. 역으로 현 정권에 저항하는 세력들의 시위시간이 연장되고 야간화되어 시위가 확산되는 결과를 가져왔다.[74] 이는 시위에 대한 신군부 정권의 부담감과 피로감을 높였다. 〈그림 8-5〉는 서머타임으로 인해 대학생들의 시위시간이 연장되어 그것을 관리해야 하는 대학 교직원들이 퇴근하지 못하는 장면을 다룬 신문의 만평과 기사이다.

1980년대에 재도입된 서머타임제는 국민으로 하여금 표준시 운용에 대한 통치자의 독점권 행사에 대해 시간주권을 인식하고 주장하는 계기가 되었다. 이전까지 국가의 표준시를 결정하고 그것을 조정하는 권한은 국가의 최고지도자 혹은 몇몇 권력집단에게만 독점되어 있었다. 하지만 1980년대의 국민은 시간주권의 운용과정에 대해 문제를 제기하기 시작했다. 당시의 사람들은 국가의 지도자가 국제표준시를 운용해 국민의 일상시간을 동원하고자 할 때에는 반드시 사회적 합의가 있어야 하며, 국가적 차원에서 국민의 시간은 지도자 개인이 아닌 국가 또는 민족에게 귀속되어야 한다고 주장했다. 이는 당시 시민사회가 시간주권에 대한 문제 제기를 할 수 있을 만큼 성장했음을 의미함과 동시에, 당시의 국민이 서머타임제를 경험함으로써 글로벌 시간체제와 로컬리티 시간체제 간의 괴리를 민감하게 느꼈음을 의미한다. 여기에는 아시안게임과 올림픽을 치르면서 얻게 된 민족적 자부심도 영향을 미쳤을 것이다.

한편으로 표준시 운용에 대한 국민의 강한 의사 표현은 민족적 자부심의 표출 이외에도, 대한민국의 일상시간이 글로벌 시간체제와 직접 맞부딪치면서 피(彼)와 아(我)의 경계가 선명해진 것에 따른 사회적 위기감의 반영이라고도 볼 수 있다. 일제강점기에는 글로벌 시간체제와 일상적 시간체제 간의 맞부딪침이 식민지 조선의 민족주의를 강화시켰다면, 1980년대에는 서구(그중에서도 미국) 대 대한민국 간의 대립구조를 부각시킴으로써 민족정체성을 추동함과 동시에 서구의 글로벌 시간체제에 대해 거부감을 가지게 했던 것으로 보인다. 그때로부터 30여 년이 지난 2019년 현재까지 서머타임제 도입이 여러 차례 검토되었고 앞으로도 검토되겠지만, 그때의 부정적인 인식 때문에 쉽게 도입하지는 못할 것이다.

9. 국가의 공식시간과 국민의 생활시간

　국경일, 법정기념일, 법정공휴일 제도는 근대적 국민국가를 구성하는 여러 요소 중 시간이란 차원에서 국가의 정체성을 드러내고, 국가와 국민의 일체감을 기념하고 상징화하는 기제이다.[1] 하지만 근대국가의 형성과정에서 국민국가의 선언과 국민의 형성 사이에는 시간차가 존재하기 때문에 국가의 시간과 국민의 시간이 동기화(同期化)하고 일치하기까지는 다양한 시간체제가 경합할 수밖에 없다. 특히 대한민국처럼 근대화 과정에서 일본 제국주의의 식민화와 미군정의 통치를 거치고 오랫동안 분단국가로 존재하고 있는 상황에서 이는 더욱 복잡다단할 수밖에 없을 것이다. 한국의 명절은 그런 역사 속에서 일관되게 공식적인 시간제도 밖에 존재해왔다. 설과 추석이 음력체제를 유지한 채 '명절(名節)'이란 이름으로 근대적 국민국가의 시간제도로 자리한 것은 1980년대에 들어서 부터이다.

국경일과 법정공휴일: 근대적 국민국가의 명절

국경일은 국가의 역사에서 중대하고 경사스러운 일을 기념하기 위한 날이다. 국가 기념과 국가 상징화의 시간제도 중 하나인 국경일이 최초로 도입된 것은 1895년이었다. 1895년에 고종은 공식적인 시간제도를 양력으로 일원화하고, 조선 황실의 기념일을 여덟개의 국가 경절 및 경일로 지정했다.[2] 그러나 조선에 대한 강제병합 이후 일본 제국주의는 조선 황실의 국경일을 모두 폐지하고 메이지 유신 이후 근대화한 일본의 국경일을 식민지 조선에 적용했다.[3]

대한민국의 국경일은 1948년 정부 수립 이후에 국회에서 제정한 '국경일에 관한 법률'에 의해 삼일절, 제헌절(헌법공포일), 광복절(독립기념일), 개천절 등 4개의 국경일이 법제화되었다. 이후 2019년 현재까지 한글날이 제5의 국경일로 2006년에 제정된 것 외에는 크게 달라진 것이 없다.[4] 국경일은 국가의 정체성과 주체성을 확고하게 드러내는 것이다. 따라서 그것의 유지와 존속은 국가의 정체성과 주체성에 대한 국민의 동의가 유지됨을, 그 변화는 국가 정체성과 주체성의 변화 방향을 간접적으로 보여준다고 할 수 있다.

그런데 국경일 제도는 근대적 국가의 시간체제이므로 양력일원화 원칙에 의해서 양력으로 표기되고 지켜졌다. 고종 때의 황실기념일뿐만 아니라 정부 수립 이후 대한민국의 국경일도 실제 발생일과는 상관없이 모두 양력체제를 따르고 있다. 삼일절·제헌절·광복절은 1919년 이후에 생긴 날로서 사회적으로 양력과 음력이 공존했을 때에 발생했다. 그러나 개천절과 한글날은 양력체제가 도입되기 이전의 일을 기념하기 위한 날이다. 그런데도 한글날은 양력으로 환산해서 정해졌고, 개천절 역시 그렇게

표 9-1 양력체제로 통일된 국경일[5]

국경일	양/음력	실제 발생일
삼일절	양력	양력 1919년 3월 1일
제헌절	양력	양력 1948년 7월 17일
광복절	양력	양력 1945년 8월 15일
개천절	음력 날짜를 양력으로 사용	법제화 이전에는 음력 10월 3일에 기념식
한글날	음력을 양력으로 환산	1446년 음력 9월 10일

하려고 했지만 당시 기술로는 불가능해서 그 날짜만을 취했다고 한다.[6]

법정공휴일 제도는 관공서의 휴일을 정하기 위한 것이다. 이 제도가 도입되기 전에는 태양력에 의한 24절기와 태음력에 의한 명절 등 세시에 따라 쉬었다. 즉 휴무는 국가나 한 지도자에 의해 결정되는 것이 아니라 자연적이고 자발적인 영역에 속하는 것이었다. 그런데 1985년 고종에 의해 근대적 개혁의 일환으로 양력체제가 도입되고 주휴제가 시행되면서[7] 휴무에 국가의 통제와 강제가 따르게 되었다. 이때 관에서는 쉬었지만 민에서는 쉬지 않아서 마찰이 있었다고 한다.[8]

대한민국 정부 수립 이후에는 1949년에 제정된 '관공서의 공휴일에 관한 규정'에 의해 법정공휴일(관공서의 휴일)이 대통령령으로 지정되었다. 하지만 그 규정에 의하면 국민은 공식적으로 설·한식·단오 같은 전통 명절 때 쉴 수 없었다. 추석은 추수감사절이란 이름을 통해서야 하루의 휴식이 허용되었는데, 왜냐하면 법정공휴일 제도는 근대적 국민국가의 시간제도로서 전통 명절은 전근대적 시간성을 대표했기 때문이다. 국가적 차원에서 전통 명절에 대한 이러한 부정과 배제는 1980년대 중반까지 지속되었다.

양력일원제 대 음·양력 이원제

고종은 연호를 '건양(建陽: 양력을 세움)'으로 정했고, 음력 1895년 11월 17일(개국 504년 11월 17일)을 양력 1896년 1월 1일(개국 505년 1월 1일)로 바꾸며 양력을 도입했다.[9] 이는 근대적 시간체제를 선택했음을 표방함으로써 조선이 자주국임을 선포하는 것임과 동시에 만국 공통의 시간체제를 따르는 근대적 국가로서의 개혁 의지를 보이기 위한 조치였다.[10] 하지만 국가의 공식적 시간은 양력이었으나 황실과 민간에서는 음력을 그대로 사용했기 때문에, 사회적으로 시간체제는 이중적으로 운용되었다. 따라서 명절을 음력으로 쇠는 것은 그대로 유지되었다.

그러나 순종은 즉위년(1907년)에 음력설을 폐지하고 그 이듬해에 표준시를 선포함으로써 이중적 시간체제를 더이상 공식적으로 허용하지 않았다.[11] 양력일원화와 표준시 채택을 통한 근대적 시간체제 안에서 명절은 공식적으로 존재하지 않게 되었다. 그리고 대한제국이 일본 제국주의에 강제 병합되면서 기존의 조선 명절과 대한제국 기념일 등은 모두 부정되었고, 일본의 국가기념일과 법정공휴일을 따라야 했다.[12] 국가의 공식적인 시간체제는 아니었지만 계속해서 민간에서 지켜져오던 시간체제인 절기와 음력은 일본 제국주의에 의해 철저하게 '구관(舊慣)'으로 비판받게 되었다. 음력설[13]을 명절로 쇠는 것은 '이중과세(二重過歲)'[14] 논란 속에서 억압되었고, 추석은 피식민국의 구관의 하나로 칭해졌다.[15] 그리고 한식은 그 본래 이름과 의미와 기능을 상실한 채 일본 제국주의의 기념일과 식목 행사에 동원되었다. 단오는 그 의미가 점차 약화되어가는 가운데 근대적 의미의 운동회 날이나 일제의 '시(時)의 기념일'(6월 10일)과 시기가 겹치면서 의미가 변화되었다.[16] 일본 제국주의는 식민지 조선에 근대적 기념일 제도를 도입하고 양력일원화를 강제하면서 근대화라는 명분으로 식민을 정당화했고, 제국 일본과 식민지 조선의 병합을 사회적 시간제도를 통해 확고히 하고자 했다.[17] 때문에 이 시기의 국가 기념과 상징화 시간제도는 식민화와 근대화의 양면성을 지니게 되었다.[18]

광복 이후 미군정과 대한민국 정부에 의해 식민지 시기의 국가기념일과 공휴일은 폐지되었다. 그러나 양력일원화는 근대화의 일환으로 유지되었다. 그 결과, 음력체제에 따른 세시와 명절 등 국민의 시간은 양력체제의 국가기념일과 법정공휴일 제도 안으로 들어갈 수가 없게 되었다. 고종 때까지만 해도 공식적인 한해의 시작은 국제표준시에 의거해 양력 1월 1일이었지만,[19] 제사와 기타 행사는 음력 1월 1일 설날에 행함으로써 비공식적으로 자연스럽게 이중과세가 이루어졌다. 따라서 이 당시 시간체제를 둘러싼 마찰은 그리 크지 않았다. 하지만 순종 이후 일제강점기를 거쳐 정부 수립 이후까지 양력일원제가 공식화되고 강제되면서 국가의 시간과 국민의 시간이 불일치함으로써 국가와 국민 간에 시간체제를 둘러싼 경합이 벌어지게 되었다.

법정공휴일 제도 밖의 전통 명절

1949년 6월 4일에 제정된 '관공서의 공휴일에 관한 규정'에 의해 법정공휴일에 포함된 날은 일요일, 국경일인 삼일절·헌법공포기념일(제헌절)·독립기념일(광복절)·개천절, 1월 1일~3일, 식목일, 추석(추수절), 한글절(한글날), 기독탄생일, 정부가 수시로 정한 날 등이다.[20] 조선시대부터 '4대 명절'로 일컬어져온 설·한식·단오·추석 중 설과 단오는 여기서 완전히 배제되었다. 단지 추석만이 추수절과 이름과 의미를 공유하며 법정공휴일이 되었고, 한식은 식목일이라는 근대적 기념일에 흡수되었다.[21]

국경일은 법률로 제정되는 데 비해 법정공휴일은 대통령령으로 규정된다.[22] 따라서 법정공휴일은 정권이 바뀔 때마다 정치지도자의 통치철학과 정권의 필요에 의해 변화를 보여왔다. 그런데 명절의 경우는 일관되게 근대적 국민국가의 시간제도인 법정공휴일에 공식적으로 편입되지 못했다. 근대적 국민국가는 세시나 절기가 아니라 국가와 국민의 형성에 필요한 국가 상징과 국가 기념의 날들을 필요로 했다. 그리고 나라마다 민족성을 드러내는 각기 다른 시간이 아니라 만국 공통의 시간에 의해 서로 교류하고 경쟁하기를 원했다. 대한민국은 정부 수립 이후 신생독립국으로서 글로벌 시간제도를 도입하고 세계체제에 편입되고자 했으므로 명절을 공식적 시간체제 안으로 받아들일 수 없었다. 이렇게 근대화라는 명분하에 명절은 계속해서 '민속'이나 '구습'으로 취급되었다.

표 9-2 1980년대 이전의 4대 명절 위상[23]

4대 명절	양력/음력	법정공휴일	중첩되는 근대적 기념일이나 공휴일
설	음력 1월 1일	×	1월 1일, 신정
한식	양력 4월 5일이나 4월 6일	×	기념식수일, 식목일
단오	음력 5월 5일	×	운동회, 시(時)의 기념일
추석	음력 8월 15일	△	추수절(추수감사절), 추석절

일제강점기 때의 양력일원화는 시간체제의 근대화·합리화의 일환임과 동시에 내선일체를 목적으로 한 식민적 시간제도였다. 일본은 조선의 음력설을 전근대적 시간체제를 상징하는 '구정(舊正)'이라고 칭하고, 형식적으로 양력설을 지키고 실질적으로는 음력설을 지키는 행태에 대해

'허례허식'과 '이중과세'의 폐습이라고 비판하는 등 조선인들의 음력 세수(歲首)를 강하게 제지했다. 조선인들이 음력설을 쇠지 못하게 하기 위해 학교에서 임시시험을 실시하고,[24] 방앗간 조업을 금하며, 설빔에 먹물을 뿌리는 일도 있었다고 한다.[25] 그러나 이러한 강력한 조치와 억압에도 불구하고 일제강점기 때 조선인의 3분의 2는 음력과세를 했다고 한다.[26]

일제강점기 때 설날을 둘러싼 일본과 피식민지 조선인 간의 대립 양상은 사회적 담론으로는 근대와 전근대의 경합처럼 보이기도 했지만, 일본 제국주의에 의해 근대적 시간제도가 강제됨으로써 시간주권과 관련해서 민족적 감정을 불러일으켰다.[27] 이는 다른 명절은 다른 날로 대체되지 않은 데 비해 음력설은 1월 1일로 대체되면서 공식적인 시간제도에서 완전히 배제되었기 때문으로 보인다. 그래서 당시 조선인들은 양력설을 '왜설(일본설)'이라고 칭하고 음력설을 민족적 상징처럼 여기게 되었다.[28]

그런데 음력 명절이 국가의 공식적 시간제도에서 배제된 것은 일제강점기 때만이 아니라 광복 이후에도 계속되었다. 광복 이후 정부가 수립되었지만 양력이 세계 기준이라는 점이 강조되고, 음력설은 전근대적 악습으로 취급되었다.[29] 현실에서는 음력으로 명절을 쇠는 사람들이 대부분임에도 불구하고, 광복 이후 양력일원화를 위해 음력 명절은 국가적·공식적 차원에서 계속 부정되었다. 이것은 명절 자체에 대한 부정으로까지 이어졌다. 새해의 시작은 음력설 대신 양력 1월 1일이 대신했고, 단오와 한식의 의미와 기능은 공식적으로 인정되지 않았으며, 추석의 경우는 '추수감사절'이라는 명칭이 함께 따라다녔다.

그러나 오랜 기간 일관되게 이어져온 정부의 양력일원화 방침에도 불구하고 국민들의 음력과세는 계속되었다. 이는 정부로서도 부인할 수 없는 현실이었다. 정부의 조사 결과 음력과세가 80%를 넘는 게 현실이었다.[30] 그래서 1980년대 이전에도 음력설을 다른 날로 기념해서 지키자는 타협안이 시도되곤 했고, 드물게나마 공식적인 논의도 있었다. 5·16쿠데타로 정권을 잡은 박정희 정부는 당시에 국민의 뜻을 따르되 양력일원화는 건드리지 않고 설날을 '농어민의 날'로 할 것을 검토하기도 했으나 "구정을 공휴일로 정한다는 것은 시대에 맞지 않을 뿐 아니라 여러가지 낭비가 뒤따른다"[31]는 이유로 무산시켰다. 그리고 1970년대(1975년과 1976년)에 논의된 음력설 공휴일화 역시 관철되지 않았다.[32] 국민의 대부분이 음력설 공휴제도를 원하고 있고, 실질적으로 음력 세수를 지키고 있는 현실을 인정하면서도, 이중과세 방지와 국가 근대화 및 발전을 위해 음력설 공휴일화를 거부했다. 이러한 흐름은 1984년까지 지속되었다.

추석 역시 일제강점기 때 국가적 차원에서 부정되었으나 민간 차원에서는 계속 유지되었다. 추석은 일본 제국주의의 시간체제 밖에 존재하는 피식민국의 민속(구관)이었다.[33] 광복 이후 미군정기 때에는 추석을 임시 공휴일로 정해서 하루를 쉴 수 있게 했다.[34] 추석이 대한민국 정부에 의해 법정공휴일이 된 것은 1949년 '관공서의 공휴일에 관한 규정'에 의해서였다. 하지만 이때 추석은 그 의미가 확장되어 '추곡감사일'로 불렸으며 추수감사절의 의미를 포함하는 것이었다. 추석이 추곡감사일로 법정공휴일이 되면서 이전에 명절로 지켜져오던 추석은 '행락'에 소비되는 시간으로 치부되었다. 근대적 시간제도의 하나로 받아들여진 추석은 명절로서가 아니라 추수감사절의 의미를 지니는 것이었다. 이날은 농업국의 국민으로서 식량 증산에 매진하기 위해 추곡에 감사하고 노동의 의미를 깨닫는 시간이었다.[35] 때문에 민간에서는 '추석' '한가위' '중추절' '가배' '추석절' 등으로 불렸지만, 법정공휴일로서의 추석에는 '추수절'이라는 명칭이 늘 따라다녔다.

한식은 성묘가 제일 많이 이루어지는 명절이었다.[36] 현재는 한식이 식목일과 중첩되어 있지만 일제강점기 때에는 식목과 분리되어 있었다.[37] 일제강점기 때 식수를 하는 날은 4월 3일로, 진무천황제라는 일본의 법정공휴일이었다.[38] 그러나 다른 세 명절과 달리 한식은 음력에 기반한 명절이 아니라 태양력에 의한 24절기 중 동지(12월 21일이나 22일)를 기점으로 105일째가 되는 날이기 때문에 보통 4월 5일 또는 6일로 날짜가 고정되어 있다. 광복 이전 일제강점기의 기념식수일은 1945년 제35회 행사를 마지막으로 폐지되었다. 이후 대한민국 과도정부는 미군정의 승인을 얻어 해방을 기념하는 식수행사를 1946년 4월 1일에 가졌고, 이듬해 4월 5일에 제1회 식목일 행사를 치렀다. 그리고 대한민국 정부는 1949년 '관공서의 공휴일에 관한 규정'에 따라 식목일의 날짜를 청명·한식과 겹치는 4월 5일로 정함으로써 한식을 근대적 법정공휴일 제도와 접목시켰다.[39] 이렇게 식목일은 양력설 연휴(1월 1일~3일), 추석(추수절), 한글날, 기독탄신일과 함께 국경일을 제외한 5개의 공휴일 중 하나가 되었다.

근대적 법정공휴일 체제에서 한식은 절기(청명)로서뿐만 아니라 명절로서의 의미나 기능을 공식적으로 가질 수 없었다. 그러나 식목일을 한식과 중첩시킨 것은 청명이라는 절기적 시간성과 한식이라는 명절의 시간성을 근대적 시간제도 안에 수용하기 위함이었다. 이것은 대한민국 정부가 한식이 본래 지니고 있는 조상 숭배의 의미와 기능을 인정하고, 국가적 차원의 산림녹화에 국민을 동원하기 위해 한식을 법정공휴일 규정에 접목한 것이라고 볼 수 있다. 이후 식목일은 한식과 연동되어 지켜졌고,[40] 4월 5일이 법정공휴일로 지정되면서 한식에 성묘하는 전통을 유지할 수 있게 되었다. 1980년대에도 한식은 성묘하는 날로 지켜졌다. 한식 때마다 성묘를 위해서 버스노선이 연장되었고, 일본에서 조총련계 재일동포 한식성묘단이 입국했다. 한식이 식목일과 겹쳐 공휴일인 경우에는 성묘객이 더 많았다. 한식과 식목일이 겹치지 않을 때에는 식목일에 성묘를 하는 바람에 한식날에는 묘지가 한산하기도 했다. 식목일이 법정공휴일이었기 때문에 그날은 식목일 행사와 성묘 행렬과 행락객으로 인해서 이동 인구가 급증했다.[41]

조선시대부터 4대 명절로 일컬어져온 설·한식·단오·추석은 대한민국 정부 수립 이후에도 '명절'이란 이름으로 국가의 공식적인 시간제도 안에 들어오지 못했으며, '구습' 또는 '이중과세' 담론 속에서 근대와 대비되는 '전근대성'을 대표하거나 근대화를 방해하는 '구관'으로 지적되곤 했다. 일제강점기에 이런 담론이 존재했던 것은 제국과 식민지의 관계로 이해할 수도 있지만, 대한민국 정부 수립 이후에도 이런 담론이 영향력을 행사했던 것은 대한민국 사회에서 국가 근대화와 산업화를 위한 담론이 우위를 점한 결과라고 유추할 수 있다.

1980년대 명절: 민속공동체로서의 국민 호명

1980년대 들어 명절과 관련해서 '이중과세론' 대신 '민속명절' 담론이 점차 우세하게 된다. 이전까지 대한민국에서 양력 1월 1일은 세계표준시의 기준에서 한해를 시작하는 날로 3일 연휴로 지켜졌고, 추석(추수절)은 서구 근대국가의 추수감사절과 그 의미를 공유하며 공식적인 공휴일 제도 규정에 따라 하루를 쉬었다. 그런데 한국의 명절은 제사와 연관되어 있다.[42] 따라서 명절에는 고향에 가서 성묘하고, 제사 지내고, 친지들을 만나고, 즐거운 여러 놀이와 행사를 하게 마련이다. 하지만 양력 1월 1일과 추석(추수절)에는 그러지 않았다. 국가적·공식적 새해 첫날과 추수를 감사하는 축제로서의 추석(추수절)과는 별도로, 대한민국 사람들은 음력 1월 1일을 설로 쇠고, 추석을 추수절이 아닌 한가위로 지내면서 며칠씩 쉬었다.[43] 즉 음력설과 경쟁한 양력 1월 1일 그리고 추석과 경쟁한 추수절은 각각 국제표준시의 새해 시작 시점과 국민축제날의 역할만 할 뿐 실질적인 국민의 정서나 일상과는 거리가 있었다.

대한제국기와 일제강점기 그리고 대한민국 정부 수립 이후의 시기를 거치면서 두가지 사회적 시간체제가 한 사회에 오랫동안 공존한 것은 국가의 시간체제와 국민의 일상적 시간체제 간에 계속 경합이 있었음을 보여준다. 이는 국가의 시간과 국민의 시간 간에, 그리고 글로벌 시간체제와 로컬리티의 시간체제 간에 괴리가 존재해 국가와 국민 간에 생활주기와 리듬이 일치하지 않았음을 의미한다. 그런데 1980년대에 들어서 명절에 대한 인식과 실천에서 국민의 의견이 수렴되면서 그것은 점차 민족적 색채를 띠게 된다.[44] 그 과정에서 4대 명절 중 단오를 제외하고[45] 설·한식·추석은 '관공서의 공휴일에 관한 규정'이라는 대통령령에 의해 민족적 명절과 법정공휴일로서의 위상을 확보하게 되었다.

국민 대다수는 국가에 의해 양력이 공식적 시간체제가 되고 이중과세가 허용되지 않았을 때에도 계속 음력설을 쇠었다.[46] 그래서 음력설 공휴 문제는 연말연시에 항상 논란이 되곤 했지만, 국가의 일관된 양력일원화 방침 때문에 공식적인 논의 대상으로 거론되는 경우는 드물었다. 그런데 1980년대에 들어서는 조금 다른 양상을 보이게 된다. 1980년대에 들어 음력설 공휴에 대한 사회적 논의가 거듭되면서 이 문제는 공론화되기에 이른다. 물론 그때마다 정부 차원에서는 일관되게 양력일원제를 천명했으나,[47] 이에 대한 논의는 멈추지 않았다. 그런데 이전과 달리 논의가 거듭되면서 양력체제와 음력 명절이 상징하는 근대/전근대, 합리/구습의 대립보다는 민족적 측면이 중시되면서 음력설 공휴에 대한 우호적 여론이 우세하게 되었다.

국민의 일상시간에서만 지켜져오던 명절이 국가의 공식적 시간체제 안에 자리잡게 되는 과정은 세 단계를 거쳐 진행되었다. 첫번째 단계는 1980년에서 1984년까지로 음력설을 공휴일로 하자는 공론화 단계이다. 두번째 단계는 1985년부터 1988년까지로 두차례에 걸쳐 '관공서의 공휴일에 관한 규정'을 개정하는 법제화 단계이다.[48] 이때 음력 1월 1일을 최초로 '민속의 날'이라는 명칭으로 법정공휴일로 정했고, 추석(추수절)은 아시안게임 개최로 인해 이틀 연휴가 되었다. 세번째 단계는 1989년에 설과 추석이 민속대명절의 위상을 되찾고 사흘 연휴의 법정공휴일이 된 민족대명절화 단계이다. 이때에 비로소 명절은 이중과세·구습·구관이라는 부정적 담론에서 벗어나 '우리 고유의 민속명절'[49] 즉 대한민국의 '민족대명절'로 자리잡게 된다.[50] 이때 음력 1월 1일은 '구정' '농어민의 날' '조상의 날' '민속절' '농번절' '민속의 날'이라는 다양한 이칭들로부터 자유로워져 비로소 '설날'이 되었다. 그리고 추석도 '추수절'이라는 복수 명칭을 떼어버리고 온전한 '추석'이 되었다. 오랫동안 근대적 국가 기념과 국가 상징화에서 배제되었던 설과 추석이 1989년에 '민족대명절'로서 공식적인 법정공휴일 제도 안에 자리잡게 된 과정을 정리하면 〈표 9-3〉과 같다.

명절의 공휴일화 첫 단계는 공론화 단계로 '서울의 봄' 시기에 구정 공휴일화 논의가 재점화되면서 시작되었다.[51] 당시 음력설 공휴 담론은 현실인정론과 민족명절론에 바탕을 두었다. 현실인정론은 현실적으로 음력설 세수가 지켜지고 있는 사실을 인정할 수밖에 없다는 주장이었다. 한

표 9-3 1980년대 설날 및 추석과 관련된 '관공서의 공휴일에 관한 규정' 개정과정[52]

	설				추석	
	양력 1월 1일		음력 1월 1일			
규정 (1949년)	3일 연휴	1월 1일~3일[53] 신정 양력설 왜설	구습 구정 음력설		1일 공휴	추석 (추수절)
1차 개정 (1985년)			1일 공휴	민속의 날		
2차 개정 (1986년)					2일 연휴	
3차 개정 (1989년)	2일 연휴	1월 1일, 2일	3일 연휴	설날 민족대명절	3일 연휴	추석

편 크리스마스와 석가탄신일이 공휴일인 데 비해 음력설은 공휴일이 아닌 사실과, 양력설이 '왜설'이라는 지적이 이어지면서 설날의 민족적 측면이 강조되었다.[54] 1980년 찬반 논쟁에서는 크리스마스와 음력설을 대비하며 백인사상과 황인사상을 비교하고, 크리스마스 공휴일 제도를 "자기상실과 백인숭배의 사대사상"이라고 비판하면서 음력설 공휴가 "배달민족으로서의 자아를 되찾는" 데 도움이 된다는 주장이 제기되기도 했다.[55] 그러나 정부는 1980년 1월에 음력설 공휴일화 논의에 대해 불가 입장을 분명히 밝혔다. 음력설 공휴일화는 "발전지향적인 시대 조류에 역행하고" 물가 상승, 생산 저하, 수출 둔화 및 이중과세로 기업과 가계가 압박받는 등 경제적 손실이 따르며, "정부 정책의 일관성과 근검절약 풍토 유도 등 국가 정책적인 측면"에서 문제가 있다는 이유에서였다.[56]

그런데 1981년 총선과 헌법안 국민투표 기간에 또다시 음력설 공휴 논의가 있었다. 각 당들은 제11대 총선에서 의석을 많이 차지하기 위해 음력설 공휴를 현실적으로 검토했다.[57] 당시 여당이었던 민정당도 구정 공휴를 정책으로 내세우기까지 했다.[58] 총선을 앞두고 음력설 공휴를 희망하는 대다수 국민의 표를 의식한 것이었다.[59] 그리고 총선 이후에도 공화당과 신민당, 한국국민당은 정부 여당을 압박하기 위해 정부에 음력설 공휴를 정식으로 건의하고, 신문도 이에 대한 찬반 논쟁을 다루는 등 적극적인 자세를 취했다.[60] 그러자 담당부서인 총무처는 28면에 달하는「신정과 구정: 구정 공휴 논의에 대하여」라는 보고서를 통해 그 불가 이유를 상세히 밝히고 앞으로도 입장 변화가 없을 것임을 분명히 했다.[61] 정부는 1982년의 설을 앞두고 '신정 단일과세'를 강력히 추진했다.[62] 그리고 1981년 때와 마찬가지로 1월 1일부터 1월 3일까지 연휴기간 동안 야간통행금지를 해제했다.

제12대 총선이 다가오던 1984년 연말, 여당인 민정당은 음력설 공휴를 정부에 재차 건의했다. 이는 1981년 제11대 총선 때 표를 의식해서 음력설 공휴를 민정당이 정책으로 내세웠던 것과 일맥상통하는 일이었다.[63] 그런데 정부는 이제까지 거듭해온 불가 방침을 바꿔서 음력설을 공휴일로 지정하기로 결정한다.[64] 이러한 정부의 입장 변경은 1975년에 박정희 정권이 유신헌법 재신임 국민투표를 앞두고 석가탄신일을 공휴일로 제정한 것[65]과 다르지 않다. 신군부 정권은 대다수 국민이 음력 1월 1일을 설로 쇠고 있는 현실과 음력설에 쉬고 싶어한다는 것을 인정하고 음력설을 공휴일로 지정함으로써 표를 얻기를 기대한 것이다. 이는 법정공휴일에 대한 규정이 통치자의 통치행위였기에 가능한 일이었다.

명절의 공휴일화 두번째 단계는 설날을 법정공휴일로 지정하고 추석을 이틀 연휴로 한 법제화 단계이다. 1985년 1월, 전두환 정부는 그해 2월의 총선을 앞두고 음력 1월 1일을 '민속의 날'이라는 명칭으로 법정공휴일로 지정했다.[66] 당시 음력 1월 1일을 공휴일로 지정하면서 '설날'이라고 부를 수 없었던 이유는, 그때까지만 해도 이중과세 논란이 지속되고 있었고, 양력 1월 1일을 공식적으로 새해 첫날로 지정한 기존의 국가 방침을 전면적으로 부정하기 어려웠기 때문일 것이다.[67] 당시 정부는 음력설을 '민속의 날'이라 칭하며 공휴일로 지정한 이유에 대해 "전통 민속문화를 계승·발전시키고 효경사상을 드높이기 위해"서라고 밝혔다.[68] 이는 이중과세라는 비판을 피하면서 음력설에 쉬고 싶어하는 국민의 욕구를 충족시키고자 한 타협점이라고 할 수 있다. 새해 첫날은 그대로 양력 1월 1일로 하되 조상에 대한 제사와 놀이는 '민속의 날'에 할 수 있게 함으로써 그 기능과 의미를 분리한 것이다. 음력설의 '민속의 날' 지정은 선거를 앞둔 선심성 공휴일 지정이기는 했지만,[69] 그만큼 당시 총선의 결과가 민심의 향방에 의해 좌우됨을 보여준 일이었다. 당시 신군부 정권은 국정 운영에서 국민의 동의와 공감이 필요했다. 이는 앞에서 언급한 1975년 석가탄신일의 공휴일화, 뒤에 언급할 1986년 추석 연휴를 위한 임시공휴일 지정 등과 같은 맥락에서 이루어졌다.

1985년에 대한민국 국민은 '민속의 날' 지정으로 하루를 더 쉴 수 있게 되었다. 그리고 1986년에는 쉴 수 있는 날이 하루 더 늘어났는데, 정부가 1986년에 하루 공휴였던 추석(추수절)을 연휴로 지정했기 때문이다. 총무처의 「추석절 연휴제 실시 검토」에서는 추석(추수절)을 연휴로 해야 할 필요성에 대해 다음과 같이 밝히고 있다. "추석 연휴를 바라는 국민 여론에 부응하여 국민적 화합·공감 분위기 조성에 기여, 고유 민속문화의 계승을 위한 축제일로 발전시켜 국민 사기를 진작하고 경로·효친 사상을 고양, 국민에게 명절을 내실있게 보낼 수 있는 시간을 부여하여 차례와 성묘, 친지 방문 등 보다 보람있게 추석절을 보내도록 편의를 제공"[70]하고자 한다는 것이다. 정부는 추석(추수절)을 연휴로 지정하면서 고유한 민속문화의 계승자로서 '국민'을 호명했다. 정부가 추석 연휴 지정을 통해서 추석을 대한민국의 고유명절로 인정하기는 했지만, 연휴 지정의 이유는 추석이라는 명절의 위상 때문이 아니라 추석(추수절)을 국민적인 축제일로 발전시키기 위함이었다.[71]

추석 이틀 연휴는 아시안게임과 관련되어 있다. 1986년 9월 18일(목요일)이 추석(추수절)이고, 9월 20일(토요일)이 아시안게임 개막일이었다. 기존대로 한다면 9월 18일 하루만 쉬어야 했지만, 19일을 휴일로 지정해서 아시안게임 개막일과 그 다음날인 일요일까지 나흘 연휴가 되도록 한 것이다.[72] 아시안게임 개막일인 9월 20일은 토요일로서 당시 주5일제가 실시되지 않았기 때문에 휴무일이 아니었지만, 목요일과 금요일이 추석(추수절) 연휴가 되면 토요일 포함 나흘간의 연휴가 자연스럽게 될 것이고, 그렇게 되면 그 사이에 들어 있는 아시안게임의 전야제와 개막일을 휴일 행사로 치를 수 있게 된다. 이를 통해 아시안게임의 전야제부터 개막일까지 국민의 관심을 제고할 수 있게 되는 것이다. 한편 이는 아시안게임으로 인해 대한민국에 쏠린 세계의 시선을 의식한 것이기도 했다.[73]

1986년 추석(추수절)의 연휴 지정은 아시안게임의 성공적인 개최를 위한 신군부 정권의 시간정치 중 하나였다. 이는 1986년 9월 4일 국무회의에서 추석 연휴와 서머타임제 실시를 함께 의결한 것만 봐도 알 수 있다.[74] 아시안게임과 서울올림픽의 성공적인 개최를 위해 추석 연휴와 서머타임제 실시가 결정된 것이다. 즉 추석(추수절)의 연휴화는 서머타임제 실시와 마찬가지로 근대적 시간체제에서 국민의 일상시간을 국익 또는 통치를 위해 동원하기 위한 하나의 수단이었던 것이다.

그런데 추석(추수절)은 이틀 연휴가 되었어도 '추수절'이라는 이칭을 벗어던질 수 없었다. 추석이 이렇게 복수명칭과 복수개념을 가지게 된 것은 미군정이 미국의 독립기념일과 추수감사절 및 크리스마스를 공휴일로 지정한다는 포고령을 통해[75] 미국의 국경일을 한국에서 그대로 지켰던 것과 관련이 있다.[76] 그러나 미군정기에는 추석과 추수감사절이 별개로 지켜졌던 것으로 보인다. 즉 미군은 자신의 근무규정에 의해 양력 11월 네번째 목요일을 추수감사절로 쉬었고, 대한민국 국민은 음력 8월 15일 추석을 휴일로 보냈던 것이다. 미군정은 1946년에 추석을 공휴일로 한다는 포고령을 따로 선포했다.[77] 물론 민간에서는 포고령과 관계없이 추석을 계속 지키고 있었다. 그런데 1949년 우리 정부가 '관공서의 공휴일에 관한 규정'에 의거해 추석을 법정공휴일로 규정할 때 "추석(추수절)"이라고 두가지 호칭을 병기(倂記)했다. 이는 추석을 세시풍속 중의 하나가 아니라 서구의 추수감사절처럼 추수에 대해 감사드리는 축제일과 동일시하려고 했던 것으로 보인다. 즉 1949년에 정부가 추석을 법정공휴일로 지정한 것은 전통적인 세시풍속으로서의 의미만이 아니라 시기는 다르지만 미국의 추수감사절과도 겹치는 개념이었다.[78]

명절의 공휴일화 세번째 단계는 1989년에 설과 추석이 고유명절로 법정공휴일 제도 안에서 사흘 연휴가 된 때이다. 1985년에 설은 '민속의 날'로 지정되긴 했으나 '설날'로서의 위상을 되찾지는 못했다.[79] 그런데 1986년에 추석이 '고유명절'로서 이틀 연휴가 되고, 음력설('민속의 날')이 공휴일로 자리잡자 음력설 연휴에 대한 요구와 '설날'이라는 명칭을 되찾아야 한다는 의견이 이어졌다. 신문의 독자들은 투고를 통해서 양력설의 공휴를 줄이는 대신 '민속의 날'의 공휴를 늘리고 이름도 '설날'로 바꾸자는 제언을 했다. 그러면서 설날과 추석이 고유의 '우리 것'임을 강조했다.[80] 이는 1980년대 대한민국 국민의 명절에 대한 인식과 정부의 명절 관련 정책에 대한 불만을 단적으로 보여준다.

이에 정부는 1989년 '관공서의 공휴일에 관한 규정' 개정안을 통해서 설날과 추석을 사흘 연휴의 공휴일로 변경했다. 다음의 개정 이유를 보면 고유명절인 설과 추석을 법정공휴일로 한 목적이 분명해진다.

민족 자존과 전통문화의 계승·발전을 바라는 국민의 여망에 부응하고, 고향을 찾는 국민의 편의를 도모하여 설날과 추석이 명실상부한 우리 고유명절의 민속명절이 될 수 있도록 하고, 국민생활 수준의 향상에 따른 여가선용 등을 위하여 공휴일을 합리적으로 조정하려는 것임.[81]

짧은 문장 안에 '국민'이 "민족 자존과 전통문화의 계승·발전"의 주체로서 세번이나 호명되고 있다. 신군부 정권은 민속공동체로서 대한민국 국민의 하나됨을 강조하며, '민속의 날'을 '설날'로 개칭하고 설과 추석을 '고유명절'로서 사흘 연휴로 한 것은 국민의 뜻에 따라 국민을 위해 이루어진 합리적인 행정조치임을 드러내고자 했다. 이는 관공서의 공휴일을 신설하고 폐지하는 대통령의 권력행사 과정에서 국민의 생활편의와 시간주권을 고려한 결과였다. 실제로 총무처는 '민속의 날'의 명칭 변경과 연휴화를 위해서 여론을 수렴해 보고서를 제출하기도 했다.[82] 이로써 90여년간 이어져온 국가와 국민 간, 근대와 전통 간의 설날을 둘러싼 시간정치는 '국민'과 '민족'이라는 이름으로 근대적 법정공휴일 제도 안에서 설과 추석이 우리 고유의 '민속명절'로 자리하는 것으로 마감되었다.

그런데 1985년에 음력설이 '민속의 날'이라는 명칭으로 법정공휴일이 된 데에는 총선이라는 정치상황이 있었던 것처럼, 1989년에 설과 추석이 사흘 연휴가 되면서 민족대명절이 된 데에는 노태우 대통령의 중간평가라는 정치상황이 작용했다. 그 때문에 선심성 연휴라는 비판도 있었다.[83]

결국 설과 추석의 민족대명절화는 민속문화의 계승자로서 국민을 호명함으로써 정치공동체로서의 국민화합을 꾀하는 신군부 정권의 시간정치의 일환이었다고 볼 수 있다.

1980년대에 설과 추석이 고유명절이라는 인식을 공유한 것은 설과 추석을 공식적인 국가의 시간제도 안에 안착시켰을 뿐만 아니라, 이전부터 법정공휴일로 지정되었으나 공식적으로는 명절의 의미가 배제된 식목일의 법정공휴일 폐지 논란에도 영향을 미쳤다. 식목일은 한식 명절의 의미와 기능을 내포하면서 1949년의 법정공휴일 규정 때부터 공휴일에 포함되어왔다. 그런데 1989년에 추석과 설날이 사흘 연휴가 되면서 식목일 공휴 폐지 논란이 일었다. 법정공휴일이 너무 많으므로 식목일을 법정공휴일에서 제외하자는 것이었다. 그러나 정부는 다른 공휴일을 줄이는 대신 식목일을 현행대로 공휴일로 유지하기로 했다.[84] 정부는 식목일을 공휴일로 계속 유지해야 하는 이유로 "식목일이 보통 청명, 한식과 겹친다"라는 점을 들었다.[85] 즉 정부는 공식적으로 한식을 명절로 인정하지 않았지만, 식목일이라는 근대적 국가기념일 안으로 흡수함으로써 한식이 국민의 일상시간 속에서 지니는 의미와 기능을 절충적으로 수용했던 것이다. 이렇게 식목일이 1980년대에 계속 법정기념일 및 법정공휴일의 지위를 유지함으로써 한식은 비공식적이지만 국가의 공식적 시간제도 안에 계속 존재할 수 있게 되었다.[86]

이상의 과정을 거쳐 대한민국 사회는 1989년에 일요일을 제외하고 역사상 가장 많은 19일의 법정공휴일을 가지게 되었다.[87] 1984년까지만 해도 민속명절과 관련한 법정공휴일은 반쪽 자리 추석(추수절) 하루뿐이었는데, 1989년에 이르러서는 설날과 추석이 그 자신의 명칭을 되찾고 가장 긴 법정공휴일이 되었다. 그리고 1975년부터 석가탄신일이 음력으로 법정공휴일이 되어 법정공휴일의 양력일원화 체제에 예외가 생기긴 했지만, 1980년대에 두 음력 명절이 최장 법정공휴일이 됨으로써 법정공휴일은 음·양력 체제로 이원화되었다.

두 명절의 법정공휴일화 과정은 국민의 실질적인 생활시간체제와 국민국가의 근대적 시간체제 간의 경쟁이 1980년대에 들어 점차 가능하게 되었음을 간접적으로 보여준다. 세시풍속을 지키는 관습과 국민국가의 시간 간에 불일치가 존재했을 때 이전에는 국민의 일상시간체제는 고려되지 않은 채 공식적인 시간체제에서 배제되었다. 왜냐하면 국가 주도의 근대화와 합리화에 중점을 둔 시간 담론이 국민의 생활시간 담론보다 압도적으로 우세했기 때문이다. 그런데 1980년대에 들어 '서울의 봄'과 민주화 이행기를 거치면서 정치권력의 입장에서도 국민의 실질적인 생활시간과 시간주권을 무시할 수 없게 되었다.

한편, '민속공동체' 구성원들의 요구로 전통적인 민속명절이 근대적 국민국가의 시간체제인 관공서의 법정공휴일 제도 안으로 편입된 것은 대한민국 사회가 민족정체성과 국가정체성이 강화되어 좀더 국민화합과 국민동원이 가능한 체제로 이행했음을 의미하는 것이기도 하다. 이는 1986년 아시안게임과 1988년 올림픽 개최로 높아진 대한민국 국민의 민족적 자부심과, 국민의 동의와 협력을 구해야 하는 정부의 현실적 필요가 만나 국민의 시간과 국가의 시간 간의 마찰, 대한민국의 시간과 만국 공통의 시간 간의 마찰을 근대적 시간체제 내에서 완화하고자 하는 사회적 합의를 이룬 결과라고 볼 수도 있다. 이렇게 1980년대에는 국가의 법정공휴일에 고유명절이 포함됨으로써 국가와 국민의 집단기억의 일치성이 강화되는 계기가 마련되었다고 할 수 있다.[88]

1980년대 법정공휴일의 시간정치

1980년대는 대한민국 역사에서 법정공휴일의 내용이나 그 일수에 가장 큰 변화를 보인 시기로, 1949년에 법정공휴일 제도가 생긴 이후 2019년 현재까지 법정공휴일이 가장 증가한 때이다. 1980년대 이전과 1980년대의 (임시공휴일을 제외한) 법정공휴일 변화를 정리하면 〈표 9-4〉와 같다. 대한민국의 법정공휴일은 1949년 최초의 규정 이후 계속 증가 추세를 보이다가 1989년에 이르러 19일로 가장 증가한 후 1990년에는 17일로 감소했다. 1990년에는 한글날과 국군의 날이 법정공휴일에서 제외되었기 때문이다.

1980년대에는 정부가 수시로 정한 임시공휴일 역시 다른 시기와 비교해볼 때 상대적으로 많았다. 임시공휴일 제도는 '관공서의 공휴일에 관한 규정' 중에서 정부가 그때그때의 필요에 의해서 관공서의 휴일을 지정

표 9-4 1980년대 이전과 1980년대 법정공휴일의 변화[89]

	연도	1949	1950~1955	1956	1975	1976
1980년대 이전	법정 공휴일수	11[90]	12	13	15	15
	변화내용 (증감일수)	제정	국제연합일 (+1)	현충일 (+1)	석가탄신일 어린이날 (+2)	국제연합일(-1) 국군의 날(+1)

	연도	1980~1984	1985	1986~1988	1989
1980년대	법정 공휴일수	15	16	17	19
	변화내용 (증감일수)		'민속의 날' (+1)	추석(추수절) 연휴(+1)	설날 사흘 연휴(+2) 추석 사흘 연휴(+1) 1월 1일, 2일(-1)

하는 제도이다. 1948년 정부 수립 이후 대통령 취임식, 대선일, 총선일이 임시공휴일로 지정되었다. 그리고 그밖에도 1공화국 때에는 1948년 12월 12일에 대한민국 정부가 '한반도의 유일한 합법정부'로 유엔의 승인을 받은 것을 기념해서 12월 15일을 임시공휴일로 지정한 적이 있고,[91] 1956년부터 1960년까지는 이승만 대통령의 탄생일인 3월 26일을 임시공휴일로 지정해서 쉬었다.[92] 그만큼 당시에는 대한민국 정부의 정통성이 중요했고, 초대 대통령 이승만 대통령의 위상이 높았음을 알 수 있다. 그리고 1960년대에는 4·19와 5·16 기념일이 임시공휴일로 지정되었다.[93] 이는 이전 정권의 부당성과 군사정변의 정당성을 부각하기 위한 기억정치였다고 할 수 있다.

한편으로 임시공휴일 제도는 그때그때 국가의 이름으로 집권자가 국민을 동원하거나 위무하기 위한 수단으로도 이용되었다. 1980년대에는 세 차례의 대통령 취임식과 두차례의 대통령 선거, 세차례의 총선과 두차례의 개헌투표가 있는 날이 임시공휴일로 지정되었다. 그리고 징검다리 휴일을 연휴로 만들기 위해서 1982년 10월 2일과, 올림픽 개막일인 1988년 9월 17일이 임시공휴일로 지정되었다. 1980년대의 임시공휴일을 정리하면 〈표 9-5〉와 같다.

1980년대에는 임시공휴일인 선거일, 투표일, 취임식이 상대적으로 많았다. 이는 그만큼 1980년대에 정치적 변동이 심했음을 간접적으로 시사하는 한편, 정국 운영에서 국민의 동의와 협력을 구해야 하는 경우가 많았음을 의미한다. 그리고 1982년의 추석을 연휴로 만들기 위해 지정한 임시공휴일과 임시공휴일로 지정된 올림픽 개막일은 임시공휴일이 국민위무용이나 국민동원을 위해 활용되었음을 단적으로 보여주는 사례이다. 전두환 대통령은 1982년 10월 2일을 관공서의 임시공휴일로 지정했다.

표 9-5 1980년대 임시공휴일[94]

연도	날짜	내용	비고
1980년	9월 1일	제11대 대통령 취임식	야간통금 해제
	10월 22일	새 헌법안 국민투표	
1981년	2월 11일	대통령선거인 선거일	간선제
	3월 3일	제12대 대통령 취임식	야간통금 해제
	3월 25일	제11대 총선	
1982년	10월 2일	징검다리 휴일을 연휴로	10월 1일은 추석, 국군의 날이면서 금요일이었고 10월 3일은 개천절이면서 일요일
1985년	2월 12일	제12대 총선	
1987년	10월 27일	개헌 국민투표	
	12월 16일	대통령 선거일	직선제
1988년	2월 25일	제13대 대통령 취임식	
	4월 5일	제13대 총선	
	9월 17일	제24회 올림픽 개막일	

10월 1일이 국군의 날이자 추석이면서 금요일이었고, 10월 3일은 개천절이면서 일요일이었다. 법정공휴일이 서로 겹치면서 원래 나흘이어야 할 휴일이 이틀만 있게 되었다. 그러자 중간에 끼어 있는 10월 2일을 임시공휴일로 지정해 연휴가 사흘이 되도록 했다. 징검다리 휴일 사이에 낀 날을 임시공휴일로 지정해서 연휴가 되도록 한 것이다. 그래서 1982년의 추석은 결과적으로 사흘 연휴가 되었다.[95] 당시 국무회의 의결안에 의하면 10월 2일은 다음과 같은 이유에서 임시공휴일이 되었다.

> 1982년 10월 2일을 전후로 하여 국군의 날과 추석, 개천절과 일요일 등 공휴일이 2배가 중첩되는 특수사정을 감안하여 그간 국민의 노고로 가뭄을 극복하여 이룩한 대풍의 기쁨을 함께 나누고 우리 민족의 고유명

절인 추석을 맞이하여 보람있게 조상 숭배토록 하기 위하여 10월 2일 토요일을 임시공휴일로 지정하려는 것임.[96]

이렇게 위정자들이 휴일이 겹쳐서 쉬는 기간이 줄어든 상황과 국민의 노고를 연관시키고 국민의 노고를 위무하고자 임시공휴일을 지정한 행위는, 마치 휴식이 국민의 마땅한 권리가 아니라 집권자에 의해 주어지는 시혜와 같다는 느낌을 들게 한다. 이렇게 대통령이 법률에 기초해서가 아니라 하나의 통치행위로서 국민의 휴일을 결정하는 것은 시간주권을 통치자가 독점한 때문이다. 그리고 이런 선례는 1989년에 익일휴일제를 대통령령으로 정하는 것으로 이어졌다. 익일휴일제란 공휴일이 휴일과 겹칠 경우에는 그 다음날을 휴무일로 한다는 것이다.[97] 그러나 이 제도는 그 다음 해에 폐지되고 말았다.[98] 이렇듯 1980년대에는 이전 시기 또는 이후 시기와 비교해봤을 때, 대통령이 통치의 필요와 국민의 여론에 부응해 법정공휴일 지정에 대한 권한을 많이 행사한 시기였다.

10. 국가의 기억과 기념의 시간정치

대한민국의 법정기념일은 1973년에 '각종 기념일 등에 관한 규정'에 의해 법제화되었다. 법정기념일은 '관공서의 공휴일에 관한 규정'과 마찬가지로 대통령령으로 정해진다. '각종 기념일 등에 관한 규정'이 만들어지기 전에는 각 부처별로 여러 훈령과 고시에 의해 기념일을 지정했기 때문에 중복되는 경우도 있었고 그 수도 많았다. '각종 기념일 등에 관한 규정'에 의해 모든 법정기념일은 동일한 법적 근거를 가지게 되었고, 유사 기념일들은 통폐합되어 53개의 법정기념일은 26개로 줄어들었다.[1] 하지만 이후 법정기념일은 점차 증가해 2019년 10월 현재 51개에 이른다.[2]

법정기념일은 대통령령으로 정하기 때문에 대통령이 어떤 대상과 역사적 사실을 국가의 집단기억으로 삼고자 하느냐 하는 정치적 판단에 따라 달라질 수 있다. 1980년대에 민주화 이행기를 거치며 도전을 받기 전까지 법정기념일의 규정 및 운용은 정부 또는 통치자의 독점적 권한에 속하는 일이었다. 그런데 1980년대 들어 시민사회가 발전하고 다양한 주체들이 등장함에 따라 국가기념일을 둘러싼 기억의 정치를 두고 서로 각축을 벌이게 되었다.[3] 1980년대에는 8개의 법정기념일이 재지정 또는 신규 지정되어 기념주체를 새롭게 호명했다. 그리고 기존의 법정기념일에 대해 국가와 기념주체 간에 기념의 내용을 두고 대립한 경우도 있었다. 이러한 과정을 통해서 1980년대 법정기념일은 민족정체성이 강화된 반면, 국가 주도의 법정기념일 규정은 도전받게 되었다.

1980년대 법정기념일

1980년대의 법정기념일은 1982년에 32개, 1984년에 33개였다. 1980년대에 들어서서 신설되었거나 재지정되었거나 그 성격이나 주체가 달라진 9개의 법정기념일을 정리하면 〈표 10-1〉과 같다.

1982년에 법정공휴일인 식목일, 어린이날, 현충일, 국군의 날, 한글날이 법정공휴일의 지위를 그대로 유지한 채 법정기념일이 되었다. 그리고 1970년대에 법정기념일에서 제외되었다가 1980년대 들어 법정기념일로 재지정된 것이 어린이날, 학생의 날, 국군의 날, 스승의 날 등이다. 스승의 날은 이전에 다른 법정기념일에 함께 기념되어오다가 1970년대에 폐지되었는데, 1982년에 독립적인 법정기념일로 재지정되었다. 그리고 어린이날과 국군의 날은 법정공휴일이 되면서 법정기념일에서 제외되었다가 1982년에 다시 법정기념일이 되었다. 그리고 1984년에는 학생의 날이 법정기념일로 재지정되었다. 1980년대에 신설된 법정기념일은 대한민국 임시정부 수립일이었다. 그리고 근로자의 날은 1980년대에 들어서 날짜와 성격이 변화했다.

표 10-1 1980년대에 새로 지정되었거나 재지정되었거나 성격이 변한 법정기념일[4]

	법정기념일	1980년대 이전	1980년대
1	한글날(10. 9.)	1949년 법정공휴일	1982년 법정기념일
2	식목일(4. 5.)	1949년 법정공휴일	1982년 법정기념일
3	현충일(6. 6.)	1956년 법정공휴일	1982년 법정기념일
4	스승의 날 (5. 15.)	1958년 법정기념일 1973년 '국민교육헌장 선포기념일'에 통합됨	1982년 독립적 법정기념일로 재지정
5	국군의 날 (10. 1.)	1956년 법정기념일 1976년 법정공휴일로 지정되면서 법정기념일에서 제외	1982년 법정기념일로 재지정 1990년 법정공휴일에서 제외
6	어린이날 (5. 5.)	1973년 법정기념일 1975년 법정공휴일로 지정되면서 법정기념일에서 제외	1982년 법정기념일로 재지정
7	학생의 날 (11. 3.)	1953년 11월 3일 '학생의 날' 지정 1956년 11월 23일 '반공학생의 날' 지정 1973년 폐지	1984년 법정기념일로 재지정
8	대한민국 임시 정부 수립일 (4. 13.)	1948년 제헌헌법에 명시 1962년 제3공화국 헌법에서 삭제	1987년 헌법에 명시 1989년 법정기념일 신설 결정 (관련법 개정은 1990년 1월 1일)
9	근로자의 날 (5. 1.)	일제강점기 1957년 3월 10일	날짜와 성격 변화(5. 1.) 민주노총이 별도로 행사

재호명된 기념 대상: 교원, 군인, 학생

　국가가 특정 대상을 기념하기 위한 법정기념일은, 그것을 규정하는 주체가 국가의 시간 속에서 그 대상을 호명함으로써 그 대상에게 무엇을 기대하는지를 여실히 드러낸다. 대한민국에서 법정기념일의 신설과 폐지는 대통령의 권한이므로 법정기념일의 운용과정을 보면 대통령이 어떤 대상을 어떻게 국가의 시간 속에 위치시키고자 하는지를 알 수 있다. 1980년 대 들어 기념할 대상으로 새롭게 '호명'된 집단은 교원·군인·학생 등이 었다. 이들은 1980년대 이전에 법적으로 기념된 적이 있었으나 1970년대 에 법정기념일에서 제외된 대상들이었다. 스승의 날과 학생의 날은 법정 기념일을 대폭 줄인 1973년 '각종 기념일 등에 관한 규정'에 의해 법정기 념일에서 제외되었고, 국군의 날은 1976년에 법정공휴일로 지정되면서 법정기념일에서 제외되었다. 그런데 1980년대에 들어서 세 기념일이 다 시 법정기념일이 되었다. 이는 당시 정부 또는 통치자의 입장에서 이 대 상들을 국가의 시간 속에 호명해야 할 필요성이 있었기 때문이다.

스승의 날은 1982년에 법정기념일이 되기 전까지 규정주체에 따라 계 속해서 다른 명칭으로 불리거나 다른 법정기념일과 함께 기념되었다.[5] 스 승의 날은 1973년에 서정쇄신(庶政刷新) 방침에 따라 교육 관련 기념일 들이 모두 국민교육헌장 선포기념일에 통합되면서 법정기념일에서 제외 되었다.[6] 그러다가 1981년에 한 중학교 체육교사가 제자를 유괴해 살인 한 사건이 사회적으로 큰 파장을 불러일으켰고, 이때 교사의 윤리가 문제 되었다.[7] 전두환 대통령은 1981년 제13회 국민교육헌장 선포기념일에 열 린 교육자대회에서 교원들에게 "꾸준한 자기혁신을 통해 새 시대의 새 교육자상을 정립해야 할 일차적 과제"가 있다고 말했으며, 교육자들은 "공동의 책임을 통감하고 새로운 자세로 사도(師道)를 가다듬어나갈 것 을 다짐했다."[8] 그리고 전두환 대통령은 1982년 국정연설을 통해서 1982년을 '교권 확립의 해'로 선언했다.[9] 이후 대한교육연합회(이하 '대한 교련'으로 약칭)의 요청에 의해 스승의 날은 국민교육헌장 선포기념일에서 따로 분리되어 법정기념일이 되었다.

정부는 1982년 5월 15일에 제1회 스승의 날 기념식을 열어 교육공로자를 포상하고 기념우표를 발행했다. 정부는 스승의 날을 법정기념일로 재지정한 이유에 대해 "스승 존경의 사회적 풍토를 조성하고 교권 확립에 관한 국민적 인식을 높이기 위하여"라고 밝혔다.[10] 하지만 이때 스승은 존경의 대상이 아니라 개혁의 대상이었다. 스승의 날은 이전에도 존재했지만 재지정한 1982년 5월 15일을 제1회 스승의 날로 기념한 사실은, 이제부터 국가적으로 기념할 스승은 윤리적으로 이전과는 다른 스승이어야 함을 강조하기 위해서였다. 대한교련은 당시 '사도헌장'과 '사도강령'을 선포하고 교사들에게 "교원들의 윤리·도덕관 및 국가관 확립"을 요구했다.[11] 교원들은 다음 세대에게 올바른 국가관을 교육할 주체로 거듭나야 하는 개혁 대상으로서 '스승'이란 이름으로 호명된 것이었다.[12]

국군의 날은 1956년부터 법정기념일이 되었으나 1976년에 법정기념일에서 제외된 대신 법정공휴일이 되었다. 북한이 1973년 제28차 유엔(국제연합) 총회에 참관국으로 활동을 시작한 것은 유엔이 사실상 북한의 존재를 받아들였음을 의미했다. 대한민국 정부는 이에 대한 항의 표시로 유엔의 날을 법정공휴일에서 제외하고 대신 국군의 날을 법정공휴일로 지정했다. 이는 당시 정부가 대북 관계와 관련해서 더이상 유엔의 도움을 기대하기 어렵다고 판단하고 북한을 상대하는 국군을 보다 가깝고 소중한 존재로 인식했기 때문으로 보인다.[13] 정부는 국군의 날을 법정공휴일로 지정한 것에 대해 "국군 창설에 대한 국민들의 의식"을 새롭게 하고 "국가 안보의식을 고취시키기 위함"이라고 밝혔다.[14]

그러나 국군의 날은 법정기념일이든 법정공휴일이든 그 법적 지위와는 상관없이 대통령이 참석하는 대대적인 행사로 계속 치러졌는데, 그날에는 시가행진과 불꽃놀이와 포상이 이루어지곤 했다. 이렇듯 국군의 날은 그 법적 지위와는 상관없이 대한민국 사회에서 늘 중요한 국가기념일이었고, 군인은 나라를 지키는 주체세력으로 존재했다. 예외적으로 1980년에는 국군의 날 행사 예산을 축소하기도 했는데,[15] 이는 군사정변에 의한 정권 교체에 대한 국민들의 반감을 의식했기 때문으로 보인다. 하지만 1981년 제5공화국 출범 이후 처음 맞이한 국군의 날 행사는 최대 규모로 치러졌고, 군인은 "전쟁의 위협으로부터 나라를 지키는 방패"로 호명되었다.[16] 그리고 이듬해에 국군의 날은 법정기념일로 재지정됨으로써 법정공휴일이자 법정기념일이라는 두가지 법적 지위를 가지게 되었다.

당시 국군의 날 행사 목적은 "국군의 위용 및 전투력을 국내외에 과시하고 국군 장병의 사기를 높이기 위한 행사"라고 규정돼 있었다.[17] 1982년에 국군의 날을 법정기념일로 재지정한 것은, 국민들에게 국군의 존재를 새롭게 인식시키고 국가 안보의식을 확고히 하기 위한 1976년 법정공휴일 지정 때와는 달리, 대외적인 과시까지 염두에 둔 것이었다. 이는 아시안게임과 올림픽 개최를 앞두고 안보의식을 제고해 국민 내부의 결속을 다지는 한편, 군인들의 사기를 진작시켜 임무에 충실케 하기 위함이었다. 그리고 1984년부터 국군의 날에는 다른 법정기념일과 달리 국경일처럼 국기를 의무적으로 게양해야 했다.[18]

광주학생운동의 날은 1953년부터 법정기념일로 지정되어 지켜져왔는데, 1973년에 각종 기념일이 통폐합될 때 이날은 학생들의 정치토론장이 된다는 이유로 폐지되었다.[19] 그런데 1982년 일본 역사교과서 왜곡사건이 일어나고 유신잔재 철폐 여론이 형성되면서 학생의 날 부활 논의가 각계에서 일기 시작했다.[20] 그리하여 학생의 날을 재지정할 필요성과 어떤 성격의 학생운동을 기념할 것이냐를 두고 각 주체들 간에 각축이 있었다.[21] 당시 학생의 날 행사는 광주에서만 행해졌을 뿐 전국적인 행사가 없었다. 그러나 민한당이 제출한 학생독립운동기념일안은 여야의 합의를 보지 못했다.[22] 이후 세가지 학생의 날, 즉 1929년 11월 3일 일본 제국주의에 저항한 광주학생운동을 기념하는 날, 1945년 11월 23일 공산주의에 저항한 신의주반공학생운동을 기념하는 날, 1960년 4월 19일 권력의 부정부패에 저항한 4·19학생운동을 기념하는 날이 경합을 벌이게 되었다.

그 세가지 중 결국 11월 3일 광주학생운동을 기념하는 날이 선택되었다.[23] 이는 1980년대 들어 일본의 역사왜곡 사건이 벌어지고 일본에 대한 대항의식이 점차 커지면서 민족적 의식이 고취되었기 때문이다. 여러 학생의 날 후보 중에서 11월 3일은 당시 발생했던 일본의 역사왜곡 사건과 독립기념관 건립운동이라는 사회적 분위기와 맞닿아 있었다.[24] 당시 정부는 학생의 날을 법정기념일로 재지정한 이유에 대해 "학생독립운동의 정신을 계승·발전시켜 학생들에게 자율력 향상과 애국심을 함양시키기 위하여"서라고 밝히고 있다.[25] 1980년대 들어 독립정신을 계승하고 발전시켜나가야 할 주체로서 학생이 다시 조명받게 된 것이다. 학생의 날 재지정을 통해 학생이 독립항쟁의 주체로서 재정의되었으나, 당시 학생들은 민주화운동의 중심에 서 있었다. 그래서 학생의 날은 기념 주체와 대상이 분리된 법정기념일이 되었다.

이상 세가지 법정기념일은 1980년대에 재지정되었다는 공통점이 있지만, 스승의 날이나 학생의 날과 국군의 날은 그 위상이 서로 달랐다. 스승의 날이나 학생의 날은 스승 또는 학생이라는 존재의 소중함을 깨닫고 그것을 축하하고 그 위상을 제고하기 위함이라기보다는 교사의 윤리의식과 학생의 독립정신을 확립하기 위한 것이었다. 즉 당시 교사와 학생은 1980년대의 새로운 국가적 기대에 부응하기 위한 개혁 대상으로 호명된 것이었다.[26] 1980년대 들어 스승의 날과 학생의 날은 법정기념일이 되었지만 전국적인 규모의 기념식은 치러지지 않았다. 대통령이 이들 기념일에 참석하거나 치사한 적이 없음은 이들 기념일이 차지하는 사회적 위상과 비중을 말해준다. 그에 비해 국군의 날은 해마다 대대적으로 거행되었고, 1986년까지 대통령이 매해 참석해 치사를 했다.[27] 그리고 군 통수권자인 대통령의 모습이 카드섹션으로 그려지기도 했다. 하지만 국군의 날은 1989년에 대두된 공휴일 재조정 필요성에 의해 1990년부터 법정공휴일에서 제외되고 법정기념일의 지위만 유지하게 되었다.[28]

새로운 국가 기억과 기념 주체: 학생, 노동자, 대한민국 임시정부

1980년대 들어 학생의 날을 재지정하는 과정을 거치면서 정부 및 대통령의 독점적 권한이었던 법정기념일의 규정과 운용은 도전을 받게 되었다. 1980년 중반에 이르면 학생과 노동자는 더이상 통치자의 국가기념일 지정에 의해 호명받는 수동적인 대상에 머무르지 않게 되었다. 1980년대에 들어서자 폐지된 학생의 날을 법정기념일로 재지정하자는 건의가 잇따랐고, 그 과정에서 여러 학생의 날들이 법정기념일 자리를 두고 경합을 벌였다. 그리고 일제강점기부터 지켜져오던 근로자의 날은 그 명칭과 날짜와 의미에 대한 도전을 받게 됨으로써 국가와 노동계가 나뉘어 기념하는 일이 발생하기도 했다. 또한 6·10항쟁을 통해 이룬 민주화 이후 새로운 헌법에 대한민국 임시정부의 법통을 이어받는다는 조항을 명기했는데, 이에 대한 후속조치로서 제헌절과 정부수립일을 임시정부의 그것으로 바꿔야 한다는 의견이 제기되기도 했다.[29] 이는 이전까지 국가의 시간 속에서 기념되던 대상이 수정되어야 함을 의미한다.

먼저 학생의 날 재지정 과정을 살펴보자. 1973년 이전에는 학생의 날과 반공학생의 날이 병존했다. 그런데 1973년에 '각종 기념일 등에 관한 규정'에 의해 법정기념일이 대폭 줄어들면서 모두 폐지되었고, 4·19학생의거의 날만 법정기념일이 되었다. 이후 학생의 날 부활 논의가 계속 있었지만, 1984년에 이르러서야 국회 내무위의 건의에 따라 법정기념일로 다시 지정되게 되었다.

표 10-2 국가의 이름으로 기념된 세 종류의 학생의 날[30]

		광주학생운동	신의주반공학생운동	4·19학생운동
내용	기념 날짜	1929년 11월 3일	1945년 11월 23일	1960년 4월 19일
	항거 대상	일본 제국주의	소련 공산주의	부패정권
	장소	광주	신의주	서울 등 전국 주요 도시
	의미	독립정신	반공정신	민주주의
신설/ 병존	1953년	'학생의 날'		
	1956~1972년	'학생의 날'	'반공학생의 날'	
폐지/ 신설/ 명칭 변경	1973년	폐지	폐지	'4·19학생의거의 날'
	1984년	'학생의 날'		1994년, '4·19혁명기념일'
	2006년	'학생독립운동기념일'		

그런데 학생의 날 부활을 논의하던 시점에서 학생의 날이 가지는 성격은 분명하지가 않았다. 왜냐하면 성격과 내용이 각각 다른 광주학생운동의 날, 신의주반공학생의거의 날, 4·19학생의거의 날 중에서 하나를 선택해야 했기 때문이다. 이는 학생의 날 재지정의 목적이 "학생들의 독립정신과 애국심을 기르기 위해서"[31]인데, 이전의 학생의 날은 〈표 10-2〉에서 보듯이 각각 다른 항거 대상을 가지고 있었음에도 불구하고 국가적으로 기념되는 과정에서 모두 '애국'으로 그 의미가 변용되었기 때문에 벌어진 일이었다.[32]

그림 10-1 1960년대에 발행된 두개의 학생의 날 기념우표[33]

이처럼 학생이라는 존재를 국가적으로 어떻게 호명하느냐에 따라 세 종류의 학생의 날이 경합을 벌였다. 광주학생운동의 날과 신의주반공학생운동의 날은 1973년에 폐지되기까지 병존하면서 서로 경쟁했다. 먼저 1967년에 광주학생독립운동을 기념하는 우표가 발행되었는데, "광주학생 독립기념탑과 그 당시의 울분"을 도안으로 표현한 것이었다. 그리고 그 다음해인 1968년에는 신의주반공학생의거를 기념하는 우표가 발행되었다. 그 도안은 신의주반공학생의거 기념탑과 함께 남녀 학생이 횃불을 들어 공산주의의 쇠사슬을 끊는 장면을 형상화한 것이었다.[34] 광주학생운동의 날은 학생들의 일제에 대한 독립정신을, 신의주반공학생운동의 날은 학생들의 반공정신을 기념하기 위한 것이다. 하지만 11월 3일 학생의 날을 기념하는 우표는 광주학생독립운동의 독립정신을 '애국심'으로, 당시 학생들을 "애국·애족의 화신"으로 기념하기 위함이었고, 당시 학생의 날은 '분단' 현실 속에서 "조국 통일의 결의"를 다지는 날이라는 의미를 담고 있었다. 그리고 신의주반공학생의 날 우표 발행은 당시 학생들을 "민족의 자유와 평화의 보위자"로 기념하고, 이 학생의 날을 "반공 투쟁을 길이 기념하는" 날로 의미를 두었다.[35]

박정희 정권은 두 기념일을 모두 국시인 반공을 위해 활용했는데, 광주학생운동을 "공산 침략으로부터 국토를 방위한 호국의 간성(干城)"의 원동력으로 지칭했다.[36] 하지만 광주학생운동은 1929년 11월 3일에 당시 지배세력인 일본과 피식민 국민 간의 기념일을 둘러싼 대립 때문에 발생했다. 당시 11월 3일은 일본의 경우 메이지 일왕의 생일을 기념하는 국경일인 명치절(양력)이었으나, 피식민 조선인에게는 빼앗긴 나라의 기원을 기념하는 개천절(음력 10월 3일)이었던 것이다. 일본은 학교 교육을 통한 황국 신민화를 위해 그날 학생들을 집합시켜 일본 국기를 게양한 상황에서 키미가요를 부르게 하고 신사참배를 시켰다.[37] 하지만 1929년 명치절 기념식에 참석했던 광주의 학생들은 키미가요도 부르지 않았고 신사참배도 하지 않았다.[38] 그리고 가두시위와 동맹휴교 등을 통해 일본 제국주의에 항거했다. 광복 이후 그날을 기념해 기념식·강연·운동경기 등 다양한 행사들이 펼쳐졌다.[39] 그리고 1953년 10월에 제2대 국회가 이 11월 3일을 학생의 날로 지정하면서 그 의미는 더욱 강화되었다. 그런데 박정희 정권은 일본 제국주의에 대한 항거를 반공과 연결시킨 것이다.

박정희는 광주학생운동을 근대화를 위해서도 활용했다. 광주학생들의 저항이 의미있는 것은 "그 당시의 시대적 요구와 국가적 과제에 부응했다는 그 사실"이라며 "저항이 아닌 참여"와 "부정 아닌 긍정, 대결 아닌 협동"을 학생들에게 요구했다. 그러면서 학생들을 "자립경제 건설과 조국의 근대화라는 국가적 과제를 이어받아 이를 매듭지을 참된 역군"으로 호명했다.[40] 이를 통해 학생운동은 애국운동의 의미를 띠게 되었는데, 정치지도자의 이념에 따라 그 의미가 변형, 확장되었음을 알 수 있다.

박정희 정권은 1971년부터 학생의 날에 국가 차원의 행사나 치사를 생략했고,[41] 1973년에 학생의 날을 법정기념일에서 제외했다. 그리고 1970년대 말에 사회 각층에서 학생의 날을 부활해야 한다는 의견이 있었으나 수용하지 않았다. 그런데 신군부가 집권한 뒤 1982년부터 다시 학생의 날 부활 움직임이 일어났고, 결국 1984년에 광주학생운동을 기념하는 날이 학생의 날로 지정되어 법정기념일이 되었다.[42] 그러나 정부에서는 학생의 날을 기념하는 일에 소극적이었다. 이날을 기념하는 대통령의 치사도 없었고 전국적인 행사도 없었다.[43] 이는 정부가 사회적 요구에 의해 학생의 날을 다시 지정하기는 했지만, 그 의미 부여에 대해서는 부정적·소극적이었음을 보여준다.

그러나 1984년에 부활된 학생의 날은 더이상 대통령의 치사를 듣는 날이 아니었다. 당시 학생의 날은 대학생들이 정권에 저항하는 '시위의 날'이었다.[44] 학생의 날 부활 첫해부터 학교 당국은 학생들의 시위를 우려해서 휴교를 결정했다. 서울대는 학생의 날에 대학생들이 여러 대학과 연합해서 '반독재민주화촉진축제'를 열기로 했다는 소식에 휴교를 단행했다.[45] 그날 서울 주요 대학의 학생들은 연세대학교에서 모여 전국대학생대표기구회의(전대의)와 그 투쟁기구로서 민주화투쟁전국학생연합(민투학련)을 결성했다.[46] 그리고 1988년 학생의 날에는 대학생들이 전두환 대통령 체포대를 결성해서 연희동을 찾았고, '전·이구속범시민결의대회'에도 참석했다.[47] 1980년대에는 이렇듯 대통령의 자의에 의해 국민을 특정 대상으로 기념하고 호명하는 일방통행적 법정기념일 운용에 강력한 제동이 걸렸다.

근로자의 날은 국가 기념과 기억을 둘러싸고 정부와 그에 도전하는 주체 간의 대립이 잘 드러나는 대표적인 사례이다. 2019년 현재 5월 1일에 기념되는 근로자의 날은 시대에 따라, 또는 그것을 기념하고자 하는 각 주체에 따라 그 명칭과 날짜를 다르게 정해서 지켜왔다. 누가 무엇을 기념하느냐에 따라 '메이데이' '노동절' '근로자의 날'이란 명칭 중 하나를 선택했고, 3월 10일(대한노총 창립일)과 5월 1일(메이데이) 중 한 날짜를 정해서 지켰다.

표 10-3 근로자의 날의 기념주체에 따른 명칭과 날짜 변화[48]

시기	주체	명칭	날짜	비고
일제강점기 1923년	1923년 조선노동연맹회	'메이데이'	5월 1일	금지
1945년	조선노동조합전국평의회			1948년 금지
	대한독립촉성노동총연맹			계속
1959년	대한노총	'노동절'	3월 10일	날짜 변경
1963년	정부	'근로자의 날'	3월 10일	명칭 변경
1989년	한국노총	'메이데이'	5월 1일	별도로 기념
1995년	정부	'근로자의 날'	5월 1일	하나로 통일됨

메이데이는 미국 노동자들이 1886년에 하루 8시간 노동을 요구하며 벌였던 투쟁을 기념하기 위해 1890년 이후 서구 자본주의 사회의 노동자들이 정한 날이다. '근로자의 날'이 지닌 의미는 이렇듯 노동자의 권익을 위한 단결과 저항을 기념하는 것이다. 그런데 국가는 그런 의미를 제거하고 '근로'의 의미만 부각한 기념일로 만들고자 했다.[49] 따라서 1995년에 근로자의 날이 5월 1일로 다시 복원되기까지 국가와 노동계 간에는 그 기념을 둘러싼 대립이 있었고, 노동계의 '메이데이' 행사는 정부에 의해 억압을 받았다.

1980년대에 노동자들이 제 목소리를 내기 전까지 광복 이후 근로자의 날은 반공과 근대화의 논리에 밀려 노동자의 권익과 단결을 기념하는 그 날의 본래 의미로부터 강제로 분리되었다. 1945년 조선노동조합전국평의회(이하 '전평'으로 약칭)와 대한독립촉성노동총연맹(대한노총의 전신)은 5월 1일을 노동자의 축제일로 기념했다.[50] 그러나 이승만 정권은 전평의 메이데이 행사를 금지하고 그 날짜를 변경케 했다. 메이데이는 공산당이 세계를 정복할 목적으로 공산당 선전을 대대적으로 하기 위해 만든 날이라는 것이 그 이유였다.[51] 따라서 그런 의미를 제거하고 대한민국의 노동자를 국제 노동운동과 단절시키기 위해서[52] 대한노총의 창립일인 3월 10일을 기념일로 정하고 명칭을 '노동절'로 바꿔 1959년에 '제1회 노동절 기념대회'를 개최했다.[53] 이승만 정권은 기념의 대상이 되는 역사적 사실을 바꿔버린 것이다.

근로자의 날에 대한 왜곡은 여기서 그치지 않았다. 박정희 대통령은 1963년 '근로자의 날 제정에 관한 법률'을 만들어서 '노동절'을 '근로자의 날'로 명칭을 변경했다. 이로써 '노동'의 의미는 '근로'로 바뀌게 되었고, 근로자들은 근대화를 이끄는 '산업역군'으로 불리게 되었다. 이후 근로자의 날은 근로자들이 근면과 성실한 근로를 다짐하고, 정부가 그런 근로자들의 노고를 위로하고 치하하는 날이 되었다. 노동자들의 투쟁과 단결이라는 본래 의미는 사라지고, 그 자리에 근대화와 경제발전을 위한 동원이라는 의미가 대신 들어선 것이다.[54]

그러나 1980년대 들어 노동자들은 정부의 지속적인 억압에도 불구하고 자신을 기념하는 날의 의미를 되찾고자 했다. 이는 노동자들이 노동운동을 거치면서 의식이 바뀌고 세력이 증가했기 때문이다. 노동자들은 1989년에 세계노동절 100주년을 맞이하여 메이데이를 부활시키고자 했다. 한국노총은 정부가 제정한 근로자의 날을 '노동자 불명예의 날'로 규정하고,[55] 정부의 봉쇄방침에도 불구하고 5월 1일에 메이데이 기념식을 거행했다. 그리고 기념식을 봉쇄하고자 한 정부를 '집회 및 시위에 관한 법률 위반'과 '직무유기 및 직권남용'으로 고소했다.[56] 법정기념일이라는 제도 속에서 역사적 사건과 인물을 국가적으로 기념하는 일은 정부의 소관으로 진행돼왔지만, 당시 노동자들은 국가가 정한 법정기념일을 거부하고 역사 속에서 자신의 정체성을 규정하고 기념하고자 했다.

1989년에는 대한민국 임시정부 수립일이 법정기념일로 지정되었다. 이는 1980년대의 대한민국 사회가 변화를 겪으면서 자신의 정체성에 대해 관심을 가지기 시작했음을 의미한다. 대한민국 정부가 임시정부를 공식적으로 인정하고 기념한 경우는 해방 직후에도 있었다.[57] 박정희 정권이 1962년 제3공화국 때 헌법을 개정하면서 대한민국 임시정부와 관련된 문구를 헌법 전문에서 삭제해버렸지만, 1987년 6·10민주화운동의 결과 이루어진 제9차 헌법 개정을 통해서 "대한민국은 임시정부의 법통을 계승하였다"라는 문구를 삽입함으로써 대한민국의 정통성이 임시정부에 있음이 천명되었다.[58] 제6공화국 헌법에서 이 문구를 복원한 것은 기억의 복원을 의미한다.[59] 그런데 제9차 헌법 개정 이후 대한민국의 정체성과 정통성을 기념하기 위한 정부의 후속조치가 없자 그것에 대한 요구가 이어졌는데,[60] 정부 수립일을 임시정부 수립일로 해야 한다든가 제헌절 날짜를 바꿔야 한다는 주장이 그것이다. 노태우 정부는 헌법에 명시된 대로 국가의 정체성을 분명히 하면서 정권의 정당성을 확보하기 위해 임시정부 수립을 국가 차원에서 기념하도록 임시정부 수립일을 법정기념일로 법제화했다.

정부가 1989년에 4월 13일을 대한민국 임시정부 수립일로 기념하기로 결정한 이유를 살펴보면, "임시정부의 법통을 계승하여 대한민국의 정통성을 공고히 하고 민족자존의 의식을 확립하기 위함"이라고 되어 있다.[61] 이는 대한민국이라는 국가의 정체성에 대한 인식 변화를 드러낸 중요한 기억정치 중 하나이다. 기억의 복원을 둘러싼 주체들 간의 시간정치는 법제화만으로 이루어지는 것도 아니고, 법제화되었다고 해서 고착화되는 것도 아니다. 이런 사실은 1980년대에 법정기념일의 기념 대상이 주체가 되어 자신의 정체성을 재정립하고 국가의 법정기념일 규정에 대해 건의하고, 도전하고, 저항하고, 부정하는 모습을 통해서 그대로 드러난다.

마치며

    최근 들어 시간 압박을 자주 느끼면서 과연 이런 현상이 어디로부터 유래했는지 궁금할 때가 많았다. 하루는 예나 지금이나 24시간이고 개인의 시간 이용에 제약이 없는 세상에 살고 있는데, 왜 자꾸 시간이 부족하다고 느끼는 걸까? 이는 개인이 시간의 효율적 이용과 관리의 책임자가 되었기 때문일 것이다. 1980년대에 펼쳐진 시간정치와 이를 둘러싼 투쟁의 결과, 대한민국 사회는 시간 이용과 시간 개발의 자유를 가지게 되었고 24시간 사회의 기초를 마련했다. 하지만 대한민국의 시간성은 시간 이용의 자유를 얻은 동시에 정치적 동원과 사회적 통제에 취약해졌다. 대한민국 국민은 시간의 민주적 활용이라는 기회와 동시화의 덫이 나란히 존재하는 사회에 살게 되었으며, 국민국가의 시간주권을 인식하고 주장하는 한편, 근대적 시간체제의 전일성을 인정하며 그것에 의해 시간기획을 하게 되었다. 서구의 근대적 시간체제를 받아들인 지 불과 100여년 만에 대한민국 사회는 전지구적 시간체제의 한가운데에 위치하게 된 것이다.

대한민국에서 1980년대의 시간성은 사회적 시간의 단절을 드러내는 마디이자 현재와의 연결을 이어주는 고리이다. 1980년대 들어 적극적으로 하루 24시간이 자원으로 개발되고 활용됨으로써 시간 이용과 시간성에 변곡점이 생성되었다. 이런 변화를 통해 1970년대의 시간성은 마감되고 1980년대의 시간성이 새롭게 구성되었으며, 1980년대의 변화된 시간성은 1990년대 기업의 시간경영 담론과 개인의 시간계발 담론을 생성하며, 시간 이용에서 가속화를 증가시키고 시간 압박과 시간 부족 현상을 심화시켰다. 또 계층 간 시간 이용의 차이를 더욱 벌려놓기도 했다. 특히 대한민국 사회는 1997년의 외환위기를 IMF 구제금융의 도움을 받아 벗어나면서 신자유주의 체제에 깊숙이 연결되었고, 이로써 대한민국의 사회적 시간은 신자유주의적 자본축적 시간체제에 의해 재조직되게 되었다.

1980년대의 시간정치에 대한 논의는 현재의 대한민국 사회가 시간성과 관련해 처해 있는 상황에 대해 두가지 문제를 제기한다. 첫째, 시간자원의 방향성이다. 시간이 자원이라면 그것의 개발과 생산 못지않게 소비와 분배 역시 중요하다. 많은 사람들이 시간 부족과 시간 압박을 호소하고 있고, 사회적으로 시간자원의 양극화 현상은 갈수록 심화되고 있다. 사회적 시간의 개발과 재구성 과정에서 시간의 민주화가 요구되는 시점인 것이다. 사회적 시간이 삶의 질을 좌우하고 개인의 정체성을 확립하는 데 매우 중요한 요소임을 간과해서는 안될 것이다. 둘째, 1980년대의 사회적 시간은 당시 사회의 갈등과 모순을 봉합하며 새로운 시대로 이끌었지만, 그 과정에서 다양한 시간성들이 배제되었다는 점이다. 한 사회에는 한가지 시간성만 존재하는 것은 아니다. 현재 대한민국에 사는 우리는 마치 하나의 시계밖에 존재하지 않는 '지구촌'의 일원으로 사는 것 같지만,

우리의 일상을 구성하는 것은 다층적이고 복합적인 시간들이다. 따라서 근대적 시간체제의 전일적인 지배에 대한 성찰과 그것에 대한 상대화가 요구된다. 다층적이고 다면적인 시간성이 인정되고 그것의 복원이 이루어져야 할 것이다.

1980년대의 사회적 시간이 여러 주체들의 대립과 경합과 타협에 의해 개발된 과정은 당시의 시간관념, 시간제도, 시간체제 속에 묻혀 보이지 않았던 사회갈등과 그 해결과정, 그리고 권력의 작동방식과 여러 주체들의 모습을 드러낸다. 1980년대의 시간성은 1990년대와 현재에까지 이어지고 있는데, 그 과정에는 또 어떤 모습들이 담겨 있을지 다음 기회를 빌려서 연구해보려고 한다. 그리고 시간의 가속화가 문제되고 있는 지금, 1980년대의 대한민국 사회에서 그 실마리를 찾아보려고 한다. 이에 대한 연구가 좋은 결실을 맺을 수 있기를 소망하며, 그 과정에서 여러 좋은 동료를 만날 수 있기를 기대한다. 그렇게 된다면 1980년대의 시간정치가 던진 시간자원 개발의 방향성과 근대적 시간체제의 상대화라는 과제에도 답변할 수 있는 날이 앞당겨질 수 있을 것이다.

주

제1부 1980년대 시간성의 충돌

1. 근대적 시간체제의 도입과 형성

1 고일홍(2015), 「'사회적 시간'의 고고학적 연구: 한국 청동기 시대 농경사회로의 전환을 바라보는 또 하나의 시각」, 『인문과학논총』 제72권 4호(2015. 11.), 서울대학교 인문학연구원, 123~27면.

2 장세룡(2015), 「로컬리티의 시간성: 국민국가의 시간 및 전지구화의 시간과 연관시켜」, 『역사와 세계』 제47집(2015. 6.), 효원사학회, 240~41면.

3 정근식(2002), 「근대적 시공간체제와 사회이론」, 『민족문화논총』 제26권, 고려대학교 민족문화연구원, 161~62면.

4 피터 오스본(1992), 김경연 옮김(1993), 「사회-역사적 범주로서의 모더니티 이해: 차별적 역사적 시간의 변증법에 관한 각서」, 『이론 5』(1993. 7.), 진보평론, 25~59면; 해리 하르투니언(2000), 윤영실·서정은 옮김(2006), 『역사의 요동: 근대성, 문화 그리고 일상생활』, 휴머니스트(Harry Harootunian, *HISTORY'S DISQUIET: Modernity, Cultural Practice and the Question of Everyday Life*, Columbia University Press 2000) 참조.

5 미셸 푸꼬(2004), 오트르망·심세광·전혜리·조성은 옮김(2011, 2012년 초판 2쇄), 『안전, 영토, 인구: 콜레주드프랑스 강의 1977~78년』, 도서출판 난장, 163~64면; 미셸 푸꼬(2004), 오트르망·심세광·전혜리·조성은 옮김(2012), 『생명관리정치의 탄생: 콜레주드프랑스 강의 1978~79년』, 도서출판 난장.

6 Michel Foucault(1975), *Surveiller et punir: Naissance de la prison*, Gallimard, 오생근 옮김(1994, 2016년 개정판), 『감시와 처벌: 감옥의 탄생』, 나남.

7 P. Sorokin and Robert Merton(1990), "Social-Time: A Methodological and Functional Analysis," John Hassard, ed., *The Sociology of Time*, The Macmillan Press Ltd., p. 63[정근식(2000), 「한국의 근대적 시간체제의 형성과 일상생활의 변화 I: 대한제국기를 중심으로」, 『사회와 역사』 제58권(2000. 12.), 한국사회사학회, 174면에서 재인용].

8 팀 에덴서(2002), 박성일 옮김(2008), 『대중문화와 일상, 그리고 민족정체성』, 도서출판 이후, 54~66면.

9 최형익(1999), 「시간의 정치성: 칼 맑스의 '사회적 시간' 개념의 정치이론적 모색」, 『한국정치학회보』 제33집 4호(1999. 12.), 한국정치학회, 109면 참조.

10 이진경(1997),『근대적 시·공간의 탄생』, 도서출판 푸른숲, 110면.

11 David Gross(1985), "Temporality and the Modern State," *Theory and Society*, Vol. 14(Jan, 1985), pp. 53~82, p. 68〔장세룡(2015), 앞의 글 248면에서 재인용-〕.

12 신지은(2010), 「일상의 탈중심적 시공간 구조에 대하여」, 『한국사회학』 제44집 2호 (2010. 4.), 한국사회학회, 1~28면.

13 박명진 외(1996), 「드 세르토: 일상생활의 실천」, 박명진 외 편역 『문화, 일상, 대중: 문화에 관한 8개의 탐구』, 한나래; 장세룡(2016), 『미셸 드 세르토, 일상생활의 창조』, 커뮤니케이션북스 참조.

14 Edward P. Thompson(1967), "Time, Work-Discipline, and Industrial Capitalism," *Past and Present*, No. 38, pp. 56~97.

15 정근식(2006), 「시간체제의 근대화와 식민화」, 공제욱·정근식 엮음 『식민지의 일상, 지배와 균열』, 문화과학사, 147면; 「시의 기념과 광주」, 『동아일보』 1921년 6월 16일자 4면 참조. 일본 제국주의는 근대적 시간 개념을 본국과 식민지에 심기 위해서 1921년 부터 시의 기념일을 정해서 시간 엄수를 강조했다. 조선총독부는 식민지 조선에서 매년 6월 10일을 시의 기념일로 정하고 각 지방 관청과 단체가 나서서 관 주도로 대중과 방송 등을 동원해 "시간 존중" "정시 여행" "시간은 금이다" "시간을 지키자" "시계를 바르게 맞추어라" 등의 구호를 외치며 캠페인을 벌였다.

16 2015년 찰리 채플린 영화 속 대표적인 캐릭터인 '리틀 트램프' 탄생 101주년을 맞아 「모던 타임즈」의 디지털 리마스터링 버전이 국내에 개봉했을 당시의 영화 포스터이다.

17 「기획연재: 기술시대의 첨병들(14) 방직공」, 『경향신문』 1977년 5월 18일자 3면에 등장하는 사진 '끊임없는 단순작업'.

18 「1일은 '법의 날'」, 『경향신문』 1964년 4월 30일자 7면; 「'법을 통한 세계평화'를 이룩」, 『경향신문』 1964년 5월 1일자 3면; 「오늘 국제노동절-'법의 날'」, 『동아일보』 1989년 5월 1일자 14면 참조.

19 '시간'이라는 용어가 『독립신문』에서는 1886년에 2회, 1897년에 3회, 1898년에 6회, 1899년에 31회 사용되었다. 『황성신문』에서는 1898년에 6회, 1899년에 21회, 1900년에 8회, 1901년에 33회 사용되었다. 『대한매일신보』 국문본의 경우 1904년에 3회, 1905년에 6회, 1907년에 9회, 1908년에 33회, 1909년에 10회, 1910년에 2회 사용되었다. 이화여대 한국문화연구원 엮음(2006), 『근대계몽기 지식의 발견과 사유 지평의 확대』, 소명출판, 151면 참조.

20 김지연(2005), 「대한제국 관보에 나타나는 일본식 한자어에 대하여」, 『일본문화학보』 제26호, 한국일본문화학회, 129~39면.

21 윤해동(2018), 「국민국가와 '세계시간': 한국의 사례를 중심으로」, 성균관대학교 동아시아학술원 국내학술대회 자료집 『연속기획, 탈근대론 이후 3: 근대의 시간관과 학술사회』 참조. 『황성신문』은 1905년 4월 1일부터 8월 말 폐간 때까지 기년을 여덟가지

(그해를 표기하는 데 단국개국 4238년, 기자원년 3027년, 대한개국 514년, 광무 9년, 서력 1905년, 일본 명치 38년, 청국 광서 31년, 구력 을사년 등을 사용함)로 표기했다. 이는 당시 기년 표기의 혼란상과 함께 여러 시간체제가 경합했음을 의미한다.

22 정근식(2006), 앞의 책 107~34면.

23 안병욱(1970), 「시간의 자본」, 『새가정』 통권 185호(1970년 8-9월호), 새가정사, 46~48면.

24 「통금 없는 세상은…(1) 24시를 산다」, 『경향신문』 1981년 11월 20일자 3면.

25 『매일경제』 1984년 11월 27일자 5면의 하단 광고.

26 「시간은 제6의 경제자원-초청특강 〈시테크와 경영혁신〉」, 『한겨레』 1992년 11월 22일자 16면.

27 「'시간을 정복하라' 시테크 바람」, 『한겨레』 1993년 9월 13일자 7면.

28 데이비드 하비(2005), 최병두 옮김(2014), 『신자유주의: 간략한 역사』, 한울아카데미, 36면.

29 지주형(2011), 『한국 신자유주의의 기원과 형성』, 책세상, 169~311면 참조.

30 같은 책 408~10면.

31 서동진(2009), 『자유의 의지, 자기계발의 의지: 신자유주의 한국 사회에서의 자기계발하는 주체의 탄생』, 돌베개 참조. 서동진은 이 책에서 1997년 이후 시간 관리 담론이 인적자본 담론과 결합하면서, 시간 관리가 인적자본을 가진 개인의 자기계발 중 하나로 인식되고 실천되는 과정을 밝히고 있다.

32 강내희(2011), 「시간의 경제와 문화사회론」, 『마르크스주의 연구』 제8권 4호(2011년 겨울호), 경상대학교 사회과학연구원, 196~225면; 주은선·김영미(2012), 「사회적 시간체제의 재구축: 노동세계와 생활세계의 변화를 위하여」, 『상황과 복지』 제34호, 비판과 대안을 위한 사회복지학회, 237~89면 참조. 강내희는 전지구적으로 "민주적 통제 밖에서 작동"하는 신자유주의 '시간경제'의 문제점을 비판하고서 거기에서 벗어나기 위해서는 새로운 시간경제를 조직하고 설계해야 한다고 주장한다. 주은선과 김영미는 한국에서 벌어지는 신자유주의 시간체제의 억압성과 불평등을 비판하고, 그것을 복지 차원에서 국가적인 시간 재조직과 재분배 정책을 통해 풀어나가야 함을 역설한다.

2. 1980년대 사회적 시간의 비동시성

1 임현백은 한국의 '긴 20세기'를 1876년 개항으로부터 시작된 현재진행적인 시간으로 파악하고, 한국 근대정치를 '비동시성의 동시성'이라는 개념으로 분석했다. 그의 연구에 따르면 1980년대 신군부 체제는 "근대적 산업화의 시간과 전근대적 군벌주의의 비동시적 공존"을 보여준 시기였고, 민주화 시기는 "민주주의와 군부 권위주의의 비

동시성적 시간의 충돌"이었다. 그리고 '87년체제'는 1987년 민주화 선언 이후부터 '3김체제'가 끝나는 2002년까지로 보고, 이 시기를 "민주주의, 가산주의, 신자유주의의 비동시성"이 동시적으로 존재한 시대였다고 평가한다. 즉 1980년대는 그 이전 시기나 이후 시기와는 구분되는 '비동시성의 동시성'의 대립과 충돌을 보여준다는 것이다. 임현백(2014), 『비동시성의 동시성: 한국 근대정치의 다중적 시간』, 고려대학교 출판부 참조.

2 임현백(2014), 앞의 책; 안정옥(2002), 「현대 미국에서 '시간을 둘러싼 투쟁'과 소비적 현대성: 노동, 시간과 일상생활」, 서울대학교 사회학과 박사학위논문, 17~18면 참조.

3 이해영 외(1999), 『혁명의 시대: 1980년대』, 새로운 세상.

4 김원(1999), 『잊혀진 것들에 대한 기억: 1980년대 한국 대학생의 하위문화와 대중정치』, 도서출판 이후.

5 핫또리 타미오(2006), 「1980년대 한국의 사회경제적 변화: 한국에 있어 1980년대는 어떤 시대였나?」, 김문조·핫또리 타미오 엮음 『한국사회와 일본사회의 변용』(한일공동연구총서 10), 고려대학교 아세아문제연구소, 11~42면.

6 한국예술종합학교 한국예술연구소 엮음(2005), 『한국현대예술사대계 Ⅴ: 1980년대』, 시공아트, 17~26면.

7 강준만(2003), 『한국 현대사 산책: 1980년대편(광주학살과 서울올림픽)』제2권, 인물과사상사, 58~66면.

8 김진균(2003), 「1980년대: '위대한 각성'과 새로운 주체 형성의 시대」, 『진보에서 희망을 꿈꾼다』, 박종철출판사, 62면.

9 동아·조선자유언론수호투쟁위원회 「언론의 민주화를 위하여」(1980. 4. 8.), 오픈아카이브(http://archives.kdemo.ok.kr); 광주광역시 5·18사료편찬위원회 엮음(1997), 『5·18 광주민주화운동 자료총서』제1권, 광주광역시 5·18사료편찬위원회, 527면 참조. 1980년 5월 대학생 시위에서는 "유신잔당 물러가라"라는 구호가 대부분이었고, 김대중 내란음모사건에서도 김대중은 '유신잔당'을 제거하려고 했다는 내용이 들어가 있다. 이에 대해서는 「성균대, 경찰과 세차례 충돌」, 『동아일보』 1980년 5월 2일자 7면; 「축전 포기 시위 계속」, 『동아일보』 1980년 5월 3일자 7면; 「'과도정부 여론오도' 고대 시국선언문」, 『동아일보』 1980년 5월 5일자 7면; 「계엄사 발표, 김대중 내란음모사건 수사결과 전문」, 『동아일보』 1980년 7월 4일자 3면; 서울대 민주학우 일동 「반파쇼 민주투쟁 구호」(1981. 3.), 광주광역시 5·18사료편찬위원회 엮음(1997), 『5·18 광주민주화운동 자료총서』제2권, 광주광역시 5·18사료편찬위원회, 194면 참조.

10 국가보위비상대책위원회(국보위)는 1980년 5월 17일에 전국에 비상계엄을 선포하고 권력형 부정축재자를 연행, 조사했다. 여기에는 정계·재계·교육계·언론계·공직자가 모두 포함되었다. 그리고 같은 해 6월부터 2개월간 공직자 숙정이 이루어졌다. (「1980년 해직조치 〈당시 신문기사, 중앙일보, 백서 등〉」, 1980, 관리번호: DA1048837,

생산기관: 중앙인사위원회사무처 인사정책국 정책총괄과, 국가기록원, 22~24면, 34~40면 참조) 언론은 이런 국보위의 일련의 작업을 "지난 19년간의 적폐 해소"로 평가하고 있다.(「사회정화의 전기—대개혁선풍: '7·9 숙정'의 의미와 전망」,『동아일보』 1980년 7월 10일자 1면)

11 이에 대해서는 이 책의 5장 '국민의 시간자원 개발'을 참조하기를 바란다.

12 『뿌리 깊은 나무』는 1976년부터 발행되던 잡지였으나 1980년 10월에 폐간되었다. 그러나 같은 이름의 출판사를 등록해서 1981년 3월 30일에 '민중자서전' 제1권 『두렁바위에 흐르는 눈물: 제암리 학살 사건의 증인 전동례의 한평생』을 발행했고, 그해 10월 20일에 재판을 찍었다. 이후 1984년에 '민중자서전' 제5권 『"장돌뱅이 돈이 왜 구린지 알어?": 마지막 보부상 유진룡의 한평생』을 마지막으로 '민중자서전' 출간을 중단했다가 1990~1991년에 미원의 후원을 받아서 20권까지 발행하였다.

13 허영란(2006), 「구술생애사 읽기: 『20세기 한국민중의 구술자서전』 및 『한국민중구술열전』」, 『역사문제연구』 제16권(2006. 10.), 역사문제연구소, 173면.

14 김상우(2006), 「'일상생활의 사회학'의 현황과 전망(1)」, 『문화와 사회』 제1권, 한국문화사회학회, 107~108면〔최재현(1985), 「일상생활의 이론과 노동자의 의식세계: 서독 거주 한국인 노동자에 대한 질적 조사연구의 예」, 『한국사회학』 제19집(1985. 9.), 한국사회학회, 111~29면; 최재현(1987), 「공장노동자의 사회의식: 섬유 및 전자산업 노동장에 대한 질적 연구를 토대로」, 『산업노동관계연구』 제16호, 서강대학교출판부〕; 「효율지상의 경제가 남긴 것」, 『동아일보』 1987년 10월 13일자 13면 참조.

15 김종엽(2016), 「80년대의 먹거리, 삼겹살과 양념통닭」, 김정한 외 『한국현대 생활문화사: 1980년대(스포츠공화국과 양념통닭)』, 창비, 89면.

16 핫또리 타미오(2006), 앞의 글 33~34면. 핫또리 타미오는 이를 '전통회귀적인 소비'라고 지칭한 바 있다.

17 「제11대 대통령 취임사」(1980. 9. 1.), 대통령비서실 엮음 『전두환대통령연설문집: 제5공화국출범편』, 대통령기록관; 「제12대 대통령 취임사」(1981. 3. 3.), 대통령비서실 엮음 『전두환대통령연설문집: 제5공화국출범편』, 대통령기록관.

18 김영삼 신민당 총재 연두기자회견문 「조국, 민족 그리고 민주주의」(1980. 1. 25.), 오픈아카이브(http://archives.kdemo.ok.kr); 광주광역시 5·18사료편찬위원회 엮음 (1997), 『5·18 광주민주화운동 자료총서』 제1권, 광주광역시 5·18사료편찬위원회, 404면.

19 동아·조선자유언론수호투쟁위원회 「언론의 민주화를 위하여」(1980. 4. 8.), 오픈아카이브(http://archives.kdemo.ok.kr); 광주광역시 5·18사료편찬위원회 엮음(1997), 『5·18 광주민주화운동 자료총서』 제1권, 광주광역시 5·18사료편찬위원회, 527면; 서울대 민주학우 일동 「반파쇼 민주투쟁 구호」(1981. 3.), 광주광역시 5·18사료편찬위원회 엮음(1997), 『5·18 광주민주화운동 자료총서』 제2권, 광주광역시 5·18사료편찬위

원회, 194면.

20 김종엽 외(2009), 『87년체제론: 민주화 이후 한국사회의 인식과 새 전망』, 창비; 박해남(2018), 「서울올림픽과 1980년대의 사회정치」, 서울대학교 사회학과 박사학위논문 참조.

21 서울올림픽 유치는 박정희 대통령이 추진했던 것을 전두환 대통령이 이어받아 그 신청을 지시했다. 서울특별시 시사편찬위원회(2013), 『임자, 올림픽 한번 해보지!』(서울역사구술자료집 5), 27면, 30면, 50~71면 참조.

제2부 해제와 통제의 시간정치

1 안정옥(2007), 「시간의 정치와 생활세계: 제도의 시간, 관계의 시간, 삶의 시간」, 『가족과 문화』 제19집 2호, 한국가족학회, 171면.

3. 낮과 밤의 경계가 없어지다

1 태종 1년(1401년) 5월 20일에는 "순작법을 엄하게 하여 초경 3점 이후 5경 3점 이전에 행순을 범하는 자는 모두 가둘 것"을 윤허했다. 그리고 태종 1년 9월 21일에는 대사헌 이원이 밤에 법을 어기고 통행한 죄로 파직을 당했다는 기록을 보면, 그 당시 야금제가 매우 엄하게 시행된 것으로 보인다. 조선왕조실록 웹사이트(http://sillok.history.go.kr) 참조.

2 야간통행금지제도는 조선시대에 계속 지켜져오다가 1895년(고종 32년) 9월 29일에 궁내부 포달 제4호에 의해 폐지되었다. 『조선왕조실록』의 「고종실록」에는 "29일. 궁내부 포달 제4호. 종전에 인정과 파루 때에 종을 치던 것을 폐지하고 정오의 규례대로 자정에도 종을 칠 것이다. 보시(報時)와 경고(更鼓)의 절차도 똑같이 폐지하라(二十九日. 宮內府布達第四號. 從前人定及罷漏時鐘을 廢止ᄒ고 午正例를 依ᄒ야 子正에도 鐘을 撞홈。報時와 更鼓의 節次는 一體廢止홈)"라고 되어 있다. 궁내부는 1984년 제1차 갑오개혁 때 국정 사무와 분리해서 왕실 사무를 담당하기 위해 설치된 기구이다. 조선왕조실록 웹사이트(http://sillok.history.go.kr) 참조.

3 심연수(2011), 「야간통행금지제도와 밤시간 의식 형성에 관한 연구: 1971~1990년 동아일보 기사를 중심으로」, 이화여자대학교 국제대학원 한국학과 석사학위논문, 17~18면.

4 「사설: '통금' 해제의 추진」, 『동아일보』 1981년 10월 29일자 2면.

5 「해방이력서(5) 사회」, 『동아일보』 1962년 8월 20일자 1면; 「통행의 자유 아쉬웠던 19년」, 『경향신문』 1964년 1월 17일자 7면.

6   앞의 『동아일보』 1981년 10월 29일자 2면 사설.

7   진덕규(1980), 「미군정의 정치사적 인식」, 진덕규 외 『해방 전후사의 인식 1』, 한길사 참조.

8   「경범죄처벌법안 전문 통과」, 『동아일보』 1954년 3월 10일자 2면 참조. 1954년 4월 1일 에 법률 제316호로 '경범죄처벌법'이 제정되었다.(법제처 국가법령정보센터 참조)

9   「쏟아지는 경범죄 – 40일간 4천여건 적발」, 『경향신문』 1954년 6월 5일자 2면.

10 「사설: 자유분위기와 계엄령 해제」, 『경향신문』 1954년 4월 10일자 1면.

11 「사설: 경범법 실시에 제하여」, 『경향신문』 1954년 4월 22일자 1면.

12 「사설: 통금제도 폐지를 외친 지도 10년이 된다」, 『경향신문』 1964년 1월 25일자 2면.

13 「20일 밤엔 통금 해제」, 『경향신문』 1954년 1월 20일자 2면; 「전국적 준비상경계」, 『동 아일보』 1954년 1월 21일자 2면.

14 당시 신문기사와 야간통행금지에 관한 관보와 보고를 참고해서 재구성함.

15 「'야간통행금지 해제에 관한 보고'(제583호)」의 보고이유, 1980. 8. 국무회의 안건철, 문서번호: 경비2040-4363, 관리번호: BA0084933, 생산기관: 총무처 의정국 의사과, 국 가기록원.

16 「새 정부에 대한 요청과 전망(완)」, 『경향신문』 1960년 9월 3일자 3면; 「'통금'과 '시민 증' 하루속히 철폐하라」, 『동아일보』 1960년 9월 5일자 2면.

17 「'통금' 폐지 고려」, 『동아일보』 1960년 10월 18일자 3면.

18 「'야간통행금지 해제에 관한 보고'(제560호.)」의 보고이유, 1981. 5. 16. 국무회의 안건 철, 문서번호: 경비2040-2619, 관리번호: BA0084960, 생산기관: 총무처 의정국 의사과, 국가기록원.

19 「29일부터 5일 '국풍 81' 행사 동안 여의도 통금 해제」, 『경향신문』 1981년 5월 22일자 7면.

20 광복절에 야간통행금지가 해제된 것은 1960년까지이고, 그후에는 광복절에도 야간 통행을 금지했다.

21 추석의 야간통행 자유는 처음 있는 일이었다.(「추석 통금 해제」, 『동아일보』 1981년 9월 11일자 11면)

22 "지난해 바덴바덴 IOC 총회장에서조차 한국의 통금이 거론되었을 정도이고, 한국을 찾는 외국 관광객의 대부분이 통금을 나쁜 이미지로 받아들이고 있다."(「사설: 통금 해제와 시민의식」, 『경향신문』 1982년 1월 4일자 2면)

23 「국회 각 상임위원회 질의·답변 요지」, 『매일경제』 1981년 10월 28일자 2면.

24 「통금 해제 건의안 오늘 국회 본회의 처리」, 『동아일보』 1981년 12월 15일자 1면.

25 「전 대통령 국회 리셉션 참석, 통금 해제 될수록 빨리」, 『경향신문』 1981년 12월 19일 자 1면.

26 「연두사: 기대와 희망을 안고」, 『매일경제』 1982년 1월 1일자 1면.

27 「사설: 여야의 통금 해제 건의」,『매일경제』 1981년 11월 20일자 2면.

28 「국민당 야통 해제 건의안 제출」,『동아일보』 1981년 11월 6일자 3면. 1981년 11월 3일에 국민당은 올림픽 개최와 관련해서 야간통행금지를 해제하자고 발의했다. 그리고 1981년 11월 19일에 여당과 야당은 만장일치로 야간통행금지 해제 건의안을 채택하기로 합의했다.(「여야의 통금 해제 건의」,『매일경제』 1981년 11월 20일자 2면; 「통금 내년 3월께 해제」,『동아일보』 1981년 11월 21일자 1면) 여야 만장일치이지만 국민당과 민한당은 모두 관제 야당이었기 때문에 이것은 형식상의 절차에 불과했다.

29 「통금 해제 '37년 쟁점' 푼 전격 합의－범정파 확대 중진회합 타결 배경과 의의」,『동아일보』 1981년 11월 20일자 3면.

30 "이번 통금을 해제키로 한 참된 뜻은 제5공화국 출범 이후에 추진해온 개방사회의 여유와 자신감을 국제사회에 다시 한번 보여준 것으로 평가할 수 있다."(「사설: 통금 해제와 자율정신」,『경향신문』 1981년 11월 20일자 2면)

31 「안보 자신…풀리는 '36년 숙원'－야간통금 해제 건의, 의의와 배경」,『경향신문』 1981년 11월 20일자 3면.

32 「사설: 통금 해제와 자율정신」,『경향신문』 1981년 11월 20일자 2면.

33 「사설: '통금 해제' 건의」,『동아일보』 1981년 11월 20일자 2면.

34 김예림(2013), 「국가와 시민의 밤: 경찰국가의 야경, 시민의 야행」,『현대문학의 연구』 제49집(2013. 2.), 한국문학연구학회, 391~92면.

35 경향신문사 엮음(1987),『실록 제5공화국 제4권: 교육·문화·사회·체육편』, 경향신문사, 472면.

36 경향신문사 엮음(1987),『실록 제5공화국 제6권: 대통령편』, 경향신문사, 104면, 280면;『동아일보』 1982년 1월 3일자 호외 2면; 「통금 내일 밤부터 폐지」,『동아일보』 1982년 1월 4일자 1면; 「해설: 통행금지 해제, 교복·조발 자율화」,『매일경제』 1982년 1월 4일자 11면.

37 「제1회 국무회의록」, 1982. 1. 5. 문서번호: 의정133.1-126, 관리번호: BA0085287, 국가기록원. 전두환 대통령은 당시 1월 1일부터 1월 3일까지 시행한 일시적 야간통금 해제에 이어서 1월 4일부터 야간통금 해제를 실시하려고 했으나 행정적 절차로 인해서 1월 5일자에 시행하게 된다. 경향신문사 엮음(1987),『실록 제5공화국 제4권: 교육·문화·사회·체육편』, 469~70면; 「5일 각의 거쳐 실시, 전 대통령 지시」,『동아일보』 1982년 1월 4일자 1면.

38 1월 1일부터 1월 3일까지 연휴였기 때문에 신문이 발간되지 않았고, 야간통행금지제도의 해제는 그 기간에 전두환 대통령의 결단과 지시로 이루어졌기 때문에 호외로 그 소식이 전해지게 되었다. 야간통행금지제도 해제를 알리는 호외에는 개각, 통금 해제, 중고생의 두발과 교복 자율화 등의 내용이 포함되어 있었다.

39 1982년 1월 4일 당시 사진으로 경향신문사 정보자료팀 제공.

40 「부끄럽지 않은 '올림픽 시민' 되자」, 『동아일보』 1981년 10월 2일자 11면; 「'올림픽 시민'의 자세」, 『경향신문』 1981년 10월 5일자 3면.

41 「사회적 병리 진단체제 구축」, 『경향신문』 1981년 10월 19일자 3면.

42 「'88 서울올림픽…새 시민상을 위한 30인의 긴급진단 선진국민에의 길…이런 것은 버리자」, 『경향신문』 1981년 10월 5일자 3면.

43 「시민정신 – 고속사회를 사는 오늘의 좌표 〈1〉 올림픽 시민과 윤리」, 『동아일보』 1982년 1월 5일자 9면.

44 「사설: 통금 해제와 국민자세」, 『매일경제』 1982년 1월 5일자 2면.

45 「사설: 통금 해제의 추진」, 『동아일보』 1981년 10월 29일자 2면.

46 「사설: 여야의 통금 해제 건의」, 『매일경제』 1981년 11월 20일자 2면.

47 「국민과 함께 뛰었다 – 전 대통령, 개방과 화합과 결단의 82년」, 『경향신문』 1982년 12월 25일자 3면.

48 「사설: 통금 해제와 자율정신」, 『경향신문』 1981년 11월 20일자 2면.

49 「제12대 대통령 취임사」(1981. 3. 3.), 대통령비서실 엮음 『전두환대통령연설문집: 제5공화국출범편』, 대통령기록관.

50 「야간통금 해제 건의 – 의의와 배경, 안보 자신…풀리는 '36년 숙제'」, 『경향신문』 1981년 11월 20일자 3면.

51 「자율시대는 시민의식이 만든다」, 『경향신문』 1982년 1월 9일자 9면.

52 「부끄럽지 않은 '올림픽 시민' 되자」, 『동아일보』 1981년 10월 2일자 11면.

53 「통금해제에 압도적 공감」, 『경향신문』 1982년 3월 2일자 7면. 이것은 제5공화국 1주년을 맞이한 대학생 방문면접조사 결과로, 전국의 95개 투표구를 선정해서 평균 14명씩 1300명을 1, 2차로 나눠 제5공화국의 정책에 대해 설문조사한 뒤 그 결과를 기사로 실었다. 1차 조사는 제5공화국 출범 6개월 후에 이루어졌고, 2차 조사는 1982년 2월 21일~23일에 이루어졌다.

54 앞의 『경향신문』 1981년 11월 20일자 2면 사설.

55 앞의 『매일경제』 1982년 1월 5일자 2면 사설.

56 「언론계, 자세정립 자율정화 결의」, 『동아일보』 1980년 7월 30일자 1면; 「음반제작협 '자율정화' 결의 저질 퇴폐노래 없어진다」, 『경향신문』 1980년 9월 6일자 5면; 앞의 『경향신문』 1981년 11월 20일자 2면 사설; 「자율시대는 시민의식이 만든다」, 『경향신문』 1982년 1월 9일자 9면 참조.

57 「사설: 윤리의식은 제5의 자원」, 『경향신문』 1982년 11월 3일자 2면.

58 「기획연재: 집념(하) – 개방과 자율의 '민주사회'로(전 대통령 3년의 통치이념)」, 『경향신문』 1984년 3월 5일자 3면.

59 「규제에서 개방으로(1) 거시적 국민화합의 출발」, 『경향신문』 1981년 6월 16일자 3면; 앞의 『경향신문』 1984년 3월 5일자 3면 기획연재; 「기획연재; 자유시민시대(1) 개방사

회의 의미」, 경향신문 1982년 1월 4일자 3면 참조.

60 이상록(2011), 「경제제일주의의 사회적 구성과 '생산적 주체' 만들기: 4·19~5·16시기 혁명의 전유를 둘러싼 경합과 전략들」, 『역사문제연구』 제25권(2011. 4.), 역사문제연구소, 115~58면.

61 "정부가 이토록 자율화 조치를 과감히 단행하기에 이른 것은 국민의 자발적인 발전 노력과 국제화 시대에 부응하자는 취지에서였다."〔경향신문사 엮음(1987), 『실록 제5공화국 제4권: 교육·문화·사회·체육편』, 경향신문사, 434면〕

62 김명환·김중식(2006), 『서울의 밤문화』(서울문화재단 서울문화예술총서), 생각의나무, 69면; 「결혼풍속이 바뀌고 있다」, 『동아일보』 1982년 6월 8일자 7면 참조.

63 「심야에도 영화 상영한다」, 『매일경제』 1982년 3월 19일자 9면; 「심야극장 통금 해제 후 흥행가 새 풍속도」, 『경향신문』 1982년 3월 20일자 10면; 「심야극장 전국 확산 대구서도 흥행호조」, 『동아일보』 1982년 5월 15일자 12면; 「통금 해제 한달 새 풍속도」, 『동아일보』 1982년 2월 11일자 7면(43개 관광회사 중 10개 회사가 심야시간에 관광버스를 도심지에 배차해 관광코스를 운행한다는 내용); 「기획연재: 통금 해제 6개월 달라진 경제현장(9) 심야 레저」, 『매일경제』 1982년 7월 5일자 11면.

64 「밤이 없는 연예가 시간 압박서 풀려난다」, 『경향신문』 1982년 1월 5일자 12면; 「무더위 속 심야경기 인기」, 『경향신문』 1982년 5월 27일자 9면; 「심야연극시대 막 올랐다」, 『동아일보』 1982년 6월 19일자 10면; 「르포 '84: 심야생활대가 숨쉰다」, 『경향신문』 1984년 3월 9일자 3면.

65 『경향신문』 1982년 4월 16일자 4면의 광고. 이 책에 옮기면서 신문의 전면 가로 광고를 반으로 나눈 뒤 상하를 붙여 배열했다.

66 앞의 『경향신문』 1984년 3월 9일자 3면 르뽀 기사.

67 「'82 사건기자수첩 〈2〉 통금 해제」, 『동아일보』 1982년 12월 14일자 7면.

68 「통금 해제 후 이색업종 등장 '심야운전 대신해줍니다'」, 『매일경제』 1982년 1월 22일자 11면.

69 「르포 '84: 심야생활대가 숨쉰다」, 『경향신문』 1984년 3월 9일자 3면에 등장하는 사진.

70 「길어질 '밤'…기대와 걱정과…」, 『동아일보』 1981년 11월 20일자 11면.

71 「환경 저해, 심한 악취」, 『동아일보』 1982년 1월 22일자 11면.

72 「어두운 색 즐겨 입는 옷차림 야간유화 위험 높인다」, 『경향신문』 1983년 2월 23일자 11면; 「서울의 새벽을 여는 사람들, 청소원」, 『경향신문』 1987년 2월 21일자 1면.

73 「통금 해제 경제생활 24시 — 달라질 풍속도 이모저모(완): 공단 주변」, 『매일경제』 1982년 1월 20일자 11면.

74 '국민생활시간조사'에서 자유시간이란 하루 24시간 중 수면, 식사, 신변 잡일, 일, 학업, 가사, 이동, 사회적 교제, 병·정양 등을 제외한 시간을 가리킨다.

75 『1987년 국민생활시간조사』(KBS) 39면의 〈표 12〉 '유직자의 일 시간량 변화'와

『1990년 국민생활시간조사』(KBS) 84면의 '자유시간의 변화'를 참고하여 재구성함.

76 「전자공단 25시 〈1〉 음향기기 여성근로자의 하루」, 『동아일보』 1984년 11월 27일자 5면.

77 김문겸(1993), 『여가의 사회학: 한국의 레저문화』, 한울아카데미, 169~71면.

78 「중고 대부분 보충수업 실시」, 『동아일보』 1988년 7월 21일자 13면.

79 「변형 보충수업 고교에 '자율학습' 바람」, 『동아일보』 1981년 4월 9일자 11면; 앞의 『동아일보』 1988년 7월 21일자 13면 기사 참조.

80 「보충·자율학습 폐지 목소리 확산」, 『한겨레』 1988년 7월 3일자 7면.

81 「칼럼: 청소년 그들은 누구인가 (3) 몸만 컸지 제 앞가림할 줄 모른다」, 『경향신문』 1985년 4월 24일자 7면(필자는 버릇없고 자기 스스로 할 줄 아는 게 없는 요즘 청소년들의 문제점을 학교에 청소년들을 붙잡아두는 교육제도 때문이라고 지적하고 있다. 공부 때문에 새벽에 나갔다가 밤에 들어오기 때문에 집에서 가족과 함께하는 시간이 적고 집 밖에서도 생활경험을 할 시간이 없기 때문에 제 나이에 맞는 생활경험을 할 기회가 없는 것이 그 근본원인이라는 것이다); 「빠듯한 운행시간배차 시내버스 사고 부른다」, 『동아일보』 1988년 4월 5일자 11면(시내버스의 무리한 시간단축 운행이 사고 원인의 66%를 차지하고, 이로 인해 운전기사 중 38%가 위장병 등 질병에 걸려 있다는 내용).

82 1960~1970년대 공장에서 연장근무나 2교대로 철야근무를 하는 근로자들에게 이 약의 복용은 일상적인 일이었다. 서울특별시 시사편찬위원회(2016), 『미싱은 돌고 도네 돌아가네』(서울역사구술자료집 7), 144면, 159면, 185면 참조.

83 「대도시 근무자 운전자 55% '약물' 상습복용」, 『동아일보』 1983년 5월 31일자 1면.

84 「약 함부로 쓰는 고교생 많다」, 『동아일보』 1985년 10월 1일자 7면.

85 박노해(1984, 2014), 「시다의 꿈」 「졸음」, 『노동의 새벽』(풀빛 1984; 느린걸음 2014).

86 이윤정·강태진·임성실(2016), 「근·현대사 이후 한국인의 최다 선호 일반의약품의 추이에 대한 연대별 분석 및 종합적 의의에 대한 평가」, 『약학회지』 제60권 3호, 대한약학회, 146~53면.

87 「'삶의 질' 추구 목청 높아 새 쟁점」, 『매일경제』 1989년 2월 18일자 3면.

88 「반도체 칩 확보 '비상'」, 『매일경제』 1988년 3월 12일자 1면; 「고성장 주춤…침체까지 안 갈 듯」, 『매일경제』 1988년 6월 27일자 3면.

89 심연수(2011), 앞의 글 63~70면.

90 Henri Lefèbvre(1996), *Éléments de rythmanalyse: introduction a la connaissance des rythmes*, Editions Syllepse, 정기헌 옮김(2013), 『리듬분석: 공간, 시간 그리고 도시의 일상생활』, 갈무리, 203면.

91 핫또리 타미오(2006), 「1980년대 한국의 사회경제적 변화: 한국에 있어 1980년대는 어떤 시대였나?」, 김문조·핫또리 타미오 엮음 『한국사회와 일본사회의 변용』(한일공동

연구총서 10), 고려대학교 아세아문제연구소, 11~42면.

92 한병철은 『피로사회』(김태환 옮김, 문학과지성사 2012)에서 21세기 사회를 이전의 규율사회와는 다른 성과사회로 규정한다. 21세기에는 사람들이 자본의 전일적인 지배를 모두 긍정함으로써 자본이 합의적 폭력으로 작용하고 있다는 것이다. 즉 자본은 긍정적 폭력이 되고, 그 속에서 개인은 '성취하는 주체'로 재탄생하게 됨으로써 자기 자신을 착취하고 이로써 "지배 없는 착취가 이루어진다"(44면)고 한다. 다시 말해 긍정성의 폭력 안에서 개인은 복종하는 주체가 아닌 성과주체가 된다는 것이다. 21세기 사회에서 개인은 이렇게 성과사회의 주권자이자 자기 자신의 '호모 사케르(Homo Sacer)'가 된다. 때문에 21세기의 인간은 그의 표현대로 긍정성이 과잉될 수밖에 없고 그 속에서 성과주체가 될 수밖에 없다.

93 『1987년 국민생활시간조사』(KBS) 54면의 〈표 24〉 '여가활동의 변화(전국민, 전체평균시간)'를 바탕으로 재구성함.

94 김복수·손문금·정수남(2004), 「일상생활의 시·공간적 재구성」, 『IT의 사회·문화적 영향 연구: 21세기 한국 메가트렌드 시리즈』, 정보통신정책연구원, 29면.

95 핫또리 타미오(2006), 앞의 글 31면; 김문겸(1993), 앞의 책; 박종규(2009), 「소비지출 구성비의 변화와 정책 시사점」(한국금융연구원 금융조사보고서 2009-5)의 〈표 3〉 참조.

96 박종규(2009), 앞의 보고서 13면에 있는, 1970년부터 2008년까지의 목적별 소비지출의 지출비중의 변화를 살핀 〈표 3〉 '목적별 소비지출의 지출비중 변화 추이'를 바탕으로 재구성함.

97 『1987년 국민생활시간조사』(KBS) 39면의 〈표 11〉 '직업별 일 시간량의 연도별 변화(평일 행위자 평균시간)'와 〈표 12〉 '유직자의 일 시간량 변화'를 참고하여 재구성함.

98 이에 대한 자세한 논의는 이 책의 8장 '세계시간 속의 대한민국'을 참조하라.

99 박노해(1984), 앞의 책 81면.

100 김문겸(1993), 앞의 책 171~86면.

101 같은 책 〈표 2-27〉 '일요일, 직업별 여가활동 참여율'과 〈표 2-28〉 '일요일, 직업별 여가활동 참여자 평균시간' 참조. 당시에는 5일제 근무가 아니었으므로 공식적으로 공휴일로 인정하는 일요일만 대상으로 했음.

102 김문겸(1993), 앞의 책 158~60면에서 재인용.

103 박숙희(1984), 「서울시민의 여가활동에 관한 사회지리학적 연구」, 『지리학』 제30호 (1984. 12.), 대한지리학회, 41~61면.

104 김문겸(1993), 앞의 책 199~211면.

105 경제기획원 조사통계국(1990), 『한국의 사회지표 1990』, 319면의 〈표 8-14〉 '여가활용비 지출률' 참조.

106 김문겸(1993), 앞의 책 〈표 2-43〉 '도시 전 가구당 월평균 소비지출 중 외식비 증가율'

과 〈표 2-44〉 '도시 전 가구당 월평균 소비지출 중 개인교통비 증가율', 그리고 경제 기획원 조사통계국(1990), 앞의 책 319면의 〈표 8-14〉 '여가활용비 지출률'을 참고해 재구성함.

107 핫또리 타미오(2006), 앞의 글 13면.

108 「한국 국가신용 최상급 A⁺ 판정」, 『매일경제』 1988년 10월 26일자 2면.

109 강준만(2003), 『한국 현대사 산책: 1980년대편(광주학살과 서울올림픽)』 제3권, 인물 과사상사, 115~16면.

110 「1985년도 국정연설」, 『관보』 제9937호.(1985. 1. 10.), 관리번호: BA0195908, 생산기관: 총무처 법무담당관, 국가기록원; 「1986년도 국정연설」(1986. 1. 16.), 관리번호: CEB0000425, 음성원고, 대통령기록관; 「1987년도 국정연설: 자유민주체제의 발전은 최고의 국가목표」(1987. 1. 12.), 대통령비서실 엮음 『전두환대통령연설문집』 제7집, 대통령기록관.

111 「전 대통령 노동부 보고받아 최저임금 명시 제도화」, 『경향신문』 1985년 2월 28일자 1면; 「사설: 중산층 폭이 두터워야 한다」, 『경향신문』 1985년 6월 10일자 2면.

112 「10만원 미만 저임 해소, 노동부 업무보고, 올 1,257 사업장에 노사협 설치, 근로자 중 산층 육성 노력」, 『매일경제』 1985년 2월 28일자 1면.

113 미셸 푸꼬(2004), 오트르망·심세광·전혜리·조성은 옮김(2012), 『생명관리정치의 탄 생: 콜레주드프랑스 강의 1978~79년』, 도서출판 난장, 319~31면.

114 「전국민 경제의식 조사」, 『매일경제』 1986년 4월 12일자 3면. 이는 『매일경제』 창간 20주 년을 기념해서 『매일경제』와 이화여대 김대환 교수팀이 공동으로 진행한 조사였다.

115 핫또리 타미오(2006), 앞의 글 18면.

116 통계청(1992), 『한국의 사회지표 1992』, 99면의 '1978년~1992년까지 노사분규 발생의 건수와 원인 추이' 참조. 1987년의 분쟁 건수는 그전에 비해 13.5배가 증가했고 참가 인원과 손실일수도 그에 비례해서 증가했다. 그런데 발생한 노사분규 2720건 중 2613건이 임금인상과 관련된 것이었다. 즉 노사분규의 96%가 임금인상을 요구하기 위한 것이었다.

117 핫또리 타미오(2006), 앞의 글 18~26면.

118 김영선(2010), 「발전국가 시기 작업장의 시간정치」, 『여가학 연구』 제8권 1호(통권 22호), 한국여가문화학회, 1~25면.

119 같은 글 3면.

120 같은 글 18~20면.

121 핫또리 타미오(2006), 앞의 글 18~26면.

122 최장집(1997), 『한국의 노동운동과 국가』, 나남, 26면, 341면〔김영선(2010), 앞의 글 5면에서 재인용〕.

123 핫또리 타미오(2006), 앞의 글 참조.

124 홍장표 외(1989),「1980년대의 한국자본주의」, 학술단체협의회 엮음『1980년대 한국 사회와 지배구조』(제2회 학술단체연합 심포지엄), 풀빛, 111~15면.

125 「'삶의 질' 추구 목청 높아 새 쟁점」,『매일경제』1989년 2월 18일자 3면.

126 홍장표 외(1989), 앞의 글 114면의 〈표 13〉 '제조업 생산직 노동자의 노동시간·임금· 생산성 변화추이'(노동부, 매월노동통계)를 바탕으로 재구성함.

127 「야간통행금지 해제에 관한 보고」, 의안번호 제1호, 1981. 1. 5. 국무회의 안건철, 문 서번호: 경비2040-9, 관리번호: BA0084987, 생산기관: 총무처 의정국 의사과, 국가기 록원.

128 「통금 해제 경제적 효과 막 오른 '24시간경제시대'」,『동아일보』1982년 1월 4일자 5면.

129 「노동부 권장 철야근로시간 신규채용으로 충당」,『매일경제』1982년 1월 7일자 11면.

130 박정미(2016),「쾌락과 공포의 시대: 1980년대 한국의 '유흥향락산업'과 인신매매」, 『여성학논집』제33집 2호, 이화여자대학교 한국여성연구원, 44~46면.

131 앞의『동아일보』1982년 1월 4일자 5면 기사; 경향신문사 엮음(1987),『실록 제5공화 국 제4권: 교육·문화·사회·체육편』, 경향신문사, 470면.

132 경향신문사 엮음(1987), 같은 책, 470~72면.

133 서정화 내무부 장관은 야간통행금지제도 철폐 시기에 대해 대공전략상의 문제와 국 내치안상 문제점이 예상되므로 충분한 대비책을 세운 후에 해제되어야 한다고 했 다.(「국회 내무위 통금해제안 통과」,『매일경제』1981년 12월 11일자 1면) 당시 서울 의 밤거리는 가로등이 정비되어 있지 않아 사람과 차가 통행하기에 매우 어두운 상태 였다.(「가로등 다 켜도…서울 밤거리 너무 어둡다」,『동아일보』1982년 11월 11일자 7면) 그리고 심야영업에 대비한 상업 관련법도 미비했고, 청소년 선도 등의 계획도 세워지지 않은 상태였다.

134 「통행금지 철폐 '무한생산'으로 밤낮없이 상담」,『경향신문』1982년 1월 5일자 5면.

135 「노동부 주요업무계획」,『매일경제』1985년 2월 28일자 14면;「수출 3백억 불 고지가 눈앞에-올 마감 72시간 앞둔 '마지막 피치'의 현장」,『매일경제』1985년 12월 28일자 7면.

136 「직업병에 우는 근로자들」,『동아일보』1984년 2월 6일자 3면;「서울 25시〈27〉공단여 성 근로자의 '낮과 밤'」,『동아일보』1984년 8월 1일자 5면.

137 「시내버스 1시·고속버스 0시·지하철 0시 54분·택시 24시간」,『동아일보』1982년 1월 4일자 11면.

138 「통행금지해제에 따른 교통대책」, 1981. 1. 5. 국무회의 안건철, 문서번호: 조정1510- 18, 관리번호: BA0084987, 생산기관: 총무처 의정국 의사과, 국가기록원.

139 「화요현장: 만취승객도 술 깬다-밤을 가르는 '총알택시'」,『경향신문』1986년 8월 12일자 6면에 실린 사진.

140 「심야차량운행 중단 택시·버스회사 제재」,『매일경제』1982년 1월 8일자 11면;「심야

운행버스·택시 지역 실정 따라 조정」,『동아일보』1982년 3월 23일자 10면;「심야고속
버스 운행 진통」,『매일경제』1982년 4월 20일자 11면;「심야택시 절반 이상 빈 차 운
행」,『경향신문』1982년 5월 23일자 10면.

141 「'총알택시' '목숨 건 질주' 심야 교외 합승」,『동아일보』1983년 7월 11일자 11면;「'총
알택시' 강력단속」,『동아일보』1983년 7월 12일자 11면;「올림픽까지 무질서 집중단
속」,『경향신문』1988년 7월 20일자 15면.

142 「자정 넘어도 시내버스 운행토록」,『경향신문』1986년 3월 17일자 9면.

143 박정미(2016), 앞의 글 45면.

144 정무용(2018),「1980년대 초 야간통행금지 해제 직후의 풍속도」,『신비한 5공사전』(만
인만색 연구자 네트워크 2018 학술 콜로키엄); 박정미(2016), 앞의 글 37~43면.

145 「체육 공간 부족이 퇴폐 향락 부채질」,『경향신문』1989년 2월 1일자 11면.

146 「향락산업이 GNP 5%」,『한겨레』1989년 3월 17일자 9면.

147 「새해부터 이렇게 달라진다」,『매일경제』1989년 12월 29일자 7면.

148 김상호(2016),「텔레비전이 만들어낸 1980년대 감각 공동체: 나 없는 우리」, 유선영 외
『미디어와 한국현대사: 사회적 소통과 감각의 문화사』(대한민국역사박물관 한국현
대사 연구총서 10), 대한민국역사박물관, 253면;「술꾼 47% '마셨다 하면 2차 이상' 주
부클럽 음주실태 조사」,『동아일보』1987년 8월 17일자 7면;「기획연재: 심야영업 단
속 한달(4) 유흥업소 '제2의 통금' 명암 '일찍 끝내자' 새 음주풍속 확산」,『경향신문』
1990년 2월 8일자 15면.

149 손정목은 소위 '3S 정책'으로 인해서 야간통행금지제도가 폐지되었다고 주장한다.
즉 야간통행금지의 해제는 '3S 정책'의 일환이었다는 것이다. 손정목(2015),『손정목
이 쓴 한국 근대화 100년: 풍속의 형성, 도시의 탄생, 정치의 작동』, 한울, 68면.

150 심연수(2011), 앞의 글 53면. 1982년 개봉영화 55편 중 35편이 에로영화였다고 한다.

151 1983년 대정부 질의 때 김정수 의원은 신군부 정권의 정책을 '3S 정책'이라고 지칭하
며 비판했다. '3S 정책'이란 말은 그전에도 신문에서 종종 언급되기는 했으나 대한민
국의 경우를 직접 지적하기보다는 현대사회의 특징으로 언급되곤 했다. 그리고 여기
서 스크린(screen)은 영화만을 의미하는 것이 아니라 텔레비전과 비디오 등 영상매
체 전체를 가리키는 말이다.「여적」,『경향신문』1983년 5월 25일자 1면;「의보일원화
공약 어떻게 됐나―본회의 대정부 질문 요지」,『동아일보』1983년 11월 2일자 4면;「오
늘과 내일: 홍보의 불균형」,『동아일보』1984년 5월 24일자 3면;「지용우 시평: '퇴폐
문화' 이대로 둘 것인가」,『경향신문』1988년 12월 28일자 5면;「80년대 문화계 무엇
을 남겼나 〈6〉 방송」,『매일경제』1989년 12월 7일자 19면; 손정목(2015), 앞의 책 68면
참조.

152 심연수(2011), 앞의 글 참조.

153 같은 글 53~57면.

154 신군부 정권은 야간통행금지제도 철폐 이전에 전투경찰을 두배 이상 증원했고, '경찰관직무집행법' 제3조에 의해 항시 불심검문이 가능할 수 있게 했다. 그리고 야간통행금지 해제 이후에는 "올림픽 유치를 위해 국민의식을 개혁한다"는 명분하에 도로방범순찰대를 발족해서 방범활동을 강화했고, 경찰력 보강을 위해 의무경찰제도를 실시했다.(「전투경찰 만명 증원, 내년부터 각 지·파출소 배치근무」, 『경향신문』 1980년 10월 30일자 7면; 「올림픽 대비 국민의식 개혁」, 『경향신문』 1982년 2월 10일자 7면)

4. 군사주의와 국가주의에 동원된 일상시간

1 조희연(2007), 『박정희와 개발독재시대: 5·16에서 10·26까지』, 역사비평사, 102~107면.
2 김혜숙(2011), 「전시체제기 식민지 조선의 '가정방공' 조직과 지식 보급」, 『숭실사학』 제27집(2011. 12.), 숭실대학교 사학회, 117~59면; 표영수(2013), 「일제강점기 조선인 군사훈련 현황」, 『숭실사학』 제30집(2013. 6.), 숭실대학교 사학회, 215~52면; 국가기록원의 기록과 당시 신문기사 등을 참고하여 재구성함.
3 연극 「날 보러 와요」(김광림 작, 1996, 연우무대), 영화 「살인의 추억」(봉준호 감독, 2003), 연극 「등화관제」(김민정 작, 2010), 뮤직비디오 「소격동」(서태지, 2016) 등 참조.
4 김혜숙(2011), 앞의 글 참조.
5 「적은 공습을 기도, 등화관제 철저 기하라—정 계엄사령관 방공 포고」, 『동아일보』 1951년 4월 29일자 2면.
6 1980년대의 등화관제 훈련은 1980년 4월 15일 대통령령 제9850호에 의해 '민방위기본법시행령'으로 실시하였다. 이전의 대통령령 제5087호 방공법시행령, 대통령령 제9082호 등화관제규정, 대통령령 제9366호 민방위의 날에 관한 규정, 대통령령 제5089호 직장방공단규칙, 대통령령 제661호 관공서방공규칙 및 대통령령 제5088호 방공법시행기일에 관한 규정은 폐지되었다. 법제처 국가법령정보센터(http://www.law.go.kr)의 「민방위기본법시행령」 참조.
7 「민방위기본법시행령 중 개정령」(제241호), 1980. 3. 31. 국무회의 안건철, 관리번호: BA0084924, 생산기관: 총무처 의정국 의사과, 국가기록원.
8 「첫 귀가훈련」, 『매일경제』 1981년 9월 17일자 11면.
9 「강한 군사력은 강한 국력의 원천」, 『경향신문』 1982년 4월 3일자 1면.
10 국방부(1988), 『1988년 국방백서』, 대한민국 국방부, 29~31면.
11 「군·경·관·민 참가 종합훈련 실시」, 『매일경제』 1982년 7월 22일자 11면.
12 '을지포커스렌즈 훈련(Ulchi Focus Lens: UFL)'은 대한민국 정부가 북한의 남침에 대비하여 1968년부터 실시해오던 '을지연습'과 1960년부터 군 차원에서 매년 시행해오던 유엔 사령부의 '포커스렌즈 연습'을 통합하여 1976년부터 연례적으로 8월에 실시한 군사훈련이다. 정부 차원의 '을지연습'은 전쟁 발발 시 행정기관은 물론 주요 산업

체까지 포함한 범정부 차원에서 군사 지원을 하기 위해 훈련을 실시하는 것이었다. 그리고 '포커스렌즈 연습'은 전쟁에 대비하여 한미합동작전과 각 군의 작전 수행을 강화하기 위한 군 차원의 훈련이었다. 국방부(1988), 앞의 책 110~11면; 국방부(2005), 『국방백서 2004』, 대한민국 국방부, 66면.

13 「사설: 을지82 훈련과 총방위체제」, 『경향신문』 1982년 8월 23일자 2면.

14 「전시 가상 야간 민방위 훈련 … "이상없다"」, 『동아일보』 1981년 9월 18일자 1면에 등장하는 사진.

15 「북괴 기습 대비 '총력전' 실습」, 『매일경제』 1986년 7월 15일자 11면; 「익숙해진 을지 훈련」, 『경향신문』 1986년 7월 16일자 11면.

16 앞의 『동아일보』 1981년 9월 18일자 1면 기사.

17 김예림(2013), 「국가와 시민의 밤: 경찰국가의 야경, 시민의 야행」, 『현대문학의 연구』 제49집(2013. 2.), 한국문학연구학회, 385~89면.

18 「'어둠의 집' 집필한 오정희 씨 '야간등화관제 훈련에서 진실의 정체를 알았죠'」, 『경향신문』 1980년 3월 27일자 5면.

19 서울 시청에서 등화관제 훈련 때 불빛이 사라진 서울 시내를 지켜보는 전두환 대통령의 모습을 담은 사진이다.(생산년도: 1983, 관리번호: CET0010901, 생산기관: 공보처 홍보국 사진담당관, 국가기록원)

20 「완벽한 등화관제 – 적기 쫓는 탐조등만」, 『경향신문』 1983년 8월 24일자 11면.

21 「등화관제 홍보 강화토록」, 『경향신문』 1983년 8월 24일자 1면.

22 「칠흑의 밤하늘 가른 탐조등 불빛」, 『동아일보』 1983년 8월 24일자 6면.

23 「독자의 광장: '정전' 속의 등화관제 훈련, 아파트 전기스위치 끄다니」, 『경향신문』 1983년 8월 31일자 9면.

24 이동진(2009), 『이동진의 부메랑 인터뷰 그 영화의 비밀』, 예담, 244면.

25 「전시행동요령 생활화 긴요」, 『동아일보』 1985년 8월 19일자 1면.

26 「휴지통」, 『동아일보』 1983년 8월 24일자 7면(민방위 대장이 등화관제 시에 산부인과에 켜진 비상등을 보고 병원 문을 부수고 들어가서 비상등을 깨뜨린 사건이 있었다는 내용); 앞의 『경향신문』 1983년 8월 31일자 9면의 독자의 광장; 「잘못된 '과잉 등화관제'」, 『동아일보』 1984년 8월 21일자 11면.

27 「칼럼: 등화관제 훈련」(탤런트 강부자), 『매일경제』 1986년 7월 18일자 3면; 「칼럼: 어둠의 시간」(소설가 이창동), 『동아일보』 1986년 7월 22일자 10면.

28 「국력 조직화 가능성 확인」, 『경향신문』 1986년 7월 19일자 7면.

29 국가기록원의 기록과 신문기사를 참고해서 재구성함.

30 「사설: 고등학교의 교련도 없애야」, 『한겨레』 1988년 12월 1일자 6면.

31 강준만(2003), 『한국 현대사 산책: 1980년대편(광주학살과 서울올림픽)』 제2권, 인물과사상사, 69면.

32 「대학생 군사교육 내년 폐지」, 『동아일보』 1988년 11월 25일자 1면.

33 「'군사교육 마찰' 해소」, 『동아일보』 1988년 11월 25일자 3면; 「대학생 군사교육 내년 폐지」, 『한겨레』 1988년 11월 26일자 11면.

34 「대학 교련 철폐」, 『매일경제』 1988년 11월 26일자 15면.

35 앞의 『한겨레』 1988년 11월 26일자 11면 기사 참조.

36 「애국가 영화 극장서 상영」, 『경향신문』 1971년 3월 4일자 7면.

37 조희연(2007), 앞의 책 128면 참조.

38 황지우(1983), 「새들도 세상을 뜨는구나」, 『새들도 세상을 뜨는구나』, 문학과지성사, 37면.

39 「문지시선 새 책 내 김광규·황지우 등」, 『매일경제』 1983년 12월 6일자 9면; 「침체 벗고 가능성 찾아」, 『매일경제』 1983년 12월 14일자 9면; 「황지우 시집 '새들도 세상을…' 연우무대서 시 20여편 연극화」, 『동아일보』 1988년 2월 10일자 7면.

40 「국기하강식 및 공연장에서의 애국가 상영에 대한 검토(제37회)」, 1988, 국무회의록, 관리번호: BA0085301, 생산기관: 총무처 의정국 의사과, 국가기록원, 198~200면.

41 「'국기에 대한 맹세' 문교부서 새로 제정」, 『경향신문』 1972년 8월 9일자 7면. 2019년 현재는 2007년에 변경된 "나는 자랑스러운 태극기 앞에 자유롭고 정의로운 대한민국의 무궁한 영광을 위하여 충성을 다할 것을 굳게 다짐합니다"라는 맹세문을 사용하고 있다.

42 「문교부 '국기에 대한 맹세' 제정 학교행사 때마다 외우게」, 『동아일보』 1972년 8월 9일자 7면.

43 앞의 『경향신문』 1972년 8월 9일자 7면 기사.

44 「국기 규정 확정」, 『경향신문』 1984년 2월 10일자 11면('대한민국 국기에 관한 규정' 안을 의결, 확정했다는 내용). 법제처 국가법령정보센터(http://www.law.go.kr)의 「대한민국 국기에 관한 규정」(대통령령 제11361호, 1984년 2월 21일 제정, 시행) 참조.

45 법제처 국가법령정보센터(http://www.law.go.kr)〉대한민국 국기에 관한 규정〉제정 이유 참조.

46 조희연(2007), 앞의 책 218면.

47 「국기에 여미는 '한마음' 내일을 약속한다」, 『경향신문』 1982년 12월 28일자 9면에 실린 사진.

48 「국기강하식 때에도 레코드상 전축 요란」, 『동아일보』 1980년 9월 25일자 4면; 「국기강하식은 경건하게, 가던 길 멈춘 행인 속에 트럭이 웬말」, 『경향신문』 1982년 8월 27일자 8면; 「하기식은 장난이 아니다」, 『경향신문』 1983년 11월 9일자 9면; 「경조일에 꼭 국기 게양하자, 학생 등 빼곤 하기식도 잘 안 지켜」, 『경향신문』 1984년 1월 13일자 9면; 「'경건한 마음' 하루 1분 국기강하식 외면 많아」, 『경향신문』 1985년 6월 17일자 9면.

49 「칼럼-오늘을 생각한다: 학생 뜻 옳으나 자제·양식 있어야」, 『동아일보』 1980년 5월 9일자 3면.

50 「사설: 북한은 오판 말라」, 『동아일보』 1980년 5월 26일자 2면; 「횡설수설」, 『동아일보』 1985년 5월 10일자 1면.

51 「후보 등록거부에 첫 소송」, 『동아일보』 1981년 3월 13일자 1면.

52 「중고생 교복·머리형 자율로」 「정초연휴에 쏟아진 빅뉴스에 어리둥절」, 『동아일보』 1982년 1월 3일자 호외 2면.

53 「기획연재: 통금 없는 세상은…(6) 10대에의 유혹」, 『경향신문』 1981년 11월 28일자 3면.

54 「사설: 교복 자율화의 조건」, 『동아일보』 1982년 12월 8일자 2면.

55 「집에 일찍 가자…사랑의 종소리」, 『동아일보』 1965년 5월 21일자 3면; 「청소년 귀가 방송 11시에 재개」, 『한겨레』 1996년 11월 18일자 22면.

56 「서울시경 청소년에 심야통금제」, 『경향신문』 1984년 3월 27일자 7면; 「밤거리 청소년 탈선 '통금'」, 『동아일보』 1984년 3월 27일자 11면.

57 박정숙(1991), 「한국 청소년의 패션의식에 관한 연구: 1980년대 학생잡지를 중심으로」, 이화여자대학교 교육대학원 석사학위논문.

58 정해구(2011), 『전두환과 80년대 민주화운동: 서울의 봄에서 군사정권의 종말까지』, 역사비평사, 104~107면.

59 강준만(2003), 앞의 책 제2권, 172면.

60 「'자율화'서 민주화까지, 숨 가쁜 대학가」, 『동아일보』 1980년 5월 16일자 3면.

61 정해구(2011), 앞의 책 108~109면; 「새 학기부터 학도호국단 사실상 폐지」, 『동아일보』 1985년 1월 24일자 1면.

62 나동진·김현준·권인탁(1988), 「1980년대 학생운동의 변화와 지도방안」, 『학생생활연구』 제16호, 전북대학교 학생생활연구소, 1350~54면.

63 한배호(1994), 『한국정치변동론』, 법문사, 419면(강준만(2003), 앞의 책 제2권, 172~73면에서 재인용).

64 1985년부터 운동권과 비운동권은 구분되기 시작했다. 「11개대 총장·노민정 대표 간담 '대학의 지도 한계에 왔다'」, 『동아일보』 1985년 6월 28일자 1면; 「내부싸움 투쟁에 불리 주장」, 『동아일보』 1986년 6월 6일자 6면; 「북·꽹과리 신명 속 학내 공약 만발」, 『경향신문』 1987년 3월 24일자 6면; 「총학생회장 선거공약 새 기류」, 『경향신문』 1988년 11월 23일자 11면 참조.

65 박성재(2005), 「대중가요의 정치: 1970~1990년대 지배와 저항의 동원」, 서울대학교 언론정보학과 석사학위논문.

66 「6·29 한돌 ① 비리척결·자율보장 미흡」, 『경향신문』 1988년 6월 28일자 3면. 6·29 선언 1주년을 맞아 6월 20일부터 24일 사이에 10개 문항으로 100명의 지도층 인사를 통

해 그 평가를 조사한 결과이다.

67 「민방위 훈련시간 단축」,『동아일보』1987년 9월 8일자 11면.

68 「이달 민방위 훈련 중단」,『동아일보』1988년 4월 9일자 9면; 법제처 국가법령정보센터(http://www.law.go.kr)〉법령〉예비군법 제6조(훈련) 참조.

69 「예비군 민방위 훈련 올림픽 기간엔 중단」,『경향신문』1988년 7월 29일자 1면.

70 「서울올림픽 기간 3개월 예비군·민방위 훈련 중단」,『한겨레』1988년 7월 30일자 7면.

71 당시의 신문기사를 참고해서 재구성함.

72 김민호(1988),「80년대 학생운동의 전개과정」,『역사비평』창간호(1988년 여름호), 역사비평사, 108면〔강준만(2003),『한국 현대사 산책: 1980년대편(광주학살과 서울올림픽)』제3권, 인물과사상사, 22~23면에서 재인용〕.

73 1986년 4월 입소교육 중 자진 퇴소한 성균관대학교 학생들에게 징집영장이 발부되자 학생들은 학교건물을 점거하고서 농성했고, 경찰이 대학교에 진입하면서 휴업사태가 빚어졌다. 4월 27일에는 서울대학교 학생들이 전방입소 반대시위를 벌였고 김세진, 이재호 학생이 분신자살했다.(「성대 시한부 휴업」,『경향신문』1986년 4월 24일자 7면;「사설: 전방입소교육의 자유선택」,『경향신문』1987년 2월 20일자 2면;「대학가 '군사교육 마찰' 해소」,『동아일보』1988년 11월 25일자 3면)

74 앞의『동아일보』1988년 11월 25일자 3면 기사.

75 「사설: 고등학교의 교련도 없애야」,『한겨레』1988년 12월 1일자 6면.

76 「동아일보 인터뷰─김수환 추기경: 자유·정의·진리의 회로 정상화시켜가야 할 때」,『동아일보』1982년 9월 30일자 9면.

77 「이광훈 칼럼: 눈물 흘리는 한풀이 애국심」,『경향신문』1986년 7월 4일자 3면.

78 「6·10대회 초읽기」,『동아일보』1987년 6월 8일자 3면.

79 「논단: 애국심도 관에서 배급하나」,『한겨레』1988년 6월 19일자 1면.

80 설문조사에 의하면, 극장에서의 애국가 상영에 대해서는 찬성이 56.7%, 중단해야 한다는 의견이 36.7%, 모르겠다는 의견이 6.6%였다. 그리고 국기하강식 때 라디오를 통해 애국가를 방송하는 것에 대해서는 계속해야 한다는 의견이 70.2%, 중단해야 한다는 의견이 24.6%, 모르겠다는 의견이 5.2%였다. 「국기하강식 및 공연장에서의 애국가 상영에 대한 검토(제37회)」, 1988, 국무회의록, 관리번호: BA0085301, 생산기관: 총무처 의정국 의사과, 국가기록원, 198~200면.

81 「횡설수설」,『동아일보』1988년 9월 1일자 1면.

82 앞의「국기하강식 및 공연장에서의 애국가 상영에 대한 검토(제37회)」참조.

83 전우용(2014),「한국인의 국기관과 '국기에 대한 경례': 국가표상으로서의 국기를 대하는 태도와 자세의 변화과정」,『동아시아문화연구』통권 56호, 한양대 동아시아문화연구소, 40면.

84 「경관 발포의 문제점」,『경향신문』1968년 2월 27일자 3면;「검문불응에 또 발포」,『경

향신문』 1968년 3월 4일자 7면; 「통금 무시 찝에 발포 김순경 불기소 처분」, 『동아일보』 1968년 11월 23일자 7면; 「애국가 연주 때 앉아 있다 즉심」, 『경향신문』 1971년 3월 15일자 7면; 「국기 경례 거부 제적여고생 6명 행정소송 취소 소송」, 『경향신문』 1973년 12월 6일자 7면.

85 「통금 위반 5만 7천명」, 『매일경제』 1985년 8월 21일자 11면.

86 「국기하강식 안 지켜진다」, 『경향신문』 1982년 3월 18일자 6면; 「경조일에 꼭 국기 게양하자, 학생 등 빼곤 하기식도 잘 안 지켜」, 『경향신문』 1984년 1월 13일자 9면; 「영화 보기 짜증스럽다」, 『동아일보』 1987년 10월 8일자 9면; 「영화관 애국가 상영에 진짜 애국심 달아난다」, 『한겨레』 1988년 8월 28일자 4면.

제3부 국민의 일상시간, 자원으로 개발되다

1 『1981년 국민생활시간조사』(KBS) 머리말.

2 조항제(1994), 「1970년대 한국 텔레비전의 성격에 대한 연구: 정책과 자본 간의 관계를 중심으로」, 『언론과 사회』 제4권(1994. 6.), 성곡언론문화재단, 27~53면.

5. 국민의 시간자원 개발

1 『1985년 국민생활시간조사』(KBS) 머리말 6면.

2 장세룡은 이를 국민국가의 시간정치, 자본의 시간경영의 맥락에서 논의했다. 장세룡(2015), 「로컬리티의 시간성: 국민국가의 시간 및 전지구화의 시간과 연관시켜」, 『역사와 세계』 제47집(2015. 6.), 효원사학회, 247~56면.

3 강수택(1998), 「근대적 일상생활의 구조와 변화」, 『한국사회학』 제32집(1998. 9.), 한국사회학회, 505~506면.

4 손애리(2000), 「시간연구의 특성과 '생활시간조사' 개발 과정」, 『한국조사연구학회 조사연구』 제1권 1호(2000. 6.), 한국조사연구학회, 136면.

5 정병두(2012), 「국민생활시간조사 데이터를 이용한 시간대별 이동행태 변화에 관한 연구」, 『국토계획』 제47권 4호(2012. 8.), 대한국토·도시계획학회, 316면; 박재환(1994), 「일상생활에 대한 사회학적 조명」, 미셸 마페졸리·앙리 르페브르 외 지음, 박재환, 일상성·일상생활연구회 엮음, 『일상생활의 사회학』, 한울아카데미, 28면.

6 추광영(1994), 「1980년대 한국인의 매체접촉 행태의 변화분석」, 『언론정보연구』 제31집(1994. 12.), 서울대학교 언론정보연구소, 58면.

7 손애리(2000), 앞의 글 136면 참조.

8 『1990년도 국민생활시간조사』(KBS) 발간사.

9 미국은 예외적으로 매년 실시하고 있다.

10 『1981년 국민생활시간조사』(KBS) 머리말.

11 「주부 수면 선진국보다 적고 일하는 시간은 가장 길다」, 『동아일보』 1981년 12월 4일 자 3면.

12 「기자의 눈: 국민생활시간조사」, 『동아일보』 1981년 12월 5일자 3면.

13 주관처는 한국방송공사(KBS)이고, 토오꾜오대학 신문연구소와 일본 NHK 세론조사 소(世論調査所)의 후원을 받아 시행하였다.(「국민생활시간조사 KBS 내 9월부터」, 『동아일보』 1981년 6월 24일자 12면)

14 『1981년 국민생활시간조사』(KBS) 7면.

15 『1981년 국민생활시간조사』(KBS) 7~8면. 조사지는 금요일·토요일·일요일 사흘 동안 15분 단위로 기록하게 되어 있다. 금요일·토요일·일요일을 조사 날짜로 선택한 것은 평일과 주말의 라이프스타일이 다른 것을 고려한 것이다. 조사지는 매회 동일했으나, 1987년도 조사에서는 조사 당일의 날씨를 기입하고 서머타임제에 대한 의견을 묻는 항목이 추가되었다. 『1987년 국민생활시간조사』(KBS) 9면, 14면 참조.

16 『1981년 국민생활시간조사』(KBS) 12~13면, 56면; 『1987년 국민생활시간조사』(KBS) 8면; 앞의 『동아일보』 1981년 12월 4일자 3면 기사 참조.

17 통계청의 조사에서는 '교제 및 여가활동(대분류)〉미디어 이용(중분류)〉라디오/텔레 비전(소분류)'과 같이 텔레비전과 라디오는 소분류로 되어 있다.

18 KBS와 통계청의 '국민생활시간조사' 결과 보고서를 참고해 재구성함. 통계청 조사의 원 명칭은 '국민생활시간조사'였으나 2004년부터 '생활시간조사'로 명칭이 바뀌었다.

19 김규환(1983), 「1983년도 국민생활시간조사」, 『언론정보연구』 제20집(1983. 12.), 서울 대학교 언론정보연구소, 131~67면.

20 『1983년 국민생활시간조사』(KBS) 머리말.

21 같은 책 6면.

22 『1985년도 국민생활시간조사』(KBS) 6면.

23 김규환(1983), 앞의 글 167면 참조.

24 『1983년 국민생활시간조사』(KBS) 6면; 『1985년 국민생활시간조사』(KBS) 6면.

25 『1987년도 국민생활시간조사』(KBS) 머리말.

26 김규환(1983), 앞의 글 150면 참조.

27 같은 글 133면 참조.

28 「교육혁명, '7·30 종합대책'」, 『매일경제』 1980년 7월 31일자 7면.

29 「국민생활시간대 조사 결과 늘어난 휴식 파고드는 TV」, 『매일경제』 1983년 12월 7일 자 9면.

30 『1983년 국민생활시간조사』(KBS) 31면의 〈표 11〉 '학습시간량' 참조.

31 「기획연재: 새 학기 문턱에서 서서─오늘의 대학(2) 신입생 오리엔테이션」, 『동아일

보』1981년 2월 25일자 6면; 「'의보일원화' 공약 어떻게 됐나—본회의 대정부 질문 요지」,『동아일보』1983년 11월 2일자 5면.

32 「기획연재: 교육풍토가 달라졌다(3) 공부하는 대학」,『경향신문』1981년 7월 22일자 3면; 「기획연재: 교육혁신 무엇이 달라지나(3) 대학교육」,『동아일보』1980년 8월 5일자 4면.

33 "대통령 각하께서 82년 정초 37년간 실시하여온 통금을 82. 1. 5.부터 전국에 걸쳐 해제토록 영단 발표하심에 따라 경찰의 계엄근무를 가일층 강화하기 위하여 1. 1.부터 1. 4. 간에는 작년보다 평균 6,000여명을 증가하여 1일 평균 47,500명으로서 총원의 84% 동원하였으며 뿐만 아니라 전(全) 전투경찰 28,416명을 동원 해안경계 방범활동 혼잡경비 등 제반 임무수행에 총력을 경주하였음."(「연말연시 종합치안 대책 결과 보고」, 1981. 1. 5. 국무회의 안건철, 문서번호: 경비2040-9, 관리번호: BA0084987, 생산기관: 총무처 의정국 의사과, 국가기록원, 3면)

34 「올림픽 대비 국민의식 개혁」,『경향신문』1982년 2월 10일자 7면.

35 『2010년 국민생활시간조사』(KBS) 40면의 〈그림 3-4〉 '전국민의 시각별 수면자율(평일)'을 바탕으로 재구성함.

36 『1985년 국민생활시간조사』(KBS) 6면 참조.

37 제1차 국민생활시간조사 위원장 김규환과 위원 오인환은 1982년에 멕시코 세계 사회학 대회에서 한국의 제1차 국민생활시간조사 자료를 보고함으로써 국제적으로 한국의 국민생활시간조사를 소개했다.(「사회학 이론의 현실 적용 등 논의」,『경향신문』1982년 8월 27일자 7면) "현재 세계 20여개 국에서 실시되고 있는 국민생활시간조사는 세계 사회학 대회의 중요한 분야로서, 본 대회에서 4년마다 국가별 조사자료가 발표되고 있으며 한국도 1982년 멕시코대회에서 조사자료를 보고하여 조사방법의 우수성을 국제적으로 인정받은 바 있다."(『1990년 국민생활시간조사』(KBS) 3면)

38 『1985년 국민생활시간조사』(KBS) 6면.

39 같은 책 1107면.

40 『1981년 국민생활시간조사』(KBS) 43~47면; 앞의『동아일보』1981년 12월 4일자 3면 기사(그래프와 표를 통해서 시각적으로 다른 나라와 생활시간 비교가 이루어지도록 함).

41 1990년과 1995년의 조사는 일본과의 비교 연구를 위해서 일본과 같은 조사 시기(동일 기간과 동일 연도)에 이루어졌다.

42 『1987년도 국민생활시간조사』(KBS) 7면; 손애리(2000), 앞의 글 141면.

43 박명규·서호철(2003),『식민권력과 통계』, 서울대학교출판부, 5~6면.

6. 또 하나의 국민 시계, 텔레비전

1 알튀세르에 의하면 텔레비전은 여러 이데올로기적 국가장치(AIE) 중 정보의 AIE에 속한다. Louis Althusser(1995), *Sur la reproduction*, Presses Universitaires de France, 김웅권 옮김(2007), 『재생산에 대하여』, 동문선, 365면.

2 강준만(2003), 『한국 현대사 산책: 1980년대편(광주학살과 서울올림픽)』 제1권, 인물과사상사, 53~60면.

3 「보안사 언론대책반서 주도, 이상재 씨 해직관련 드러나」, 『매일경제』 1988년 11월 21일자 1면.

4 강준만(2003), 앞의 책 49~60면, 211~16면.

5 김진룡(1990), 「언론 통폐합의 전모 진상!: 80년 '언론대책반' 김기철 씨의 증언」, 『월간중앙』 1990년 12월호 233면[강준만(2003), 앞의 책 214면에서 재인용].

6 국보위가 제5공화국을 출범시키기 위한 정치적 정지작업을 수행했다면, 국가보위입법회의는 제5공화국 출범 이후에 형성될 정치적 틀을 강압적으로 재조정하는 일을 담당했다. 국가보위입법회의는 1980년 10월 27일에 제5공화국 헌법이 발효되고 제10대 국회가 해산됨에 따라 개정헌법부칙 제6조 제1항의 규정에 의거하여 국회의 권한을 대행하기 위해 발족되었다. 김행선(2015), 『1980년대 전두환 정권의 수립: 국가보위비상대책위원회와 국가보위입법회의를 중심으로』, 도서출판 선인, 163면의 각주; 『국가보위입법회의사료』, 국회사무처 1995, 15면 참조. 국가보위입법회의는 1980년 10월 27일부터 1981년 4월 11일까지 약 6개월 동안 해산된 국회 대신 제5공화국의 국회 역할을 대신했다. 김행선(2015), 앞의 책 178~205면 참조.

7 강준만(2003), 앞의 책 260면 참조.

8 「언론기관 자율 통폐합」, 『경향신문』 1980년 11월 15일자 1면.

9 최명(1990), 「민주화과정에 있어서 한국언론의 위상 I: 한국정치민주화의 방향 연구」, 『한국정치연구』 제2권, 서울대학교 한국정치연구소, 99면 참조. 언론 통폐합에 관한 서류는 『한국일보』가 1988년 10월에 입수하여 공개한 「건전언론육성종합방안」이라는 자료이다.

10 한국방송70년사편찬위원회 엮음(1997), 『한국방송 70년사』, 한국방송협회·한국방송공사, 619~20면.

11 1971년 대구에서 시작된 FM 라디오 방송.

12 1971년 전남지역(광주)의 민영방송.

13 1969년 전북 군산에서 시작해 서해안 일대인 전라남북도와 충청남북도의 청취자를 대상으로 한 방송.

14 「통폐합 반년 방송의 앞날」, 『동아일보』 1981년 5월 30일자 9면; 한국방송70년사편찬위원회 엮음(1997), 앞의 책 572~73면.

15 조항제(1994), 「1970년대 한국 텔레비전의 성격에 대한 연구: 정책과 자본 간의 관계를 중심으로」, 『언론과 사회』 제4권(1994. 6.), 성곡언론문화재단, 27면.

16 강준만(2003), 앞의 책 193~286면과 한국방송70년사편찬위원회 엮음(1997), 앞의 책을 참고하여 재구성함.

17 이는 이광표 문공부 장관의 제17회 방송의 날 치사 내용이다.(「이 문공, 방송의 날 기념식 치사 '새 시대 부응 보도·논평을'」, 『동아일보』 1980년 9월 3일자 1면 참조)

18 강준만(2003), 앞의 책 273면.

19 Paddy Scannell(1996), "Dailiness," *Radio, Television and Modern Life: A Phenomenological Approach*, Blackwell Publishers Inc., USA, pp. 144~78.

20 같은 글; Raymond Williams(1974), *Television: Technology and Cultural Form*, Routledge, 박효숙 옮김(1996), 『텔레비전론』, 현대미학사; Henri Lefèbvre(1996), *Éléments de rythmanalyse: introduction a la connaissance des rythmes*, Editions Syllepse, 정기헌 옮김(2013), 『리듬분석: 공간, 시간 그리고 도시의 일상생활』, 갈무리 참조.

21 「주부 수면 선진국보다 적고 일하는 시간은 가장 길다」, 『동아일보』 1981년 12월 4일자 3면.

22 한국방송70년사편찬위원회 엮음(1997), 앞의 책 626면.

23 「KBS 고교강좌 16일부터」, 『매일경제』 1980년 6월 16일자 8면.

24 본방송 시청률이 71.2%, 재방송 시청률이 20.7%였다.(「사설: 시청률 높은 TV과외」, 『동아일보』 1980년 7월 5일자 2면)

25 이후 1년 후에 실행된 아침방송에 대해 에너지 절약 차원에서 반대하는 의견이 존재했다. 「사설: TV 아침방영」, 『동아일보』 1981년 5월 25일자 2면; 「TV 아침방송 실시계획 보고」, 1981. 5. 관리번호: HA0000644, 생산기관: 대통령비서실, 국가기록원 참조.

26 「6월부터 1시간 30분씩 TV 가정고교방송 실시」, 『매일경제』 1980년 5월 17일자 8면; 「'TV과외 방영시간 너무 늦다' 청취 실태 조사」, 『동아일보』 1980년 7월 3일자 7면.

27 「TV과외─개선 여지 많은 '대입상자'」, 『경향신문』 1980년 7월 5일자 7면.

28 국보위는 이 조치에 대해 입시 위주의 학교교육이 건전한 사회구성원으로 성장하기 위한 인격 교육이 되도록 건전한 교육풍토를 조성하고 과열과외로 인한 사회계층 간의 위화감을 해소하며 국민단합을 촉진하기 위한 것이라고 밝혔다. 텔레비전 방송과 관련해서는 고교교육방송의 대폭 증가와 교육전용방송을 약속했다.(「교육 정상화 및 과열과외 해소방안─국보위 발표 전문」, 『경향신문』 1980년 7월 30일자 3면)

29 앞의 『경향신문』 1980년 7월 30일자 3면 기사.

30 「'교양·뉴스' 확충·강화 내달부터 MBC·KBS TV 프로 개편」, 『경향신문』 1980년 8월 30일자 5면.

31 한국방송70년사편찬위원회 엮음(1997), 앞의 책 627면.

32 서현진(2001), 『끝없는 혁명: 한국 전자산업 40년의 발자취』, 이비컴, 261면, 294면(강준만(2003), 앞의 책 274면에서 재인용); 「사설: 컬러TV 시판과 국민경제」, 『동아일보』 1978년 2월 23일자 4면.

33 AFKN은 1977년 7월 1일부터 컬러방송을 시작했다.(「컬러TV시대의 개막」, 『동아일보』 1980년 11월 11일자 3면)

34 KBS의 「초분」 「불교문화를 찾아서」 「레만 호에 지다」, TBC의 「세계의 여인들」 「쇼쇼쇼」 「마포나루」 「대춘향전」 「야, 곰례야」, MBC의 「토요일 토요일 밤에」 등이 컬러방송 실시 이전에 컬러로 방송되었다. 이기홍(1979), 「컬러TV 무엇이 문제인가」, 『신문과 방송』 통권 106호(1979. 9.), 한국언론재단, 25~29면 참조.

35 「한국내셔널, 컬러TV 대미 수출」, 『동아일보』 1974년 7월 25일자 2면.

36 「12월부터 소급, 컬러TV 대미 수출 80년 6월까지 규제」, 『매일경제』 1978년 12월 12일자 1면.

37 「언제까지 시기상조인가? 장사 속에 죽는 시늉인가?」, 『매일경제』 1980년 2월 7일자 3면.

38 「가전업계 판금은 성장 진로 봉쇄」, 『매일경제』 1980년 2월 6일자 3면; 앞의 『매일경제』 1980년 2월 7일자 3면 기사; 「2년간 101만대로 늘려, 컬러TV 대미 수출쿼터」, 『동아일보』 1980년 6월 26일자 1면.

39 「컬러TV 8월 시판, 방영은 1년 후에나」, 『매일경제』 1980년 7월 12일자 1면.

40 앞의 『매일경제』 1980년 2월 7일자 3면 기사.

41 앞의 『매일경제』 1980년 7월 12일자 1면 기사.

42 문화방송30년사편찬위원회(1992), 『문화방송 30년사』, MBC 문화방송, 385~88면; 「'색채 문화'에 민방 합류 앞당겨진 MBC-TV 컬러 방영」, 『경향신문』 1980년 12월 20일자 5면.

43 「컬러TV에 대비한 조사연구 절실」, 『경향신문』 1979년 2월 13일자 5면; 「컬러TV 잠재수요 급증세」, 『매일경제』 1979년 1월 13일자 6면; 「컬러TV 잠재수요 표면화, 교육방송 방영 확정 따라」, 『매일경제』 1979년 6월 23일자 3면.

44 주태산(1998), 『경제 못 살리면 감방 간대이: 한국의 경제부총리, 그 인물과 정책』, 중앙 M&B, 173~74면(강준만(2003), 앞의 책 276면에서 재인용).

45 한국방송70년사편찬위원회 엮음(1997), 앞의 책 624~25면.

46 임종수(2011), 「KBS 텔레비전 프로그램의 역사: 국가 만들기 양식」, 『방송문화연구』 제23권 1호(2011. 6.), KBS 방송문화연구소, 113면; 이상록(2015), 「TV, 대중의 일상을 지배하다: 1961년 KBS 개국과 대중문화 혁명」, 『역사비평』 통권 113호(2015년 겨울호), 역사비평사, 99면.

47 「성장잠재력과 발전의지로 제2도약」(제17회 '수출의 날' 기념식 치사, 1980. 12. 1.), 대통령비서실 엮음, 『전두환대통령연설문집: 제5공화국출범전 편』, 대통령기록관

참조.

48 강준만(2003), 앞의 책 272면.

49 전두환 대통령은 1981년 1월 28일부터 2월 7일까지 미국을 방문했고 2월 대통령 선거
인단의 간접선거를 거쳐 3월 3일에 취임식을 치렀는데, 이 과정은 컬러방송 정규화
조치로 인해 컬러로 방영되었다. 그리고 이어서 3월 25일에 제11대 총선이 치러졌다.
이는 모두 문공부가 컬러 정규방송 시작 시기로 예정한 4월 이전의 일이었다.

50 「〔현대사 다시 쓴다〕 50대 사건을 통해 본 격동의 한 세기: 신군부, '국민 탈정치' 위해
컬러방송 허용」, 『한국일보』 1999년 10월 19일자 17면.

51 「컬러TV 품귀 문제 있다」, 『경향신문』 1980년 12월 8일자 3면.

52 「용어해설: 수요자 금융」, 『매일경제』 1982년 1월 26일자 3면.

53 한국방송70년사편찬위원회 엮음(1997), 앞의 책 733면의 '연도별 TV 수상기 등록현
황(총등록대수): 1963년 이후 1984년까지(흑백, 컬러 포함)'와 734면의 '1985년 이후
컬러수상기 등록상황'을 바탕으로 재구성함. 1984년 12월부터 흑백TV의 시청료가 면
제되고 1985년부터는 컬러TV의 시청료만 납부하게 되면서 1985년부터는 흑백TV가
집계되지 않았다.

54 「컬러TV 보급률 서울 17%, 부산 12%」, 『매일경제』 1981년 3월 26일자 7면.

55 강준만(2003), 앞의 책 278면.

56 「컬러TV 보급률 83%」, 『경향신문』 1989년 8월 21일자 7면; 「컬러TV 보급 5가구당 4대
꼴」, 『동아일보』 1989년 8월 22일자 17면. 하지만 전자공업진흥회가 발표한 조사 결과
에 의하면 이미 1986년 말에 컬러TV만 따져도 그 보급률이 89%이고 흑백TV까지 합
치면 가구수 이상이라고 한다.(「사설: 선거를 앞둔 TV방송」, 『동아일보』 1987년 10월
29일자 2면) 이렇듯 컬러TV 보급률은 가전업체, 방송사, 상공부, 한국의 사회지표 등
이 제시하는 자료 간에 차이가 있다. 일례로 1985년 보급률의 경우에도 46%에서 76%
까지 통계가 서로 다르게 나타난다.

57 강준만(2003), 앞의 책 278면.

58 「다시 성장 커브로 진입 나라살림 우리살림…새해 경제진단」, 『경향신문』 1981년 1월
1일자 5면.

59 한국방송70년사편찬위원회 엮음(1997), 앞의 책 625면, 740~42면.

60 「컬러TV 방영점검〈3〉 생활과 색채」, 『동아일보』 1980년 7월 16일자 5면.

61 「'색의 문화' 앞당긴 TV컬러化」, 『경향신문』 1982년 11월 29일자 12면. 이 기사는 특히
프로야구의 성공이 컬러방송에 그 원인이 있다고 지적하고 있다.

62 「TV 아침방영 3일부터 중지」, 『경향신문』 1973년 11월 30일자 7면.

63 임종수(2004), 「1960~1970년대 텔레비전 붐 현상과 텔레비전 도입의 맥락」, 『한국언
론학보』 제48권 2호, 한국언론학회, 79~107면; 임종수(2011), 앞의 글 참조.

64 임종수(2006), 「방송 미디어와 근대적 시간의 구조화에 관한 연구」, 『언론과 사회』

14권 3호(2006. 3.), 성곡언론문화재단, 25~26면.

65 「TV 아침에도 방영, 7시~10시까지 3시간」, 『경향신문』1981년 4월 1일자 7면.

66 「국민화합으로 새 시대 건설」, 『경향신문』1980년 8월 27일자 1면; 「화합시대 연 민족
사의 새 장 제5공화국 출범의 의미 - 학자대담」, 『경향신문』1981년 2월 26일자 3면;
「사설: 전두환 대통령의 취임」, 『동아일보』1981년 3월 3일자 2면.

67 「사설: 국민화합 위한 일대 영단」, 『경향신문』1982년 12월 16일자 2면; 「학원은 학원
에 맡기는 사회로」, 『동아일보』1983년 12월 23일자 5면.

68 문화방송30년사편찬위원회(1992), 앞의 책 391면; 한국방송공사 엮음(1987), 『한국방
송 60년사』, 679면.

69 「TV 아침방송 실시계획 보고」, 1981. 5. 관리번호: HA0000644, 생산기관: 대통령비서
실, 국가기록원.

70 앞의 「TV 아침방송 실시계획 보고」 참조.

71 한국방송70년사편찬위원회 엮음(1997), 앞의 책 625면.

72 「TV 아침에도 방영, 7시~10시까지 3시간」, 『경향신문』1981년 4월 1일자 7면.

73 앞의 「TV 아침방송 실시계획 보고」 원문의 일부분.

74 『동아일보』1981년 5월 23일자 12면의 '텔레비전 프로' 참조.

75 앞의 『동아일보』1981년 12월 4일자 3면 기사.

76 『1981년 국민생활시간조사』(KBS) 51~54면의 '전국민 시간대별 행동 조사'를 바탕으
로 재구성함.

77 임종수(2006), 앞의 글 22~23면.

78 양 방송사는 올림픽에 대비해서 보도국 체육부를 스포츠국으로 승격하고 1982년 봄
철 개편을 통해 스포츠 프로그램을 확대했다. MBC의 경우는 저녁 9시 뉴스에 이어서
10분간 스포츠 뉴스를 방송하고, 방송 종료시간이 23시 40분에서 24시 20분으로 연장
된 것을 계기로 심야에 매일 23시 15분부터 24시까지 45분간 'MBC 스포츠' 코너를 신
설했다. 그리하여 일반 뉴스와 함께 스포츠 중계와 스포츠 뉴스 역시도 편성표에 의
해 반복적이고 주기적으로 일상시간을 구조화하는 데 영향을 미쳤다.

79 「TV 아침방송 시작, 뉴스에 가장 관심」, 『동아일보』1981년 5월 25일자 11면; 「칼럼:
TV 아침방영 재개에 바란다」, 『경향신문』1981년 5월 25일자 11면; 「생생한 새 뉴스
를…」, 『동아일보』1981년 5월 26일자 12면.

80 앞의 『경향신문』1981년 5월 25일자 11면 칼럼.

81 앞의 『동아일보』1981년 5월 25일자 11면 기사.

82 「공영화 이후의 '시청자 의식 조사' TV 프로 질이 크게 향상되었다」, 『경향신문』
1981년 10월 5일자 12면.

83 김규환(1981), 「1981년도 국민생활시간조사」, 『언론정보연구』제18집(1981. 12.), 서울
대학교 언론정보연구소, 33면.

84 김규환(1983), 「1983년도 국민생활시간조사」, 『언론정보연구』 제20집(1983. 12.), 서울
대학교 언론정보연구소, 158~59면.

85 「MBC, 6개 프로에 앵커맨을 고정 배치」, 『경향신문』 1981년 6월 13일자 12면.

86 텔레비전 선택은 46.8%, 신문 선택은 42.9%로 나타났다.(「연대 이상회 교수 서울시민
'TV시청형태' 조사, 연속극과 쇼를 줄여라」, 『동아일보』 1983년 2월 25일자 7면)

87 홍석경(1996), 「텔레비전과 일상생활의 시간성 연구: 뉴스의 리듬과 시간성 분석」,
『언론과 사회』 제12권(1996. 6.), 성곡언론문화재단, 77~82면.

88 같은 글 74~77면.

89 「'색의 문화' 앞당긴 TV컬러화」, 『경향신문』 1982년 11월 29일자 12면; 정준영·최민규
(2016), 「프로야구에 열광하다」, 김정한 외 『한국현대생활문화사: 1980년대(스포츠공
화국과 양념통닭)』, 창비, 114면.

90 개막전에는 3만명, 첫 주말 경기에는 6만명의 관중이 모였다.(「'스포츠 한국' 새 장 연
열광의 주말」, 『경향신문』 1982년 3월 29일자 9면) 출범 첫해인 1982년의 프로야구 관
중수는 140만명, 1986년에는 260만명을 넘어섰다고 한다.〔정준영·최민규(2016), 앞의
글 97면 참조〕 2018년 현재 프로야구 관중수는 약 800만명이라고 한다.

91 심은정(2012), 「제5공화국 시기 프로야구 정책과 국민여가」, 전남대학교 사학과 석사
학위논문, 18면.

92 「'의보일원화' 공약 어떻게 됐나―본회의 대정부질문 요지」, 『동아일보』 1983년 11월
2일자 5면.

93 한국야구사간행위원회(1999), 「대통령 지시사항」, 『한국야구사』, 대한야구협회,
1156면〔심은정(2012), 앞의 글 21면에서 재인용〕.

94 서울·부산·광주의 10~59세 남녀 천명을 조사한 결과, 일반 프로그램의 시청률은
16.7%인데 프로야구의 시청률은 23.2%가 나왔다. 한국방송70년사편찬위원회 엮음
(1997), 앞의 책 667면; 「야구중계 시청률 높다―프로그램 비교 조사 결과」, 『동아일
보』 1982년 5월 20일자 12면 참조.

95 MBC는 1983년 300경기 중 TV로 70경기, 라디오로 121경기를 중계했다. 「TV주평: 프
로야구 중계는 성역인가」, 『동아일보』 1982년 5월 17일자 12면; 문화방송(1984), 『文化
放送年誌』, 118~21면〔심은정(2012), 앞의 글 21~22면에서 재인용〕 참조.

96 「전두환 대통령 한국프로야구 창단개막식 시구 2」(서울운동장, 1982. 3. 27.), 관리번
호: CET0015731, 생산기관: 공보처 홍보국 사진담당관, 국가기록원.

97 「프로야구 중계…TV 평일 낮시간 방송 재개」, 『경향신문』 1982년 4월 5일자 12면; 「프
로야구 주 3회 중계」, 『동아일보』 1986년 4월 23일자 9면.

98 「논단: '프로 스포츠 과열' TV 책임 크다―지나친 중계열 국민 우민화 재촉 '건전한
뿌리' 내리게 자중하도록」, 『동아일보』 1983년 7월 25일자 5면.

99 「기획연재: '가정의 달'에 짚어본다(4) TV 앞서 못 떠나는 아이들」, 『동아일보』 1983년

5월 9일자 8면; 「방송위원회서 3개 채널 실태조사, TV프로 스포츠가 18.9% 차지」, 『동아일보』 1983년 6월 20일자 12면.

100 「교육 정상화 및 과열과외 해소방안—국보위 발표 전문」, 『경향신문』 1980년 7월 30일자 3면; 「TV 아침에도 방영, 7시~10시까지 3시간」, 『경향신문』 1981년 4월 1일자 7면.

101 '계엄 455일' 일지 79. 10·27~81. 1·24」, 『동아일보』 1981년 1월 24일자 9면.

102 예상보다 컬러방송을 일찍 시작한 것이 컬러수상기 품귀현상의 원인으로 지적되기도 했다. 컬러수상기 시판 허용과 시험방송 그리고 정규방송까지 걸린 시간이 4개월에 불과했기 때문이다. 보통 컬러수상기 시판과 방영 간에 시차를 두고, 시험방송과 정규화 사이에도 간격을 둔다. 문공부에서도 그것을 염두에 두고 실행 시기를 예상해 발표했었다.

103 「좌담: 올해의 방송—공영화 뒷수습·컬러 방영·아침방송 재개···새로운 것으로 바빴던 한해」, 『동아일보』 1981년 12월 17일자 12면; 「아침TV 8년 만의 부활···25일께 방영」, 『동아일보』 1981년 5월 21일자 1면.

104 이상록(2015), 앞의 글 108~10면.

105 경제기획원 조사통계국(1989), 『한국의 사회지표 1989』, 314면의 〈표 8-14〉 'TV시청률 및 시청시간(1주간)' 참조.

106 추광영(1994), 「1980년대 한국인의 매체접촉 형태의 변화분석」, 『언론정보연구』 제31집(1994. 12.), 서울대 언론정보연구소, 74~76면 참조.

107 『1981년도 국민생활시간조사』(KBS) 26면과 34면의 〈표 13〉 'TV·라디오 시청취자율의 비율 및 행위자 평균시간'; 『1987년도 국민생활시간조사』(KBS) 51면의 〈그림 16〉 '자유시간의 변화(전국민 평균)'와 56면의 〈표 26〉 'TV 시청시간의 변화(전체 평균시간)'를 참고하여 재구성함.

108 『1987년 국민생활시간조사』(KBS) 60면.

109 1983년의 '국민생활시간조사'에서는 아침뉴스의 시청률이 20%에 달하는 것으로 나타났다.〔『1983년 국민생활시간조사』(KBS) 39면〕

110 1981년, 1983년, 1985년, 1987년 '국민생활시간조사'의 내용을 바탕으로 재구성함.

111 강준만(2003), 『한국 현대사 산책: 1980년대편(광주학살과 서울올림픽)』 제3권, 인물과사상사, 56~63면.

112 『1987년 국민생활시간조사』(KBS) 56면.

113 텔레비전 프로그램은 시간의 흐름에 따라 선형적으로 진행되기 때문에 단선적 시간성을 지니는 동시에, 평일과 주말 편성으로 나뉘고 주와 월과 연으로 반복됨으로써 순환적이고 주기적인 시간성을 가진다. 홍석경(1996), 「텔레비전과 일상생활의 시간성 연구: 뉴스의 리듬과 시간성 분석」, 『언론과 사회』 제12권(1996. 6.), 성곡언론문화재단, 70~71면 참조.

114 레이먼드 윌리엄즈(1974), 박효숙 옮김(1996), 『텔레비전론』, 현대미학사, 133~85면,

203면.

115 이재현은 노동과정의 합리화에 의해 노동의 동시화가 이루어지고, 방송편성의 합리
화를 통해 여가패턴이 동시화되면서 현대에 들어 생활패턴도 동시화되고, 이로써 사
회적 시간이 재조직되는 과정을 다음의 일련의 글에서 밝혀내고 있다. 「노동과 텔레
비전, 그리고 생활패턴의 同時化」, 『언론정보연구』 제31집(1994. 12.), 서울대학교 언
론정보연구소, 117~43면; 「생활시간 패턴과 텔레비전 편성」, 『방송문화연구』 제8권
(1996. 12.), KBS 방송문화연구소, 267~91면; 「방송편성의 합리화와 일상생활 패턴의
동시화」, 『언론과 사회』 제18권(1997. 12.), 성곡언론문화재단, 54~80면; 「여가, 텔레비
전, 그리고 인터넷: 생활시간으로 본 미디어 구도의 변화」, 『방송문화연구』 제13권
(2001. 12.), KBS 방송문화연구소, 59~81면.

7. 모든 길은 텔레비전으로 통한다

1 레이먼드 윌리엄즈(1974), 박효숙 옮김(1996), 『텔레비전론』, 현대미학사, 45~71면;
   Shaun Moores(2000), *Media and Every Life in Mordern Society*, Edinburg University
   Press, 임종수·김영한 옮김(2008), 『미디어와 일상』, 커뮤니케이션북스, 18면 참조.
2 『1987년 국민생활시간조사』(KBS) 51면의 〈그림 16〉 '자유시간의 변화(전국민 평균)'
   와 56면의 〈표 26〉 'TV 시청시간의 변화(전체 평균시간)'를 바탕으로 재구성함.
3 Daniel Dayan & Elihu Katz(1992), *Media Events: The Live Broadcasting of History*,
   Harvard University Press, 곽현자 옮김(2011), 『미디어 이벤트: 역사를 생중계하다』, 한
   울아카데미, 23~24면.
4 Paddy Scannell & David Cardiff(1991), *A Social History of British Broadcasting:
   Volume One 1922-1939 Serving the Nation*, Oxford: Basil Blackwell, p. 277〔임종수
   (2011), 「KBS 텔레비전 프로그램의 역사: 국가 만들기 양식」, 『방송문화연구』 제23권
   1호(2011. 6.), KBS 방송문화연구소, 111면에서 재인용〕.
5 Daniel Dayan & Elihu Katz(1992), 곽현자 옮김(2011), 앞의 책 30~42면, 263면.
6 「전두환 대통령 내외분 제62회 전국체전 개회식 참석」 기록물 중 사진, 생산년도:
   1981, 생산기관: 공보처 홍보국 사진담당관, 관리번호: CET0000019, 국가기록원.
7 선수들뿐 아니라 경복여상 학생 2800명이 동원되어 화려한 카드섹션을 연출했
   다.(「올림픽 리허설 될 전국체전 10일부터 서울서 62년 체전사에 새 장」, 『경향신문』
   1981년 10월 7일자 9면; 『경향신문』 1981년 10월 12일자 9면의 사진 '단합된 민족의
   힘이 넘치는 개회식 퍼레이드' 참조)
8 앞의 『경향신문』 1981년 10월 12일자 9면의 사진 참조.
9 「국체 응원석…꽃거리…기개도 만발」, 『동아일보』 1983년 10월 6일자 11면.
10 「광주엔 벌써 체전 열기—13일 개막 열전 6일」, 『경향신문』 1987년 10월 9일자 9면.

11 「'국풍 81' 사업내용 확정」, 『경향신문』 1981년 4월 28일자 11면.

12 「29일부터 5일 '국풍 81' 행사 동안 여의도 통금 해제」, 『경향신문』 1981년 5월 22일자 7면.

13 『동아일보』 1981년 5월 28일에서 6월 1일까지의 텔레비전 편성표 참조.

14 「전통과 젊음의 한마당…여의도 대축제 국풍 81 개막」, 『경향신문』 1982년 5월 28일자 1면.

15 「국풍인파 연 천만 '열기 5일' 오늘밤 폐막」, 『경향신문』 1982년 6월 1일자 1면.

16 김형진(1998), 「대학가요제의 돌연변이 국풍 81」, 『내일신문』 1998년 5월 27일자 35면 (강준만(2003), 『한국 현대사 산책: 1980년대편(광주학살과 서울올림픽)』 제2권, 인물과사상사, 52~53면에서 재인용).

17 신현준(1999), 「1980년대 문화적 정세와 민중문화운동」, 이해영 외 『혁명의 시대: 1980년대』, 새로운세상, 213~14면(강준만(2003), 앞의 책 50~51면에서 재인용); 「학원 소요 강경대처로 극복」, 『동아일보』 1981년 6월 4일자 1면.

18 「사설: 극소수 대학생들의 '경거망동'에 자숙을 촉구한다」, 『경향신문』 1981년 5월 30일자 2면.

19 「독립기념관 짓기로」, 『동아일보』 1982년 8월 9일자 1면.

20 「독립기념관 세운다」, 『경향신문』 1982년 8월 28일자 1면.

21 「MBC 독립기념관 모금방송에 뜨거운 호응」, 『경향신문』 1982년 9월 3일자 11면.

22 1982년 12월 6일 월요일부터 12월 11일 토요일까지 KBS1 TV를 통해 방영되었다.(당시 『동아일보』 텔레비전 편성표 참조)

23 국민 전체 성금 모금액이 478억원에 이르고 그 이자 수익이 65억원에 달했다.(「자리 잡혀가는 '독립기념관'」, 『경향신문』 1984년 3월 1일자 7면)

24 한국방송70년사편찬위원회 엮음(1997), 『한국방송 70년사』, 한국방송협회·한국방송공사, 699면.

25 「'이뤄지지 않은 만남'은 아직도 많은데…」, 『동아일보』 1984년 6월 27일자 7면.

26 이상희(1984), 「방송 캠페인의 사회적 효과: 이산가족찾기 운동의 이론적 의의」, 『한국사회과학』 제6권 1호(1984. 6.), 서울대학교 사회과학연구원, 123~50면; 전병재(1984), 「민족 이산과 이산가족찾기 운동의 사회적 함의」, 『한국사회과학』 제6권 1호, 서울대학교 사회과학연구원, 101~22면.

27 이 응답은 한국갤럽조사연구소가 1983년 10월 10일에서 10월 20일까지 전국의 1450가구를 무작위로 추출해서 개별 면접으로 조사한 결과이다. 이대현 「남북이산가족찾기는 컬러TV 연출 최대작」, 『한국일보』 1999년 10월 19일자 17면(강준만(2003), 앞의 책 141면에서 재인용); 한국방송70년사편찬위원회 엮음(1997), 앞의 책 740면 참조.

28 한국방송70년사편찬위원회 엮음(1997), 앞의 책 740~41면.

29 '땡전뉴스'란 9시 뉴스의 시작을 알리는 시보가 '땡' 울림과 동시에 '전두환 대통령

께서는'으로 시작하는 대통령의 일정 보도가 뉴스의 시작이고, 뉴스의 대부분이 그 내용으로 채워졌기 때문에 생긴 은어(隱語)이다. 지금까지도 1980년대 텔레비전 방송의 대표적인 대중조작 사례로 거론되고 있다. 강준만(2003), 앞의 책 157~58면; 「'전두환 이순자 씨 미화하라' 5공방송 극비문서 잇단 공개」, 『한겨레』 1995년 12월 30일자 19면 참조.

30 『동아일보』 1985년 10월 25일자 12면의 '텔레비전 프로' 참조.

31 Nick Couldry(2003), *Media Rituals: A Critical Approach*, Routledge, 김정희·김호은 옮김(2007), 『미디어는 어떻게 신화가 되었는가: 미디어 의식의 비판적 접근』, 커뮤니케이션북스.

32 Daniel Dayan & Elihu Katz(1992), 곽현자 옮김(2011), 앞의 책 18면.

33 같은 책 260~64면.

34 강준만(2003), 『한국 현대사 산책: 1980년대편(광주학살과 서울올림픽)』 제3권, 인물과사상사, 54~63면.

35 "1984년 4월 28일, 전북 완주에서 KBS시청료 거부운동의 구호가 터져나왔다. 한국가톨릭농민회 전주교구연합회 완주협의회와 천주교 전주교구 고산 천주교회가 공동으로 연대하여 시청료 거부운동의 물꼬를 텄다. 이는 광주학살 이후 공포정치로 일관해 온 신군부에 대한 최초의 국민저항운동이었다. 이 운동은 우리나라 민주화운동에 불을 댕기는 불쏘시개가 되었다."〔오픈아카이브(http://archives.kdemo.or.kr)〉사료콘텐츠〉사료이야기〉2월〉KBS시청료거부운동−신군부에 도전한 국민 저항운동〕

36 서중석(2007), 『한국현대사 60년』, 역사비평사, 185면.

37 조항제·박홍원(2011), 「한국 텔레비전 50년의 정치와 경제」, 『방송문화연구』 제23권 1호(2011. 6.), KBS 방송문화연구소, 62면.

38 김성익(1992), 『전두환 육성증언』, 조선일보사, 65면〔강준만(2003), 앞의 책 제3권, 60면에서 재인용〕.

39 강준만(2003), 앞의 책 제3권, 63면.

40 조항제·박홍원(2011), 앞의 글 62면.

41 김기태(1995), 「한국의 언론수용자운동」, 『언론과 수용자』, 한국언론연구원, 180면〔조항제·박홍원(2011), 앞의 글 62면의 〈표 4〉에서 재인용〕.

42 조항제(2012), 「한국 공영방송의 수신료 문제에 대한 역사적 고찰」, 『방송문화연구』 제24권 2호(2012. 12.), KBS 방송문화연구소, 37~70면.

43 「KBS 시청료 거부운동」, 『동아일보』 1986년 4월 4일자 11면에 실린 사진.

44 「KBS1 TV 광고 89년부터 전면 폐지」, 『경향신문』 1986년 5월 14일자 1면; 「사설: 공영방송 개선방안」, 『동아일보』 1986년 5월 14일자 2면; 「KBS 공정성 이뤄질까」, 『동아일보』 1986년 6월 7일자 3면; 「격동 '86 〈13〉 '내 권익 내가 찾자' 시민권 운동」, 『동아일보』 1986년 12월 27일자 9면.

45 「KBS 공정성 이뤄질까」,『동아일보』1986년 6월 7일자 3면.

46 강준만(2003), 앞의 책 제3권, 61~63면.

47 『경향신문』1989년 8월 2일자 16면의 기사 「TV시청료 올 목표액 55.6% 징수」에서 시청료 거부운동 전후의 시청료 징수액을 다룬 부분을 참고해 재구성함.

48 추광영(1994), 「1980년대 한국인의 매체접촉 행태의 변화분석」,『언론정보연구』제31집(1994. 12.), 서울대 언론정보연구소, 53면의 〈표 1〉 '1980년대 KBS, MBC 양 방송사의 수입현황'과 1980년대의 '국민생활시간조사'를 참고해서 재구성함.

49 임종수(2011), 앞의 글 126면.

50 김상호(2016), 「텔레비전이 만들어낸 1980년대 감각 공동체: 나 없는 우리」, 유선영 외 『미디어와 한국현대사: 사회적 소통과 감각의 문화사』(대한민국역사박물관 한국현대사 연구총서 10), 대한민국역사박물관, 231~88면.

51 1980년대 토론프로그램은 유익한 프로그램을 선정하는 당시의 시청자 설문조사에서 2, 3위를 차지하곤 했다.(「MBC '박경재의 시사토론' KBS '심야토론' '유익한 프로' 2-3위 차지」,『동아일보』1989년 9월 15일자 16면) 다큐멘터리로는 제5공화국을 다룬 3부작 「다큐멘터리 제5공화국」(KBS 1989), 광주민주화운동을 다룬 「어머니의 노래」(MBC 1989), 의문사 유가족 문제를 다룬 「내 아들 경식아」(MBC 1989) 등이 있다.

52 문화방송30년사편찬위원회(1992),『문화방송 30년사』, MBC 문화방송, 432~33면.

53 같은 책 435면.

54 한진만(2011), 「한국 텔레비전 방송 프로그램 편성 추이와 특성」, 한국언론학회 엮음 『한국언론학회 심포지엄 및 세미나』(2011. 8.), 한국언론학회, 67면.

55 「탈주극 끝내 유혈로 마감」,『경향신문』1988년 10월 17일자 1면; 「'88 국내 10대 뉴스 본지 선정」,『경향신문』1988년 12월 28일자 11면.

56 「전경환 피고 7년 선고」,『경향신문』1987년 9월 5일자 15면.

57 「세상 떠들썩하게 만든 강력범들」,『한겨레』1999년 7월 27일자 17면.

58 「수사부재의 '눈먼 치안'」,『경향신문』1988년 10월 17일자 3면; 「사설: '사의'로 끝낼 일인가」,『경향신문』1988년 10월 18일자 2면; 「사설: 법도 치안도 믿을 수 없는 사회」,『한겨레』1988년 10월 18일자 6면; 「전씨 일족이 뺏은 엄청난 재산 주인에게 되돌려주고 사죄를」,『동아일보』1988년 11월 7일자 10면.

59 앞의『경향신문』1988년 12월 28일자 11면 기사.

60 TV드라마 「수사반장」(MBC 1989), 다큐멘터리 「인물현대사」(KBS1 2004), 영화 「홀리데이」(양윤호 감독, 2006), 「라이프 온 마스」(OCN 2018) 등이 있다.

1 이에 대해서는 에릭 홉스봄(Eric Hobsbawm)이 '만들어진 전통'에 대한 정의를 내리 면서 그것을 관습·인습·관례와 구별하고자 한 점을 참고할 만하다. 국제표준시와 국 가기념일은 '만들어진 전통'의 대표적인 것이다. 에릭 홉스봄 외(1983), 박지향·장문 석 옮김(2004), 『만들어진 전통』, 휴머니스트, 20~25면 참조.

2 김현선(2004), 「현대 한국사회 국가의례의 상징화와 의미 분석」, 한국학중앙연구원 한국학대학원 사회·민속 전공 박사학위논문, 15면.

8. 세계시간 속의 대한민국

1 이형석(2015), 「한국 근현대의 표준시 변천과정」, 전남대 교육대학원 역사교육학과 석사학위논문, 4면.

2 "단기 4287년(1954년) 3월 21일 오전 0시 30분부터 동경 127도 30분을 표준자오선으 로 한다."(대통령령 제876호) "단기 4294년(1961년) 8월 10일부터 135도의 자오선을 표준자오선으로 하고 동일의 0시를 0시 30분으로 한다."(법률 제676호) 법제처 국가 법령정보센터(http://www.law.go.kr)〉법령〉표준자오선 변경에 관한 법률 참조.

3 홍성길·김영성·류찬수(2002), 「한국 표준시 제도의 타당성에 관한 연구」, 『한국지구 과학회지』 제23권 6호, 한국지구과학회, 496면과 이형석(2015), 앞의 글 및 신문기사 등을 참고해서 재구성함.

4 하수민(2014), 「한국 명절의 역사와 휴일의 변동 연구」, 한국학중앙연구원 한국학대 학원 민속학 전공 박사학위논문, 208~209면; 이형석(2015), 앞의 글 참조.

5 홍성길·김영성·류찬수(2002), 앞의 글 496면.

6 법제처 국가법령정보센터(http://www.law.go.kr)의 '표준시에 관한 법률(법률 제 3919호, 1986. 12. 31. 제정)' 참조.

7 이성인(1998), 「서머타임제 도입과 출퇴근 시차제 연구」(민간출연연구보고서 98- 08), 에너지경제연구원 민간출연연구보고서, 9면.

8 「일광절약을 하 중장 포고」, 『경향신문』 1948년 5월 23일자 3면.

9 『관보』 제68호(1949. 4. 2.), 문서번호: 제68호, 관리번호: BA0200287, 생산기관: 총무처 법무담당관, 국가기록원.

10 「부지런하자는 것」, 『경향신문』 1948년 6월 1일자 4면.

11 「'썸머타임' 폐지 국회서 '건의안' 가결」, 『동아일보』 1957년 4월 24일자 3면; 「선진국 예에 따라」, 『경향신문』 1957년 4월 30일자 3면.

12 당시 신문기사와 관보의 공고 중 대통령령을 참고해서 재구성함.

13 「이런 것도 새롭게 국호·국기·국가·국화·연호」, 『경향신문』 1960년 8월 18일자 4면;

「표준시간도 새로」, 『동아일보』 1960년 9월 1일자 3면; 「18일 '썸머타임' 해제 명년부터는 없애기로」, 『경향신문』 1960년 9월 17일자 3면; 「일광절약시간 제정에 관한 건 폐지의 건(안)」, 제62회 국무회의록(1961. 4. 28.), 관리번호: BA0084261, 생산기관: 총무처 의정국 의사과, 국가기록원.

14 「서머타임제 내년 부활」, 『경향신문』 1986년 9월 5일자 7면.

15 「18일 '썸머타임' 해제 명년부터는 없애기로」, 『경향신문』 1960년 9월 17일자 3면; 「10일부터 '표준시간'을 변경」, 『동아일보』 1961년 8월 5일자 3면.

16 「'서머타임'제 실시 검토」, 『동아일보』 1985년 7월 22일자 11면; 「'서머타임' 87년 실시 검토」, 『동아일보』 1985년 9월 7일자 1면; 「인터뷰: '타당성' 조사 연구한 정홍익 교수, '서머타임제는 에너지 절약에도 큰 효과'」, 『경향신문』 1985년 9월 10일자 5면.

17 「일광절약시간제 실시에 관한 규정안(제13회)」, 1987. 3. 국무회의 안건철, 문서번호: 총무01601-467, 관리번호: BA0085099, 생산기관: 총무처 의정국 의사과, 국가기록원.

18 당시 미군정이 일본에 서머타임제를 도입한 의도는 세가지인데, 두가지는 한국의 경우와 같다. 나머지 하나는 "국민 사이에 일광 활용의 좋은 습성이 생긴다"는 점이다. 이성인(1998), 앞의 글 32면 참조.

19 같은 글 7~10면 참조.

20 1960년대부터 심화된 도시의 교통문제를 완화하기 위해서 1964년부터 1972년까지 하절기에 공무원과 학생을 대상으로 조기출퇴근제가 시행된 바 있다.(이성인(1998), 앞의 글 41면 참조) 그리고 1966년 5월부터 서울과 부산의 교통문제 완화를 위해서 서울과 부산의 공무원과 학생을 대상으로 시차출근제를 실시했다. 당시 서울시의 출근 인원은 73만명이었는데 그중 최대 집단인 중·고등학교 학생(20만명)과 회사원(37만명) 사이에 시차를 두기로 한 것이다.(「공무원 등 9시, 중고교 8시로」, 『경향신문』 1966년 4월 19일자 3면) 학생들은 1부는 7시 50분까지, 2부는 8시 20분까지, 공무원들은 8시 40분까지, 그리고 일반 회사원들은 9시 이후로 출근 및 등교를 하도록 해서 (「1일부터 시차제」, 『경향신문』 1966년 4월 28일자 3면) 출근시간의 교통량을 분산하고자 했다. 1973년에는 유류파동으로 인해 시차출근제가 더욱 강화되어 실행되었다.(「사설: 건강하고 안전한 월동 보건대책 서두르자」, 『경향신문』 1973년 11월 1일자 2면) 1980년에도 시차출근제의 일환으로 금융시간의 영업시간을 30분 앞당긴 적이 있다.(이성인(1998), 앞의 글 38면 참조)

21 「서머타임 5월 둘째 일요일부터」, 『매일경제』 1987년 1월 27일자 11면.

22 이성인(1998), 앞의 글 2면.

23 민병희·안영숙·김동빈·양홍진(2009), 「한국에서 최적의 일광절약시간제 시행기간에 대한 연구」, 『우주과학회지』 제26권 3호, 한국우주과학학회, 342면.

24 「서머타임제 유감」, 『매일경제』 1987년 5월 16일자 3면.

25 「심층취재: 서머타임 실시 한달 생활이 달라졌다」, 『동아일보』 1987년 6월 10일자 9면.

26 「서울올림픽, 그 열광 뒤의 아쉬움」, 『한겨레』 1988년 10월 3일자 7면.

27 「독자의 소리: 서머타임 실시 여건 안돼, 근로시간만 늘어날 우려」, 『동아일보』 1987년 4월 29일자 9면.

28 『1987년 국민생활시간조사』(KBS) 39~45면, 51면.

29 『1987년 국민생활시간조사』(KBS) 39면의 〈표 12〉 '유직자의 일 시간량 변화'를 참고해서 재구성함.

30 『1987년 국민생활시간조사』(KBS) 39면의 〈표 12〉 '유직자의 일 시간량 변화' 참조.

31 『1987년 국민생활시간조사』(KBS) 41면의 〈그림 9〉 '유직자의 일 행위자율(평일)' 참조.

32 『1987년 국민생활시간조사』(KBS) 40면의 〈그림 8〉 '시간대별 일 행위자율(평일, 전국민)'을 참고해서 재구성함.

33 「서머타임 이후 TV 시청률 떨어져」, 『동아일보』 1987년 6월 10일자 8면.

34 『1987년 국민생활시간조사』(KBS) 45면의 〈그림 11〉 '학업행위자율의 시간대 분포(평일)' 참조.

35 1983년의 '국민생활시간조사'에 의하면 야간통행금지제도의 폐지가 1983년의 국민생활시간에 그다지 영향력을 미치지 않았던 것으로 보인다. 김규환(1983), 「1983年度 國民生活時間調査」, 『언론정보연구』 제20집(1983. 12.), 166~67면 참조.

36 「서머타임−하루 22분 덜 잔다」, 『경향신문』 1987년 8월 5일자 7면.

37 1987년의 서머타임제는 혼란을 막기 위해서 일요일인 5월 10일부터 시행되었으나, 그날은 신문 휴간일이었기 때문에 그다음 날인 월요일에 광고가 실렸다.

38 『동아일보』『경향신문』 1987년 5월 11일자 11면의 하단 광고.

39 이성인(1998), 앞의 글 78면.

40 『1987년 국민생활시간조사』(KBS) 머리말.

41 『1987년 국민생활시간조사』(KBS) 22면.

42 「청론탁설: 피곤한 서머타임」, 『동아일보』 1987년 7월 25일자 7면.

43 『1987년 국민생활시간조사』(KBS) 51면의 〈그림 16〉 '자유시간의 변화(전국민 평균)'를 참고해 재구성한 것임.

44 「TV 심야방송 1시간 연장」, 『동아일보』 1987년 5월 7일자 8면.

45 월: 청소년 음악회, 화: MBC 문화저널, 수: 하버드 대학의 공부벌레들, 목: 다큐멘터리의 세계, 금: 한국문화의 원류를 찾아서, 토: 가요초대석, 일: MBC 바둑제왕전. 문화방송30년사편찬위원회(1992), 『문화방송 30년사』, MBC 문화방송, 433면 참조.

46 「토요일 종일 방송한다」, 『경향신문』 1987년 10월 8일자 11면.

47 「토요일 하루 21시간 방송 양 TV」, 『동아일보』 1987년 10월 13일자 12면.

48 『1987년 국민생활시간조사』(KBS) 21면의 〈표 1〉 '전국민의 1일 생활시간'을 참고해서 재구성함.

49 앞의 『동아일보』 1987년 6월 10일자 8면 기사.

50 「서머타임 방송시간 조정 주먹구구식」, 『동아일보』 1987년 5월 18일자 12면; 앞의 『동아일보』 1987년 6월 10일자 8면 기사.

51 「서머타임 일방적 실시에 유감, 불가피성 솔직하게 설명했으면」, 『동아일보』 1988년 5월 7일자 15면; 「국민기자석: 올림픽 남북한 공동 참여 민족평화통일 계기 됐으면」, 『한겨레』 1988년 5월 24일자 4면; 「'88 미국지역 방영권료 너무 헐값' 재론」, 『동아일보』 1988년 5월 27일자 8면; 「논단: 애국심도 관에서 배급하나」, 『한겨레』 1988년 6월 19일자 1면; 「올림픽 우리에게 남기고 갈 것은」, 『한겨레』 1988년 9월 29일자 13면.

52 「'육상 결승 하오 결정' 따라 협상 본격화, 88 TV중계권료 '7억불 이상' 기대」, 『경향신문』 1985년 7월 16일자 9면.

53 「서머타임제 부활 검토」, 『경향신문』 1985년 7월 22일자 11면.

54 「공휴일 66일, 연휴 5번」, 『경향신문』 1986년 12월 30일자 5면.

55 「서머타임'제 실시 검토」, 『동아일보』 1985년 7월 22일자 11면.

56 「서머타임제 내년부터 실시 검토」, 『매일경제』 1985년 7월 22일자 11면.

57 「여적: 서머타임」, 『경향신문』 1988년 5월 7일자 1면.

58 「칼럼: 길들여진 고정관념」, 『동아일보』 1987년 5월 16일자 3면; 「사설: 단수계획 발표 번복」, 『동아일보』 1987년 5월 22일자 2면; 앞의 『동아일보』 1988년 5월 7일자 15면 기사.

59 「서머타임 철회하라」, 『동아일보』 1988년 5월 6일자 9면.

60 「서머타임」, 『경향신문』 1988년 5월 7일자 1면.

61 「서울올림픽 적자냐 흑자냐」, 『동아일보』 1988년 6월 6일자 15면; 「금메달로 가는 길」, 『동아일보』 1988년 9월 14일자 23면; 「기획연재: 서울올림픽 투입 산출의 백서(4)」, 『매일경제』 1988년 9월 22일자 19면; 앞의 『한겨레』 1988년 9월 29일자 13면 기사; 「정말 잘 참았습니다」, 『매일경제』 1988년 10월 2일자 11면.

62 앞의 『동아일보』 1988년 5월 27일자 8면 기사.

63 앞의 『한겨레』 1988년 5월 24일자 4면 기사; 「취재기자단 방담: 서울올림픽, 그 열광 뒤의 아쉬움」, 『한겨레』 1988년 10월 3일자 7면; 앞의 『동아일보』 1988년 5월 27일자 8면 기사.

64 「올림픽 칭찬부터」, 『경향신문』 1988년 10월 13일자 3면.

65 「국민기자석: 불편만 더한 서머타임 폐지를, '88 위한 제도, 다시는 이런 일 없어야」, 『한겨레』 1988년 10월 14일자 7면.

66 「'서머타임' 87년 실시 검토」, 『동아일보』 1985년 9월 7일자 1면; 앞의 『경향신문』 1985년 9월 10일자 5면 인터뷰. 이 설문조사는 총무처의 의뢰를 받아 서울대학교 행정대학원 부설 행정조사연구소에서 서울, 부산, 대구 등 8개 도시에서 806명을 대상으로 이루어졌다.

67 「서머타임 해보니 안 좋다」, 『동아일보』 1987년 7월 23일자 11면. 이는 총무처의 의뢰로 한국갤럽조사연구소가 제주도를 제외한 전국의 20세 이상 남녀 1천명을 대상으로

실시한 설문조사 결과이다.

68 「서머타임제 62%가 반대」, 『경향신문』 1988년 12월 2일자 11면. 이는 총무처의 의뢰로 한국갤럽조사연구소가 전국의 남녀를 대상으로 1988년 10월에 1348명, 11월에 1500명을 대상으로 실시한 설문조사 결과이다.

69 1985년, 1987년, 1988년에 총무처가 의뢰한 서머타임에 대한 설문조사 결과를 바탕으로 재구성한 것임.

70 「서머타임 내년 폐지」, 『경향신문』 1988년 10월 19일자 15면.

71 「일광절약시간제 실시에 관한 규정 폐지령」(대통령령 제12703호), 『관보』 제11224호 (1989. 5. 8.), 48면; 「서머타임 내년 폐지」, 『경향신문』 1988년 10월 19일자 15면; 「서머타임 폐지」, 『경향신문』 1989년 5월 6일자 15면.

72 「일광절약시간제 실시에 관한 규정 폐지령안」(법령입법예고: 과학기술처공고 제89-17호), 『관보』 제11189호(1989. 3. 14.), 5면.

73 「취재 24시: 거꾸로 시행하면 좋겠다」, 『경향신문』 1987년 5월 21일자 7면.

74 「밤시위 계속에 치안본부 낮밤 바뀐 생활」, 『동아일보』 1987년 6월 26일자 11면; 「〈좌담/대담〉 사건기자 송년방담: 시위·노사분규…민주화 열망 폭발」, 『경향신문』 1987년 12월 30일자 11면. 신문들은 일상생활 중에 나타난 시위로 경적 시위, 타종 시위, 넥타이 시위, 서머타임 시위를 꼽고 이로 인해서 6월의 시위가 더욱 확산되었다고 지적했다.

9. 국가의 공식시간과 국민의 생활시간

1 김민환(2000), 「한국의 국가기념일 성립에 관한 연구」, 서울대학교 사회학과 석사학위논문, 3~4면.

2 정근식(2000), 「한국의 근대적 시간체제의 형성과 일상생활의 변화 I: 대한제국기를 중심으로」, 『사회와 역사』 제58권(2000. 12.), 한국사회사학회, 187~93면; 정근식 (2006), 「시간체제의 근대화와 식민화」, 공제욱·정근식 엮음 『식민지의 일상, 지배와 균열』, 문화과학사, 123면.

3 정근식(2006), 앞의 글 123~27면.

4 광복 60주년이 지난 2005년 12월에 국회가 한글날을 국경일로 제정하기로 결의함으로써 한글날은 2006년부터 국경일이 되었다. 따라서 2019년 현재 대한민국의 국경일은 다섯이다.

5 국가기록원(http://www.archives.go.kr)〉기록정보콘텐츠〉주제콘텐츠〉국경일과 법정기념일을 참고해서 재구성함.

6 한국민족문화대백과사전(http://encykorea.aks.ac.kr)의 '개천절' 항목 참조.

7 정근식(2000), 앞의 글 167~77면.

8 최춘규(2010), 「'공휴일에 관한 법률' 제정 및 대체공휴일 도입에 관한 법적 쟁점 연구」, 『서강법학』 제12권 1호(2010. 6.), 서강대학교 법학연구소, 480~81면.

9 정근식(2000), 앞의 글 168면 참조.

10 하수민(2014), 「한국 명절의 역사와 휴일의 변동 연구」, 한국학중앙연구원 한국학대학원 민속학 전공 박사학위논문, 214면.

11 같은 글 213~14면.

12 정근식(2006), 앞의 글 123~27면.

13 양력체제로 일원화하면서 일반 사람들과 신문기사에서는 양력 1월 1일을 '신정'이라고 칭하고, 음력 1월 1일을 '구정'이라고 했다. '설날'이라는 명칭은 명절을 지칭하는 말이므로 공식적으로는 쓰이지 않았다. 하지만 당시 신문기사를 보면 양력 1일 1일도 '설날'로 지칭하고 음력 1월 1일도 '설날'로 불렀다. 이 글에서는 양자의 구분을 위해서 그것들을 각각 양력설과 음력설이라고 칭한다.

14 「음력정조 폐지」, 『동아일보』 1924년 2월 2일자 1면; 「이중과세와 경제적 생활」, 『동아일보』 1928년 1월 23일자 1면; 「오늘은 음력설 이중과세의 고통」, 『동아일보』 1929년 2월 10일자 2면; 「이중과세 철폐절요」, 『동아일보』 1940년 2월 10일자 3면.

15 '조선구관제도조사'에 대해서는 하수민(2014), 앞의 글 220~24면 참조.

16 정근식(2006), 앞의 글 115면.

17 하수민(2014), 앞의 글 214~27면.

18 정근식(2006), 앞의 글 참조.

19 국가기록원(http://www.archives.go.kr)〉생활〉명절(설, 추석) 참조.

20 「관공서의 공휴일에 관한 건」, 대통령령 제124호, 『관보』(1949. 6. 4. 토요일), 관리번호: BA0200324, 생산기관: 총무처 법무담당관, 국가기록원; 「국경일과 공휴일 국무회의를 통과」, 『경향신문』 1949년 5월 27일자 2면.

21 하수민(2014), 앞의 글 초록 2~3면 참조. 4대 명절 개념은 조선시대의 사시(四時) 시간관에 의해 성립된 것이다.

22 법제처 국가법령정보센터(http://www.law.go.kr) 참조. 국경일은 법률 제53호, 법정공휴일은 대통령령 제124호, 법정기념일은 대통령령 제6615호이다.

23 국가기록원(http://www.archives.go.kr)〉기록정보콘텐츠〉주제콘텐츠〉국경일과 법정기념일; 하수민(2014), 앞의 글; 정근식(2006), 앞의 글 등을 참고하여 재구성함.

24 「어느 날이 명절이냐」, 『동아일보』 1924년 2월 14일자 1면.

25 「'이중과세' 이유 민족명절 '푸대접'」, 『한겨레』 1995년 1월 26일자 13면.

26 앞의 『동아일보』 1940년 2월 10일자 3면 기사.

27 하수민(2014), 앞의 글 215면.

28 앞의 『동아일보』 1924년 2월 14일자 1면 기사; 「음력설을 폐지하자」, 『동아일보』 1929년 2월 10일자 3면; 「신정무감」, 『동아일보』 1956년 1월 7일자 4면; 하수민(2014),

앞의 글 227면.

29 「없애자 이중과세, 전시 국민의 자숙 요망」,『자유신문』 1952년 1월 25일자〔하수민
   (2014), 앞의 글 270~71면에서 재인용〕.

30 「신정과 구정: 구정 공휴 논의에 대하여」(1981. 11. 27.), 28면의 소책자, 발간번호: 11-
   9900497-000387-01, 관리번호: C11M33576, 생산기관: 총무처, 국가기록원; 「'구정 공
   휴일 반대' 재고를」,『경향신문』 1981년 11월 1일자 6면; 「전진적인 생활」,『경향신문』
   1981년 11월 12일자 11면.

31 「음력설을 '농어민의 날'로」,『경향신문』 1963년 1월 15일자 5면; 「'공휴일' 않기로」,
   『경향신문』 1963년 1월 25일자 5면.

32 「구정 공휴 시비 재연」,『동아일보』 1980년 1월 22일자 5면; 앞의 총무처 소책자 「신정
   과 구정: 구정 공휴 논의에 대하여」 9면, 11면.

33 「正米: 추석으로 한산」,『동아일보』 1938년 10월 9일자 4면.

34 「추석을 공휴일로」,『동아일보』 1946년 9월 6일자 3면; 「추석날 관공서 휴무」,『경향신
   문』 1947년 9월 25일자 2면(추석 휴무는 남조선 과도정부를 비롯하여 일반 관공서와
   금융기관 등을 대상으로 한다는 내용); 「추석날 휴무」,『경향신문』 1948년 9월 16일자
   2면.

35 「사설: 추곡에 감사」,『경향신문』 1949년 10월 5일자 1면.

36 하수민(2014), 앞의 글 271면.

37 같은 글 240~41면 참조.

38 진무천황제는 일본의 개국조인 진무천왕의 제일(祭日)인데, 일본은 1911년부터 이날
   을 기하여 식민지 조선에서도 진무천황에 대한 제사를 지내는 한편 학생들을 동원해
   서 식수를 하게 했다. 하수민(2014), 앞의 글 241면 참조.

39 기념식수일은 1911년 일본 제국주의에 의해 시작되어 1945년까지 계속되었고, 광복
   이후에도 명칭과 주체는 다르지만 지속되었다. 광복 이듬해에 식목일이라는 명칭은
   없었으나 해방을 기념한 식수를 거행했고(「해방기념식수 4월 1일에 실시」,『동아일
   보』 1946년 3월 29일자 2면), 1947년에도 미군정에 의해 4월 5일에 제1회 식목일 행사
   를 치렀다. 그리고 1948년에 남조선 과도정부는 미군정의 '승인'을 얻어 '법률 제
   10호'에 의해 이날을 공휴일로 지정했다.(「보고 싶다, 청산조선의 옛 모습」,『경향신
   문』 1948년 4월 1일자 2면; 「관공서 휴무코 남산에 식목」,『동아일보』 1948년 4월 3일
   자 2면)

40 한국문화인류학회 엮음(1969),『한국민속종합조사보고서: 전라남도편』, 문화공보부
   문화재관리국, 654면〔하수민(2014), 앞의 글 280면의 각주 583번에서 재인용〕.

41 「한식, 식목일 휴일 겹쳐 성묘객 20만명 몰려」,『매일경제』 1981년 4월 6일자 11면; 「교
   외에 연휴인파 내일 한식…성묘도」,『동아일보』 1982년 4월 5일자 11면; 「한식」,『동아
   일보』 1983년 4월 6일자 11면; 「망우리 등 5개 묘지 한식날에 임시버스」,『경향신문』

1984년 4월 3일자 7면; 「한식 국립묘지 등 성묘 행렬」, 『경향신문』 1985년 4월 6일자 11면; 「5, 6일 성묘버스 19개 노선 임시운행」, 『동아일보』 1985년 4월 3일자 10면; 「재일동포 한식성묘단 1070명 입국」, 『경향신문』 1986년 3월 24일자 11면; 「34개 노선버스 연장 운행키로 청명·한식날 성묘객 교통 대책」, 『경향신문』 1986년 4월 2일자 10면; 「청명·한식 성묘 위해 버스노선 연장 운행」, 『매일경제』 1987년 4월 2일자 11면; 「한식 성묘」, 『동아일보』 1988년 4월 5일자 1면; 「묘지 버스연장노선 청명·한식 이틀간」, 『경향신문』 1989년 3월 31일자 8면.

42 하수민(2014), 앞의 글 282면.

43 정근식(2006), 앞의 글 115면.

44 하수민(2014), 앞의 글 270~83면.

45 단오는 일제강점기 때 조선의 구습으로 치부되었는데, 당시 시(時)의 기념일이나 운동회 날과 겹치면서 명절의 의미가 약화되었다. 그리고 광복 후에는 양력일원화에 의해서 다른 명절들과 함께 공식적인 시간제도에서 제외되었다. 그리고 1970년대 근대화 시기에 새마을운동에 의해 단오 때 행해지던 동제나 굿이 전근대적인 것으로 지칭되고, 도시화의 진척으로 공동체 의식이 약화되자 일부 지역에만 남게 되었다. 그 결과 단오는 1980년대에 민속명절이 근대적 국가의 시간제도 안에 편입될 때 함께 포함되지 못했다.

46 「신정은 '관절'? 구정은 '민절'?」, 『조선일보』 1960년 1월 28일자 3면.

47 「김 총무처 장관 밝혀 '구정 공휴 안된다'」, 『동아일보』 1981년 1월 30일자 7면; 앞의 총무처 소책자 「신정과 구정: 구정 공휴 논의에 대하여」 참조.

48 법제처 국가법령정보센터(http://www.law.go.kr)〉법령〉관공서의 공휴일에 관한 규정〉연혁 참조.

49 법제처 국가법령정보센터(http://www.law.go.kr)〉법령〉관공서의 공휴일에 관한 규정〉개정이유(대통령령 12616호, 1989. 2. 1. 개정) 참조.

50 하수민(2014), 앞의 글 281~83면.

51 「공화, '민속의 날'로 지정 건의 '구정을 공휴일로'」, 『동아일보』 1980년 1월 10일자 7면; 「김 총무처 장관 구정 공휴일 검토」, 『경향신문』 1980년 1월 21일자 1면; 「구정을 조상의 날로 신민서 공휴일 건의」, 『동아일보』 1980년 1월 21일자 1면; 「구정 공휴 시비 재연」, 『동아일보』 1980년 1월 22일자 5면; 「횡설수설」, 『동아일보』 1980년 1월 26일자 1면; 「사설: 구정을 맞는 마음」, 『경향신문』 1980년 2월 15일자 2면; 「구정 공휴일 지정이 마땅하다」, 『경향신문』 1980년 2월 16일자 4면.

52 법제처 국가법령정보센터(http://www.law.go.kr)〉법령〉관공서의 공휴일에 관한 규정〉연혁을 참고해서 재구성함.

53 법제처 국가법령정보센터(http://www.law.go.kr)〉법령〉관공서의 공휴일에 관한 규정(대통령령 제124호, 1949. 6. 4.) 참조.

54 「제언: 구정을 '민속의 날' 공휴일로」(장덕순 서울대 국문과 교수), 『경향신문』 1980년 1월 20일자 10면.

55 「구정 공휴 시비 재연」, 『동아일보』 1980년 1월 22일자 5면. 오지호(화가, 예술원 회원)는 구정 연휴를 찬성하면서 이와 같은 주장을 펼쳤다.

56 앞의 『동아일보』 1981년 1월 30일자 7면 기사.

57 「제언: 구정을 '민속의 날' 공휴일로」, 『경향신문』 1981년 1월 20일자 10면; 「구정을 공휴일로」, 『경향신문』 1981년 1월 22일자 1면; 「올부터 구정 공휴일 지정 검토」, 『동아일보』 1981년 1월 22일자 7면; 「'구정 공휴' 시비 재연」, 『동아일보』 1981년 10월 29일자 3면.

58 「구정 공휴는 민정의 정책이었다」, 『동아일보』 1981년 10월 29일자 2면.

59 「민정당과 구정」, 『동아일보』 1981년 12월 11일자 3면.

60 「구정 공휴 시비 각의·국회 거론 7차례… '닭과 계란' 논쟁처럼 끝없는 평행선」, 『동아일보』 1981년 10월 27일자 3면; 「구정 공휴 자료 총동원」, 『경향신문』 1981년 12월 8일자 3면.

61 앞의 총무처 소책자 「신정과 구정: 구정 공휴 논의에 대하여」 참조.

62 「신정과세 강력추진, 구정자금 방출 중지-체불업체 지원도 신정 집중」, 『매일경제』 1981년 12월 22일자 1면.

63 앞의 『동아일보』 1981년 10월 29일자 2면 기사; 앞의 『동아일보』 1981년 12월 11일자 3면 기사.

64 「새해부터 '조상의 날'로 구정 공휴 확정」, 『경향신문』 1984년 12월 22일자 1면.

65 하수민(2014), 앞의 글 268면; 「국민투표안 의결」, 『경향신문』 1975년 2월 13일자 1면.

66 「구정 '민속의 날'로 각의 17일 공휴 의결」, 『경향신문』 1985년 1월 14일자 1면.

67 하수민(2014), 앞의 글 277~78면.

68 법제처 국가법령정보센터(http://www.law.go.kr)〉법령〉관공서의 공휴일에 관한 규정(대통령령 11615호, 1985. 1. 21. 개정) 참조; 「관공서의 공휴일에 관한 규정 중 개정령(제10호)」, 1985. 1. 국무회의 안건철, 관리번호: BA0085058, 생산기관: 총무처 의정국 의사과, 국가기록원.

69 김문겸(1993), 『여가의 사회학: 한국의 레저문화』, 한울아카데미, 141면.

70 법제처 국가법령정보센터(http://www.law.go.kr)〉관공서의 공휴일에 관한 규정 중 개정령안(의안 제355호, 1986. 9. 4.) 참조; 「추석절 연휴제 실시 검토」, 1986. 8. 2. 국무회의 안건철, 문서번호: 총무01601-1425, 관리번호: BA0085087, 생산기관: 총무처 의정국 의사과, 국가기록원, 7면.

71 법제처 국가법령정보센터(http://www.law.go.kr)〉법령〉관공서의 공휴일에 관한 규정(대통령령 제11962호, 1986. 9. 11. 개정)〉관공서의 공휴일에 관한 규정 중 개정령안(의안 제355호, 1986. 8. 29.) 참조. 이 안은 민정당과 정부의 당정협의를 통하여 결정

된 사항을 기본으로 한 것이다.

72 「당정회의 추석 연휴 결정」,『매일경제』1986년 8월 23일자 1면; 「올 추석 '4일 연휴' 많다」,『매일경제』1986년 8월 25일자 11면.

73 「풍요 한가위 연휴」,『경향신문』1986년 9월 12일자 11면.

74 「'서머타임' 내년 실시」,『매일경제』1986년 9월 5일자 11면.

75 강준만(2006),『한국 현대사 산책: 1940년대편(8·15 해방에서 6·25 전야까지)』제1권, 인물과사상사, 167면 참조.

76 하수민(2014), 앞의 글 273면.

77 「추석을 공휴일로」,『동아일보』1946년 9월 6일자 3면.

78 하수민(2014), 앞의 글 273~76면.

79 「내일 민속의 날」,『동아일보』1987년 1월 28일자 11면.

80 「독자의 편지: 민속의 날 연휴로 해야 마땅, 국민 대다수가 구정에 차례」,『동아일보』1988년 2월 20일자 16면; 「독자의 편지: 구정 명절 '설날'로 부르자, 공휴일도 늘리는 것이 마땅」,『동아일보』1988년 2월 26일자 16면.

81 법제처 국가법령정보센터(http://www.law.go.kr)〉법령〉관공서의 공휴일에 관한 규정(대통령령 12616호, 1989. 2. 1. 개정) 참조.

82 당시 총무처는 '민속의 날'의 명칭 변경과 연휴화에 대한 여론 수렴을 위해서 중앙 및 지방 17개 일간지를 분석했고, 시도지사를 통해 지방 여론을 수집했으며, 중앙부처 22개처와 학계 등 각계 인사의 의견을 들었다. 그리고 일반 국민 및 공무원 6700명을 대상으로 설문조사를 시행했다.(「민속의 날 명칭변경 및 연휴화 계획 검토 보고서」, 1989. 1. 관공서의 공휴일에 관한 규정 중 개정령안 제2회, 국무회의 안건철, 문서번호: 총무01601-136, 관리번호: BA0085137, 생산기관: 총무처 의정국 의사과, 국가기록원, 211~16면)

83 『매일경제』1986년 5월 20일자 1면의 '데스크'; 『매일경제』1986년 8월 12일자 1면의 '데스크'; 「공휴일 확대 유감」,『동아일보』1989년 1월 27일자 3면; 「되찾은 민족명절 연휴 설날」,『동아일보』1989년 2월 2일자 9면.

84 1989년 총무처의 「관공서의 공휴일에 관한 규정 중 개정령안」(1989. 1. 국무회의 안건철, 문서번호: 총무01601-136, 관리번호: BA0085137, 생산기관: 총무처 의정국 의사과, 국가기록원)에는 음력설과 추석의 사흘 연휴안과 함께 식목일의 법정공휴일 폐지안이 포함되어 있었으나 대통령령으로 결정되지는 않았다.

85 「식목일 계속 공휴일로, 각의 최종결정」,『매일경제』1989년 1월 27일자 1면.

86 1991년에 국군의 날과 한글날이 법정공휴일에서 제외될 때에도 식목일은 법정공휴일의 지위를 유지했다. 이러한 법적 지위는 2005년까지 계속되었다.

87 2019년 현재 토요일과 일요일을 제외한 법정공휴일 일수는 15일이다.

88 하수민(2014), 앞의 글 297면.

89 매년 국립천문대에서 발표한 내용과 이를 다룬 일간신문의 기사를 참고해서 재구성한 것임.

90 1949년 '관공서의 공휴일에 관한 규정' 제정 당시의 공휴일은 국경일 4일, 1월 1일~3일 연휴, 식목일, 추석(추수절), 한글날, 기독탄생일 등 11일이었다.

91 "정부에서는 전국적으로 거행되는 민국의 국제승인경축 국민대회의 날인 금 15일을 임시공휴일로 정하였다."(「오늘 임시공휴로」, 『동아일보』 1948년 12월 15일자 2면)

92 「관공서의 임시공휴일 지정에 관한 건」, 1958년 3월 18일 국무회의의안, 관리번호: BA0085180, 생산기관: 총무처 의정국 의사과, 국가기록원; 「관공서의 임시공휴일 지정에 관한 건」, 1960년 3월 17일 제28회 국무회의부의안, 관리번호: BA0084247, 생산기관: 총무처 의정국 의사과, 국가기록원 참조.

93 「관공서의 임시공휴일 지정에 관한 건」, 1961. 4. 국무회의상정안, 관리번호: BA0084260, 생산기관: 총무처 의정국 의사과, 국가기록원; 「4·19 두돌 날 임시공휴 전국민 일분간 묵념도」, 『동아일보』 1962년 4월 6일자 3면.

94 1980년대의 관보에 대통령령으로 공고한 총무처의 「관공서의 공휴일에 관한 규정 중 개정령안」과 「관공서의 임시공휴일지정 의결안」을 참고하여 재구성함.

95 「10월 2일 공휴일로 각의 확정, 3일 연휴」, 『경향신문』 1982년 9월 18일자 11면.

96 「관공서의 임시공휴일지정 의결안」, 1982. 9. 16. 국무회의안건 제708호, 관리번호: BA0085004, 생산기관: 총무처 의정국 의사과, 국가기록원.

97 「민속의 날 명칭변경 및 연휴화 계획 검토 보고서」, 1989. 1. 관공서의 공휴일에 관한 규정 중 개정령안 제2회, 국무회의 안건철, 문서번호: 총무01601-136, 관리번호: BA0085137, 생산기관: 총무처 의정국 의사과, 국가기록원, 211~16면.

98 「관공서의 공휴일에 관한 규정 개정령」, 1990 11. 5. 대통령령 13155호, 『관보』 11665호 (1990. 11. 5.), 문서번호: 제11665호(그2), 관리번호: BA0197644, 생산기관: 총무처 법무담당관, 국가기록원.

10. 국가의 기억과 기념의 시간정치

1 국가기록원(http://www.archives.go.kr)〉기록정보콘텐츠〉주제콘텐츠〉국경일과 법정기념일; 김민환(2000), 「한국의 국가기념일 성립에 관한 연구」, 서울대학교 사회학과 석사학위논문, 4면 참조.

2 법제처 국가법령정보센터(http://www.law.go.kr)〉각종 기념일 등에 관한 규정〉연혁〉대통령령 제30091호(2019. 9. 24. 시행) 별표 '각종기념일(제2조 제1항 관련)' 참조.

3 김민환(2000), 앞의 글 7면; 정근식(2013), 「한국에서의 사회적 기억 연구의 궤적」, 『민주주의와 인권』 제13권 2호(2013. 8.), 전남대학교 5·18연구소, 347~94면 참조.

4 국가기록원(http://www.archives.go.kr)〉기록정보콘텐츠〉주제콘텐츠〉국경일과 법

정기념일을 참고해서 재구성함.

5 국가기록원(http://www.archives.go.kr)〉기록정보콘텐츠〉주제콘텐츠〉국경일과 법정기념일〉스승의 날 참조.

6 고종석(2003), 『히스토리아』, 마음산책, 149면; 「5월 15일 스승의 날 각의, 9년 만에 부활」, 『매일경제』 1982년 5월 12일자 11면.

7 1981년 11월 경서중학교 체육교사 주영형이 제자 이윤상 군을 유괴, 살인한 사건이 있었다.(「두 얼굴 스승」, 『동아일보』 1981년 11월 30일자 1면; 「윤상 군 사건과 사도」, 『동아일보』 1981년 12월 1일자 3면; 「윤상 군 유괴 살해 주영형 첫 공판」, 『경향신문』 1982년 1월 12일자 11면)

8 「교권과 사도 다 같이 확립돼야─교육헌장선포 13돌 전 대통령 교육자대회 치사」 「사명을 영예로…사도 가다듬자」, 『경향신문』 1981년 12월 5일자 1면.

9 법제처 국가법령정보센터(http://www.law.go.kr)〉법령〉각종 기념일 등에 관한 규정(대통령령 제10824호, 1982. 5. 15.) 중 '참고사항' 4면.

10 법제처 국가법령정보센터(http://www.law.go.kr)〉법령〉각종 기념일 등에 관한 규정〉스승의 날〉개정이유(대통령령 제10824호, 1982. 5. 15.) 참조.

11 「5월 15일 '스승의 날' 지정 검토 '사도헌장' 곧 선포」, 『동아일보』 1982년 4월 21일자 7면; 「15일 '스승의 날' 사도헌장도 선포」, 『매일경제』 1982년 5월 15일자 11면; 「사설: '스승의 날'과 '사도헌장'」, 『동아일보』 1982년 5월 15일자 2면 참조. '각종 기념일 등에 관한 규정'(대통령령 제10824호, 1982년 5월 15일 일부개정, 시행) 중 '개정령'에 의하면, 스승의 날을 제정해야 하는 이유 중 하나는 교직 윤리관을 정립해서 사도를 확립하기 위함이다.

12 경향신문사 엮음(1987), 『실록 제5공화국 제4권: 교육·문화·사회·체육편』, 경향신문사, 154~56면.

13 하수민(2014), 「한국 명절의 역사와 휴일의 변동 연구」, 한국학중앙연구원 한국학대학원 민속학 전공 박사학위논문, 267면.

14 「'국군의 날'을 공휴일로─'UN데이'는 기념일로」, 『동아일보』 1976년 9월 2일자 7면.

15 「내일 국군의 날 32돌」, 『동아일보』 1980년 9월 30일자 7면.

16 「전 대통령 건군 33돌 국군의 날 경축사, 힘만이 전쟁 위협시 해방」, 『경향신문』 1981년 10월 1일자 1면; 「국군의 날─보무도 당당 나라의 방패」, 『매일경제』 1981년 10월 1일자 7면.

17 법제처 국가법령정보센터(http://www.law.go.kr)〉각종 기념일 등에 관한 규정〉연혁〉대통령령 제10824호(1982년 5월 15일 일부개정, 시행) 국군의 날 행사내용 참조.

18 '대한민국 국기에 관한 규정'(대통령령 제11361호, 1984년 2월 21일 제정, 시행)에 의하면 법정기념일 중 국기 게양이 의무적인 날은 현충일과 국군의 날이다.

19 「'학생의 날'」, 『경향신문』 1984년 7월 11일자 3면.

20 「광주학생의거의 날, 학생의 날 부활추진동지회 친목회」, 『동아일보』 1982년 8월 25일
   자 7면; 「'학생의 날' 행사 왜 없앴나…」, 『동아일보』 1982년 8월 28일자 7면; 「학생의 날
   부활시켜 학생 독립운동일로, 제정추진위 건의」, 『동아일보』 1982년 9월 24일자 1면.

21 「학생의 날 제정 검토 중」, 『동아일보』 1982년 11월 5일자 1면.

22 「학생의 날 부활 건의 민한, 당무회의 결의」, 『경향신문』 1982년 9월 7일자 1면; 「신경
   전만 벌이다 산회」, 『경향신문』 1982년 11월 28일자 3면.

23 광주학생운동동지회의 학생의 날 부활추진위원회는 1982년 9월에 학생독립운동기
   념일 제정추진위원회를 결성하고서 광주학생의거의 날 부활을 다른 단체에 협조, 요
   청했으며, 1983년에는 건의문을 국회와 정부 관계기관, 언론계 등에 발송했다.

24 「독립기념관 세워진다」, 『경향신문』 1981년 9월 28일자 1면; 「일본 개편 고교 교과서
   '침략의 역사' 미화」, 『동아일보』 1982년 7월 7일자 9면; 「민정, 독립기념관 건립 추진
   새해 예산에 반영」, 『경향신문』 1982년 8월 10일자 1면; 「'학생의 날' 부활 왜 이제 이
   루어지나」, 『동아일보』 1984년 7월 16일자 5면.

25 법제처 국가법령정보센터(http://www.law.go.kr)〉법령〉각종 기념일 등에 관한 규정〉
   학생의 날〉개정이유(대통령령 제11515호, 1984. 9. 22.) 참조.

26 「1982년 전두환 대통령 국정연설」(1982. 1. 22.), 국회의사당, 관리번호: CEB0000975,
   생산기관: 대통령비서실, 국가기록원.

27 1988년에는 올림픽 개최로 인해 기념행사와 시가행진을 생략했다.

28 이때 한글날도 법정공휴일에서 제외되었으며, 익일휴일제도 없어졌다. 이로써 법정
   공휴일은 17일이 되었다.(「사설: 공휴일 재조정하라」, 『동아일보』 1989년 9월 27일자
   2면; 「공휴일 줄인다」, 『경향신문』 1989년 10월 6일자 1면; 「국군의 날 휴무 폐지, 안보
   의식 저하 우려」, 『경향신문』 1989년 10월 16일자 12면; 「국군의 날·한글날 공휴일 제
   외 결정」, 『매일경제』 1990년 4월 6일자 15면)

29 「대한민국 임정이 제1공화국」, 『경향신문』 1989년 12월 24일자 8면.

30 법제처 국가법령정보센터(http://www.law.go.kr)의 '각종 기념일 등에 관한 규정',
   국가기록원(http://www.archives.go.kr)의 '국경일과 법정기념일', 김현선(2004)의
   「현대 한국사회 국가의례의 상징화와 의미 분석」(한국학중앙연구원 한국학대학원
   사회·민속 전공 박사학위논문) 등을 참고하여 재구성함.

31 「국회 소위 합의 '학생의 날' 부활 건의」, 『동아일보』 1983년 11월 25일자 1면.

32 김현선(2004), 앞의 글 98~104면.

33 한국우표포털서비스(http://stamp.epost.go.kr)〉우표정보〉한국우표〉우표〉학생의 날
   기념(우표번호: 570, 발행일: 1967. 11. 3.), 반공학생의 날 기념(우표번호: 612, 발행일:
   1968. 11. 23.) 참조.

34 한국우표포털서비스(http://stamp.epost.go.kr)〉우표정보〉한국우표〉우표〉학생의 날
   과 반공학생의 날 우표의 디자인 설명 참조.

35 한국우표포털서비스(http://stamp.epost.go.kr)〉우표정보〉한국우표〉우표〉학생의 날 과 반공학생의 날 우표의 상세설명 참조.

36 「제14회 학생의 날 치사」(1966. 11. 3.), 대통령공보비서관실 엮음(1967), 『박정희대통 령연설문집』 제3집, 동아출판사〔대통령기록관(http://www.pa.go.kr)〉박정희 연설기 록〉제14회 학생의 날 치사에서 재인용〕.

37 강영심 외(2008), 『일제 시기 근대적 일상과 식민지 문화』, 이화여자대학교출판부, 106면.

38 송건호(2002), 『송건호 전집 3권: 한국현대사 1』, 한길사, 280면.

39 김현선(2004), 앞의 글 98~99면.

40 앞의 「제14회 학생의 날 치사」(1966. 11. 3.) 참조.

41 「'학생의 날' 휴강」, 『동아일보』 1984년 11월 2일자 3면.

42 법제처 국가법령정보센터(http://www.law.go.kr)〉법령〉각종 기념일 등에 관한 규정 (대통령령 제11515호, 1984. 9. 22.); 「학생의 날」, 『경향신문』 1984년 7월 11일자 3면; 「사설: 다시 맞는 '학생의 날'」, 『동아일보』 1984년 11월 3일자 2면 참조.

43 김현선(2004), 앞의 글 103면.

44 「학생의 날 연합기념식 17개대생 시위·농성」, 『경향신문』 1984년 11월 5일자 11면; 『동아일보』 1985년 11월 5일자 11면의 사진 '서울대생들이 학생의 날 기념식 후 교내 시위를 벌이는 모습'; 「대학가 '학생의 날' 시위 비상」, 『동아일보』 1986년 11월 3일자 11면; 「서대협 연합기념식제 후 명동서 시위」, 『동아일보』 1987년 11월 4일자 9면; 「사 설: 학생운동의 한계」, 『경향신문』 1988년 11월 3일자 2면; 「경찰 병력 1만 5천명 배치, 학생의 날 거리시위 대비」, 『한겨레』 1989년 11월 3일자 11면.

45 「'학생의 날' 휴강」, 『동아일보』 1984년 11월 2일자 3면.

46 정해구(2011), 『전두환과 80년대 민주화운동: 서울의 봄에서 군사정권의 종말까지』, 역사비평사, 110~11면.

47 「'연희동 경비' 경찰 비상」, 『경향신문』 1988년 11월 2일자 15면.

48 관련 신문기사, 김현선(2004)의 앞의 글 93~98면, 국가기록원(http://www.archives. go.kr)〉기록정보콘텐츠〉주제콘텐츠〉국경일과 법정기념일〉근로자의 날 등을 참고하 여 재구성함.

49 「사설: '메이데이'를 '노동절'로 부활시키라」, 『한겨레』 1989년 2월 21일자 6면.

50 「메이데이 기념행사」, 『동아일보』 1946년 4월 26일자 2면; 「노동자의 명절 메이데이 기념식」, 『동아일보』 1947년 5월 1일자 2면; 「메이데이 1백주년 기원과 역사」, 『한겨 레』 1989년 4월 29일자 7면.

51 김현선(2004), 앞의 글 94면 참조.

52 「사설: '메이데이'를 '노동절'로 부활시키라」, 『한겨레』 1989년 2월 21일자 6면.

53 「이 대통령, 첫 노동절에 치사」, 『경향신문』 1959년 3월 10일자 1면; 「오늘 제1회 노동

절 새로 제정」,『동아일보』1959년 3월 10일자 1면.

54 김현선(2004), 앞의 글 95~96면.

55 앞의『한겨레』1989년 2월 21일자 6면 사설.

56 김민환(2000), 앞의 글 62~64면 참조.

57 한가지 예를 들면 제헌헌법 전문(前文)에는 "유구한 역사와 전통에 빛나는 우리들 대한민국은 기미 삼일운동으로 대한민국을 건립하여 세계에 선포한 위대한 독립정신을 계승하여 이제 민주독립국가를 재건함에 있어서"라는 표현이 있다. 「제1공화국 제헌헌법 전문」,『관보』1호(1947. 9. 1.), 관리번호: BA0200213, 생산기관: 총무처 법무담당관, 국가기록원 참조.

58 제9차 헌법 개정(제6공화국 헌법)에서는 헌법 전문에 "유구한 역사와 전통에 빛나는 우리 대한국민은 3·1운동으로 건립된 대한민국 임시정부의 법통과 불의에 항거한 4·19민주이념을 계승하고"라고 적음으로써 대한민국은 임시정부의 법통으로 존재하고, 제6공화국은 그 법통을 이어받았음을 분명히 했다. 법제처 국가법령정보센터(http://www.law.go.kr)〉법령〉대한민국헌법(헌법 제10호, 1987년 10월 29일 전면개정, 1988년 2월 25일 시행) 참조.

59 김현선(2004), 앞의 글 60~61면.

60 「상해임시정부수립일 정부, 법정기념일 검토」,『경향신문』1989년 5월 29일자 1면; 「대한민국 임정이 제1공화국」,『경향신문』1989년 12월 14일자 9면; 「임정수립 4월 13일 기념일로 지정」,『동아일보』1989년 12월 20일자 2면.

61 국가기록원(http://www.archives.go.kr)〉기록정보콘텐츠〉주제콘텐츠〉국경일과 법정기념일〉대한민국 임시정부 수립기념일 참조.

표와 그림 목록

참고문헌

〈국내단행본〉

강내희(2014),『신자유주의 금융화와 문화정치경제』, 문화과학사.

강수택(1998),『일상생활의 패러다임』, 민음사.

강영심 외(2008),『일제 시기 근대적 일상과 식민지 문화』, 이화여자대학교출판부.

강준만(2003),『한국 현대사 산책: 1980년대편(광주학살과 서울올림픽)』전4권, 인물과사 상사.

_____(2006),『한국 현대사 산책: 1940년대편(8·15 해방에서 6·25 전야까지)』제1권, 인 물과사상사.

고종석(2003),『히스토리아』, 마음산책.

공세욱(2013),『국가와 일상: 박정희 시대』, 한울.

공제욱·정근식 엮음(2006),『식민지의 일상, 지배와 균열』, 문화과학사.

김명환·김중식(2006),『서울의 밤문화』(서울문화재단 서울문화예술총서), 생각의 나무.

김문겸(1993),『여가의 사회학: 한국의 레저문화』, 한울아카데미.

김원(1999),『잊혀진 것들에 대한 기억: 1980년대 한국 대학생의 하위문화와 대중정치』, 도서출판 이후.

김정한 외(2016),『한국현대 생활문화사: 1980년대(스포츠공화국과 양념통닭)』, 창비.

김종엽 외(2009),『87년체제론: 민주화 이후 한국사회의 인식과 새 전망』, 창비.

김행선(2015),『1980년대 전두환 정권의 수립: 국가보위비상대책위원회와 국가보위입법 회의를 중심으로』, 도서출판 선인.

미셸 마페졸리·앙리 르페브르 외(1994, 2002년 초판 4쇄), 일상성·일상생활연구회 엮음, 박재환 외 옮김,『일상생활의 사회학』, 한울아카데미.

박노해(1984, 2014),『노동의 새벽』(풀빛 1984; 느린 걸음 2014).

박명규·서호철(2003),『식민권력과 통계』, 서울대학교출판부.

박명진 외(1996),『문화, 일상, 대중: 문화에 관한 8개의 탐구』, 한나래.

박영도 외(2005),『한국인의 생활시간과 일상생활 Ⅱ : 일상생활의 쟁점』, 한국학중앙연 구원.

서동진(2009),『자유의 의지 자기계발의 의지: 신자유주의 한국 사회에서의 자기계발하는

　　주체의 탄생』, 돌베개.

서울특별시 시사편찬위원회(2013),『임자, 올림픽 한번 해보지!』(서울역사구술자료집 5).

_____(2016),『미싱은 돌고 도네 돌아가네』(서울역사구술자료집 7).

서중석(2007),『한국현대사 60년』, 역사비평사.

손정목(2015),『손정목이 쓴 한국 근대화 100년: 풍속의 형성, 도시의 탄생, 정치의 작동』,
　　한울.

송건호(2002),『송건호 전집 3권: 한국현대사 1』, 한길사.

신현준·이진경 외(1995, 1999년 재판),『철학의 탈주』, 도서출판 새길.

오정희(1981, 2003년 재판 10쇄),『유년의 뜰』, 문학과지성사.

이동진(2009),『이동진의 부메랑 인터뷰 그 영화의 비밀』, 예담.

이진경(1997),『근대적 시·공간의 탄생』, 도서출판 푸른숲.

이해영 외(1999),『혁명의 시대: 1980년대』, 새로운 세상.

이화여대 한국문화연구원(2006),『근대계몽기 지식의 발견과 사유 지평의 확대』, 소명
　　출판.

이희진(2006),『정보기술은 시간을 어떻게 변화시킬까?』, 삼성경제연구소.

임현백(2014, 2015년 초판 2쇄),『비동시성의 동시성: 한국 근대정치의 다중적 시간』, 고려
　　대학교출판부.

장세룡(2016),『미셸 드 세르토, 일상생활의 창조』, 커뮤니케이션북스.

정해구(2011),『전두환과 80년대 민주화운동: 서울의 봄에서 군사정권의 종말까지』, 역사
　　비평사.

조희연(2007),『박정희와 개발독재시대: 5·16에서 10·26까지』, 역사비평사.

_____(2010),『동원된 근대화: 박정희 개발동원체제의 정치사회적 이중성』, 후마니타스.

지주형(2011),『한국 신자유주의의 기원과 형성』, 책세상.

진덕규 외(1980, 2004년 개정 3판 15쇄),『해방 전후사의 인식 1』, 한길사.

최만립(2010),『도전은 끝나지 않았다』, 생각의나무.

학술단체협의회 엮음(1989),『1980년대 한국사회와 지배구조』(제2회 학술단체연합 심포
　　지엄), 풀빛.

한국사회학회 엮음(1982),『2000년대를 향한 한국인상』, 현대사회연구소.

_____(1983, 1984년 2판),『한국사회 어디로 가고 있나』, 현대사회연구소.

한국예술종합학교 한국예술연구소 엮음(2005),『한국현대예술사대계 Ⅴ: 1980년대』, 시
　　공아트.

한병철(2012), 김태환 옮김,『피로사회』, 문학과지성사.

황지우(1983), 『새들도 세상을 뜨는구나』, 문학과지성사.

〈번역단행본〉

Adam, Barbara(1995), *Timewatch: The Social Analysis of Time*, Polity Press, 박형신·정수남 옮김(2009), 『타임워치: 시간의 사회적 분석』, 일신사.

Althusser, Louis(1995), *Sur la reproduction*, Presses Universitaires de France, 김웅권 옮김(2007), 『재생산에 대하여』, 동문선.

Couldry, Nick(2003), *Media Rituals: A Critical Approach*, Routledge, 김정희·김호은 옮김(2007), 『미디어는 어떻게 신화가 되었는가: 미디어 의식의 비판적 접근』, 커뮤니케이션북스.

Crary, Jonathan(2014), *24/7: Late Capitalism and the Ends of Sleep*, Verso, 김성호 옮김(2014), 『24/7: 잠의 종말』, 문학동네.

Cruikshank, Barbara(1999), *The Will to Empower: Democratic Citizens and Other Subjects*, Cornell University Press, 심성보 옮김(2014), 『시민을 발명해야 한다: 민주주의와 통치성』, 갈무리.

Dayan, Daniel & Katz, Elihu(1992), *Media Events: The Live Broadcasting of History*, Harvard University Press, 곽현자 옮김(2011), 『미디어 이벤트: 역사를 생중계하다』, 한울아카데미.

Endensor, Tim(2002), *National Identity Popular Culture and Everyday Life*, Berg Publishers, 박성일 옮김(2008), 『대중문화와 일상, 그리고 민족정체성』, 도서출판 이후.

Foucault, Michel(1975), *Surveiller et punir: Naissance de la prison*, Gallimard, 오생근 옮김(1994, 2016년 개정판), 『감시와 처벌: 감옥의 탄생』, 나남.

_____(1997), *"Il faut défendre la société": Cours au Collège de France, 1975-1976*, Seuil, 김상운 옮김(2015), 『"사회를 보호해야 한다": 콜레주드프랑스 강의 1975~76년』, 도서출판 난장.

_____(2004), *Sécurité, territoire, population: cours au Collège de France, 1977-1978*, Seuil, 오트르망·심세광·전혜리·조성은 옮김(2011, 2012년 초판 2쇄), 『안전, 영토, 인구: 콜레주드프랑스 강의 1977~78년』, 도서출판 난장.

_____(2004), *Naissance de la biopolitique: cours au Collège de France, 1978-1979*, Seuil, 오트르망·심세광·전혜리·조성은 옮김(2012), 『생명관리정치의 탄생: 콜레주드

프랑스 강의 1978~79년』, 도서출판 난장.

Giddens, Anthony(1981), *A Contemporary Critique of Historical Materialism: Vol.1 Power Property and the State*, London: Macmillan, 최병두 옮김(1990), 『사적 유물론의 현대적 비판』, 나남.

_____(1991), *Modernity and Self-Identity: Self and Society in the Late Modern Age*, Polity Press, 권기돈 옮김(1997, 2001), 『현대성과 자아정체성: 후기 현대의 자아와 사회』, 새물결.

Gordon, Collin et al.(1991), *The Foucault Effect: Studies in Governmentality: With Two Lectures by and an Interview with Michel Foucault*, University of Chicago Press, 심성보 외 옮김(2014), 『푸코 효과: 통치성에 관한 연구』, 도서출판 난장.

Harootunian, Harry(2000), *HISTORY'S DISQUIET: Modernity, Cultural Practice and the Question of Everyday Life*, Columbia University Press, 윤영실·서정은 옮김(2006), 『역사의 요동: 근대성, 문화 그리고 일상생활』, 휴머니스트.

Harvey, David(1989), *The Condition of Postmodernity: An Enquiry into the Origins of Cultual Change*, Blackwell Publishers, 구동회·박영민 옮김(1994, 1997년 재판), 『포스트모더니티의 조건』, 한울.

_____(2005), *A Brief History of Neoliberalism*, Oxford University Press, 최병두 옮김(2014), 『신자유주의: 간략한 역사』, 한울아카데미.

Heidegger, Martin(1927), *SEIN UND ZEIT*, 전양범 옮김(1992, 2015년 3판 9쇄), 『존재와 시간』, 동서문화사.

Hobsbawm, Eric & Ranger, Terence(1983), *The Invention of Tradition*, Cambridge University Press, 박지향·장문석 옮김(2004), 『만들어진 전통』, 휴머니스트.

Lafargue, Paul(1887), *Le droit a la paresse*, 조형준 옮김(2013), 『게으를 수 있는 권리』, 새물결.

Lefèbvre, Henri(1968), *La Vie Quotidinne Dans le Monde Moderne*, Gallimard, 박정자 옮김(2005, 1990년 개정판), 『현대세계의 일상성』, 기파랑.

_____(1996), *Éléments de rythmanalyse: introduction a la connaissance des rythmes*, Editions Syllepse, 정기헌 옮김(2013), 『리듬분석: 공간, 시간 그리고 도시의 일상생활』, 갈무리.

Levine, Robert(1997), *Geography of Time: On Tempo, Culture and the Pace of Life*, Basic Books, 이상돈 옮김(2000), 『시간은 어떻게 인간을 지배하는가』, 황금가지.

Martin, Luther H., Gutman, Huck, & Hutton, Patrick H. eds.(1988), *Technologies of the* self: A Seminar with Michel Foucault, University of Massachusetts Press, 이희원 옮김(2002),『자기의 테크놀로지』, 동문선.

Moores, Shaun(2000), Media and Every Life in Mordern Society, Edinburg University Press, 임종수·김영한 옮김(2008),『미디어와 일상』, 커뮤니케이션북스.

Sato, Yoshiiyuki(2012), Pouvoir et Resistance: Foucault, Deleuze, Derrida, Althusser, Harmattan, 김상운 옮김(2012),『권력과 저항: 푸코, 들뢰즈, 데리다, 알튀세르』, 도서출판 난장.

Thompson, Edward P.(1963, 1968, 1980), The Making of the English Working Glass, London: Penguin, 나종일 외 옮김(2000, 2015년 초판 10쇄),『영국 노동계급의 형성』상, 창비.

Virilio, Paul(1977), Vitesse et Politique: essai de Dromologie, Galilee, 이재원 옮김(2004),『속도와 정치』, 그린비.

Weeks, Kathi(2011), The Problem with Work, Duke University Press, 제현주 옮김(2016),『우리는 왜 이렇게 오래, 열심히 일하는가?』, 동녘.

Williams, Raymond(1974), Television: Technology and Cultural Form, Routledge, 박효숙 옮김(1996),『텔레비전론』, 현대미학사.

〈국내학술논문〉

강내희(2011),「시간의 경제와 문화사회론」,『마르크스주의 연구』제8권 4호(2011. 11.), 경상대학교 사회과학연구원, 196~225면.

강수택(1994),「일상생활이론의 비교연구: 사회학적 분석에서 나타난 주요 주제들을 중심으로」,『한국사회학』제28집(1994. 6.), 한국사회학회, 85~115면.

_____(1998),「근대적 일상생활의 구조와 변화」,『한국사회학』제32집(1998. 9.), 한국사회학회, 503~29면.

_____(2002),「생활세계, 역사성, 그리고 인간화: 거대이론과 토대이론 사이에서 길찾기」,『사회와 이론』체1집(2002. 8.), 한국이론사회학회, 187~208면.

강수택·김용규(1998),「새로운 실천적 가능성으로서의 일상생활 탐구」,『오늘의 문예비평』1998년 여름호, 오늘의 문예비평, 18~35면.

강준만(2007),「한국 크리스마스의 역사: '통금 해제의 감격'에서 '한국형 다원주의'로」,『인물과 사상』제105호, 인물과사상사, 155~205면.

고일홍(2015), 「'사회적 시간'의 고고학적 연구: 한국 청동기 시대 농경사회로의 전환을 바라보는 또 하나의 시각」, 『인문과학논총』 제72권 4호(2015. 11.), 서울대학교 인문학연구원, 115~52면.

구수경(2007), 「근대적 시간규율의 도입과정과 그 의미」, 『한국교육사회학연구』 제17권 3호, 한국교육사회학회, 1~26면.

김경일(2013), 「전통에 대한 한국인의 시각」, 김문조 외 『한국인은 누구인가』, 21세기북스.

김규환(1981), 「1981년도 국민생활시간조사」, 『언론정보연구』 제18집(1981. 12.), 서울대학교 언론정보연구소, 7~62면.

_____(1983), 「1983년도 국민생활시간조사」, 『언론정보연구』 제20집(1983. 12.), 서울대학교 언론정보연구소, 131~67면.

김문자(1989), 「근대화에 따른 세시풍속의 변동과정」, 『문화재』 제22호, 국립문화재연구소, 57~74면.

김상우(2006), 「'일상생활의 사회학'의 현황과 전망」, 『문화와 사회』 제1권(2006. 10.), 한국문화사회학회, 91~122면.

김상호(2016), 「텔레비전이 만들어낸 1980년대 감각 공동체: 나 없는 우리」, 유선영 외 『미디어와 한국현대사: 사회적 소통과 감각의 문화사』(대한민국역사박물관 한국현대사 연구총서 10), 대한민국역사박물관.

김영범(1999), 「알박스(Maurice Halbwachs)의 기억사회학 연구」, 『사회과학연구』 제6권 3호, 대구대학교 사회과학연구소, 557~94면.

김영선(2010), 「발전국가 시기 작업장의 시간정치」, 『여가학연구』 제8권 1호(통권 22호), 한국여가문화학회, 1~25면.

김예림(2013), 「국가와 시민의 밤: 경찰국가의 야경, 시민의 야행」, 『현대문학의 연구』 제49집 (2013. 2.), 한국문학연구학회, 377~416면.

김왕배(1995), 「자본주의 일상생활의 세계」, 『한국사회학회 사회학대회 논문집』(1995. 12.), 한국사회학회, 59~68면.

김왕배·한상진(2005), 「생활세계의 변화와 삶의 정치」, 『한국사회학회 심포지움 논문집』(2005. 6.), 한국사회학회, 15~37면.

김외숙·이기춘(1988), 「시간사용연구에 관한 분석적 고찰」, 『대한가정학회지』 제74호(1988. 9.), 대한가정학회, 171~87면.

김용의(2016), 「일본 공휴일 제도의 역사적 성립과 사회문화적 함의」, 『일본근대학연구』 제51집(2016. 2.), 한국일본근대학회, 185~200면.

김원(2013), 「'장기 80년대' 주체에 대한 단상: 보편, 재현 그리고 윤리」, 『실천문학』 2013년

가을호, 실천문학사, 14~30면.

김종엽(2016), 「80년대의 먹거리, 삼겹살과 양념통닭」, 김정한 외 『한국현대생활문화사: 1980년대(스포츠공화국과 양념통닭)』, 창비.

김준희·조방현(2013), 「'일광절약시간제'의 효율적 시행을 위한 직장인의 여가정책 인식도 연구」, 『한국여가레크리에이션학회지』 제37권 3호(통권 60호), 한국 여가레크리에이션학회, 38~49면.

김진균(2003), 「1980년대: '위대한 각성'과 새로운 주체 형성의 시대」, 『진보에서 희망을 꿈꾼다』, 박종철출판사, 59~73면.

김진균·정근식(1999), 「근대적 시·공간의 사회이론을 위하여」, 『경제와 사회』 제41호, 비판사회학회, 179~207면.

김혜숙(2011), 「전시체제기 식민지 조선의 '가정방공' 조직과 지식 보급」, 『숭실사학』 제27집(2011. 12.), 숭실대학교사학회, 117~59면.

김희재(2004), 「국민생활시간조사 실시간 분석을 위한 연구」, 『Journal of the Korean Data Analysis Society』 제6권 5호(2004. 10.), 한국자료분석학회, 1425~32면.

나동진·김현준·권인탁(1988), 「1980년대 학생운동의 변화와 지도방안」, 『학생생활연구』 제16호, 전북대학교 학생생활연구소, 1345~84면.

도면회(2013), 「1910년대 식민지 조선의 형사법과 조선인의 법적 지위」, 신동원 외 『한국근대사회와 문화 2』, 서울대학교 출판문화원.

민병희·안영숙·김동빈·양홍진(2009), 「한국에서 최적의 일광절약시간제 시행기간에 대한 연구」, 『우주과학회지』 제26권 3호, 한국우주과학회, 329~44면.

박규택(2003), 「사회·경제·공간의 관점에서 본 한국인의 일상적 노동과 여가 시간 변화, 1981~2000」, 『한국지역지리학회지』 제9권 1호(2003. 3.), 한국지역지리학회, 35~52면.

_____(2004), 「국가·지역 공간에서의 일상적 생활시간에 관한 연구」, 『지역연구』 제20권 2호(2004. 8.), 한국지역학회, 51~75면.

박병영(2003), 「1980년대 한국 개발국가의 변화와 지속: 산업정책 전략과 조직을 중심으로」, 『동서연구』 제15권 1호(2003), 연세대학교 동서문제연구원, 31~61면.

박숙희(1984), 「서울시민의 여가활동에 관한 사회지리학적 연구」, 『지리학』 제30호(1984. 12.), 대한지리학회, 41~61면.

박순호·김은숙(1998), 「취업주부의 일상생활활동의 시·공간적 특성」, 『한국인구학』 제21권 2호(1998. 12.), 한국인구학회, 113~43면.

박정미(2016), 「쾌락과 공포의 시대: 1980년대 한국의 '유흥·향락산업'과 인신매매」, 『여성학논집』 제33집 2호, 이화여자대학교 한국여성연구원, 31~62면.

박허식(1982), 「전파매체 접촉에 대한 시간공학적 연구: 라디오와 TV를 중심으로」, 『언론정보연구』 제19집(1982.12.), 서울대학교 언론정보연구소, 111~48면.

서은주(2007), 「'한국적 근대'의 풍속: 최인훈의 『크리스마스 캐롤』 연작 연구」, 『상허학보』 제19호, 상허학회, 441~69면.

손애리(2000), 「시간연구의 특성과 '생활시간조사' 개발 과정」, 『한국조사연구학회 조사연구』 제1권 1호(2000.6.), 한국조사연구학회, 135~48면.

신지은(2010), 「일상의 탈중심적 시공간 구조에 대하여」, 『한국사회학』 제44집 2호(2010.4.), 한국사회학회, 1~28면.

안원태(1982), 「도시민의 여가행태와 전망」, 『도시문제』 제17권 12호, 대한지방행정공제회, 39~49면.

안정옥(2007), 「시간의 정치와 생활세계: 제도의 시간, 관계의 시간, 삶의 시간」, 『가족과 문화』 제19집 2호, 한국가족학회, 171~204면.

오재환(1996), 「일상생활의 구조와 생활정치」, 『사회조사연구』 제11권 1호, 부산대학교 사회과학연구소, 89~103면.

유승희(2013), 「17~18세기 야금(夜禁)제의 운영과 범야자(犯夜者)의 실태」, 『역사와 경계』 제87호(2013.6.), 경남사학회, 85~109면.

이기봉(2005), 「시간과 지리: 시간에 대한 인식의 역사와 시간지리학의 탄생」, 『문화역사지리』 제17권 3호, 한국문화역사지리학회, 101~12면.

이기형(2006), 「담론 분석과 담론의 정치학: 푸코의 작업과 비판적인 담론 분석을 중심으로」, 『언론과 사회』 제14권 3호(2006.8.), 성곡언론문화재단, 106~45면.

이기홍(1979), 「컬러TV 무엇이 문제인가」, 『신문과 방송』 통권 106호(1979.9.), 한국언론재단, 25~29면.

이동수(2000), 「하이데거 시간 개념의 정치적 함의」, 『철학과 현상학 연구』 제14집(2000.5.), 한국현상학회, 238~79면.

이상록(2011), 「경제제일주의의 사회적 구성과 '생산적 주체' 만들기: 4·19~5·16시기 혁명의 전유를 둘러싼 경합과 전략들」, 『역사문제연구』 제25호(2011.4.), 역사문제연구소, 115~58면.

_____(2015), 「TV, 대중의 일상을 지배하다: 1961년 KBS TV 개국과 대중문화 혁명」, 『역사비평』 통권 113호(2015년 겨울호), 역사비평사, 95~118면.

_____(2016), 「1960~1970년대 '인간관리' 경영지식의 도입과 '자기계발'하는 주체」, 『역사문제연구』 제36호(2016.10.), 역사문제연구소, 19~58면.

이상희(1984), 「방송 캠페인의 사회적 효과: 이산가족찾기 운동의 이론적 의의」, 『한국사회과학』 제6권 1호(1984. 6.), 서울대학교 사회과학연구원, 123~50면.

이선엽(2009), 「경범죄처벌법의 역사적 변천: 제도의 경로, 동형화」, 『한국행정사학지』 제
25호(2009년 12월호), 한국행정사학회, 1~19면.

이소은(2017), 「TV 시청 관습의 시간적 변화: 동시화 개념을 중심으로」, 『한국언론학보』
제61권 1호(2017. 2.), 한국언론학회, 175~213면.

이용기(2014), 「전후 한국 농촌사회의 ‘재전통화’와 그 이면: 전남 장흥군 용산면 사례를
중심으로」, 『역사와 현실』 제93호(2014. 9.), 한국역사연구회, 417~65면.

_____(2016), 「식민지기 농촌 지역사회의 중첩된 시간: ‘전통적인 것’의 향방과 함의」,
『대동문화연구』 96호, 성균관대학교 대동문화연구원, 111~44면.

이윤정·강태진·임성실(2016), 「근·현대사 이후 한국인의 최다 선호 일반의약품의 추이에
대한 연대별 분석 및 종합적 의의에 대한 평가」, 『약학회지』 제60권 3호, 대한약학회,
146~53면.

이재성(2015), 「왜 다시 1980년대를 말해야 하는가: 『1980년대, 변혁의 시간 전환의 기록』/
유경순 지음/봄날의 박씨/2015」, 『황해문화』 2015년 가을호, 새얼문화재단, 368~75면.

이재현(1993), 「현대사회에서의 텔레비전 의존과 생활양식의 사사화」, 『언론과 사회』 제
2권(1993. 12.), 성곡언론문화재단, 136~55면.

_____(1994), 「노동과 텔레비전, 그리고 생활패턴의 同時化」, 『언론정보연구』 제31집
(1994. 12.), 서울대학교 언론정보연구소, 117~43면.

_____(1996), 「생활시간패턴과 텔레비전 편성」, 『방송문화연구』 제8권(1996. 12.), KBS 방
송문화연구소, 267~91면.

_____(1997), 「방송편성의 합리화와 일상생활 패턴의 동시화」, 『언론과 사회』 제18권
(1997. 12.), 성곡언론문화재단, 54~80면.

_____(2001), 「여가, 텔레비전, 그리고 인터넷: 생활시간으로 본 미디어 구도의 변화」, 『방
송문화연구』 제13권(2001. 12.), KBS 방송문화연구소, 59~81면.

이철우·김은숙(1997), 「일상 생활활동 연구의 이론적 배경과 연구동향」, 『사회과학』 제
9집(1997. 12.), 건국대학교 사회과학연구소, 133~58면.

이해영(1999), 「90년대와 80년대: 하나의 정신사적 고찰」, 『문화과학』 통권 20호(1999. 12.),
문화과학사, 117~44면.

임종수(2004), 「1960~70년대 텔레비전 붐 현상과 텔레비전 도입의 맥락」, 『한국언론학보』
제48권 2호, 한국언론학회, 79~107면.

_____(2006), 「방송 미디어와 근대적 시간의 구조화에 관한 연구」, 『언론과 사회』 제14권
3호(2006. 8.), 성곡언론문화재단, 4~34면.

_____(2011),「KBS 텔레비전 프로그램의 역사: 국가 만들기 양식」,『방송문화연구』제 23권 1호(2011.6.), KBS 방송문화연구소, 109~39면.

장세룡(2015),「로컬리티의 시간성: 국민국가의 시간 및 전지구화의 시간과 연관시켜」, 『역사와 세계』제47집(2015.6.), 효원사학회, 237~83면.

전병재(1984),「민족 이산과 이산가족찾기 운동의 사회적 함의」,『사회과학과 정책연구』 제6권 1호(1984.6.), 서울대학교 사회과학연구소, 101~22면.

전우용(2014),「한국인의 국가관과 '국기에 대한 경례': 국가표상으로서의 국기를 대하는 태도와 자세의 변화과정」,『동아시아문화연구』통권 56호, 한양대 동아시아 문화연구 소, 13~46면.

정근식(2000),「한국의 근대적 시간체제의 형성과 일상생활의 변화 I: 대한제국기를 중심 으로」,『사회와 역사』제58권(2000.12.), 한국사회사학회, 161~97면.

_____(2002),「근대적 시공간체제와 사회이론」,『민족문화논총』제26권, 고려대학교 민 족문화연구원, 159~85면.

_____(2006),「시간체제의 근대화와 식민화」, 공제욱·정근식 엮음『식민지의 일상, 지배 와 균열』, 문화과학사, 107~34면.

_____(2013),「한국에서의 사회적 기억 연구의 궤적」,『민주주의와 인권』제13권 2호 (2013.8.), 전남대학교 5·18연구소, 347~94면.

정병두(2012),「국민생활시간조사 데이터를 이용한 시간대별 이동행태 변화에 관한 연 구」,『국토계획』제47권 4호(2012.8.), 대한국토·도시계획학회, 315~24면.

정영금(1997),「시간 사용 연구의 유용성과 발전방향」,『생활과학연구논집』제17권 1호 (1997.12.), 가톨릭대학교 생활과학연구소, 37~51면.

조은주(2014),「인구통계와 국가형성: 1960년, 1966년 한국의 인구센서스를 중심으로」, 『한국사회학』제48집 5호(2014.10.), 137~71면.

조항제(1994),「1970년대 한국 텔레비전의 성격에 대한 연구: 정책과 자본 간의 관계를 중 심으로」,『언론과 사회』제4권(1994.6.), 성곡언론문화재단, 27~53면.

_____(2012),「한국 공영방송의 수신료 문제에 대한 역사적 고찰」,『방송문화연구』제 24권 2호(2012.12.), KBS 방송문화연구소, 37~70면.

조항제·박홍원(2011),「한국 텔레비전 50년의 정치와 경제」,『방송문화연구』제23권 1호 (2011.6.), KBS 방송문화연구소, 41~71면.

주은선·김영미(2012),「사회적 시간체제의 재구축: 노동세계와 생활세계의 변화를 위하 여」,『비판사회정책』제34호(2012.2), 비판과 대안을 위한 사회복지학회, 237~89면.

천정환(2014),「1980년대 문학·문화사 연구를 위한 시론(1): 시대와 문학론의 '토픽'과 인식론을 중심으로」, 『민족문학사연구』 제56권, 민족문학사연구소, 389~416면.

_____(2014), 「1980년대와 '민주화운동'에 대한 '세대 기억'의 정치」, 『대중서사연구』 제33호(2014. 12.), 대중서사학회, 187~220면.

최명(1990), 「민주화과정에 있어서 한국언론의 위상 I: 한국정치민주화의 방향 연구」, 『한국정치연구』 제2집(1990. 6.), 서울대학교 한국정치연구소, 87~107면.

최춘규(2010), 「'공휴일에 관한 법률' 제정 및 대체공휴일 도입에 관한 법적 쟁점 연구」, 『서강법학』 제12권 1호(2010), 서강대학교 법학연구소, 473~99면.

최형익(1999), 「시간의 정치성: 칼 맑스의 '사회적 시간' 개념의 정치이론적 모색」, 『한국정치학회보』 제33집 4호(1999. 12.), 한국정치학회, 105~20면.

추광영(1994), 「1980년대 한국인의 매체접촉 행태의 변화분석」, 『언론정보연구』 제31집(1994. 12.), 서울대학교 언론정보연구소, 51~80면.

추광영(Kwang Yung Choo, 1996), 「Social Change as Reflected in People's Use of Time in Korea Since 1981(1981년 이후 한국의 국민생활시간 이용과 사회변동)」, 『언론정보연구』 제33집(1996. 12.), 서울대학교 언론정보연구소, 41~77면.

추광영·이근용·이재현·송종현(2000), 「2000년도 한국인 생활시간의 개요」, 『언론정보연구』 제37집(2000. 12.), 서울대학교 언론정보연구소, 131~241면.

추광영·이재현·송종현(Kwang Yung Choo, Jae-Hyun Lee, Chong-Hyun Song, 2011), 「Major time-use survey results of the Korean people in 2010 and changes during the industrialization period(산업화 과정과 한국인의 생활시간 변동: 2010년 국민생활시간조사 주요 결과를 중심으로)」, 『언론정보연구』 제48집 2호(2011. 8.), 서울대학교 언론정보연구소, 142~80면.

표영수(2013), 「일제강점기 조선인 군사훈련 현황」, 『숭실사학』 제30집(2013. 6.), 숭실대학교사학회, 215~52면.

한영현(2016), 「1980년대 초중반 한국 영화의 도시 공간 분석」, 『씨네포럼』 제24호, 동국대학교 영상미디어센터, 323~55면.

한진만(2011), 「한국 텔레비전 방송 프로그램 편성 추이와 특성」, 한국언론학회 엮음 『한국언론학회 심포지움 및 세미나』(2011. 8.), 한국언론학회, 59~81면.

핫또리 타미오(2006), 「1980년대 한국의 사회경제적 변화: 한국에 있어 1980년대는 어떤 시대였나?」, 김문조·핫또리 타미오 엮음 『한국사회와 일본사회의 변용』(한일공동연구총서 10), 고려대학교 아세아문제연구소, 11~42면.

홍석경(1996), 「텔레비전과 일상생활의 시간성 연구: 뉴스의 리듬과 시간성 분석」, 『언론과 사회』 제12권(1996. 6.), 성곡언론문화재단, 51~88면.

홍성길·김영성·류찬수(2002), 「한국 표준시 제도의 타당성에 관한 연구」, 『한국지구과학회지』 제23권 6호, 한국지구과학회, 494~506면.

홍성원(1985), 「국가경쟁력과 국가기간전산망」, 『정보과학회지』 제3권 2호(1985. 6.), 한국정보과학회, 54~63면.

허영란(2006), 「구술생애사 읽기: 『20세기 한국민중의 구술자서전』 및 『한국민중구술열전』」, 『역사문제연구』 제16권(2006. 10.), 역사문제연구소, 171~84면.

〈외국학술논문〉

Clancy, Craig A.(2014), "The Politics of Temporality: Autonomy. temporal spaces and resoluteness," *Time & Society*, Vol. 23(1), pp. 28~48.

Edensor, Tim(2006), "Reconsidering National Temporalities: Institutional Times, Everyday Routines, Serial Spaces and Synchronicities," *European Journal of Social Theory*, Vol. 9(4), pp. 525~45.

Gross, David(1985), "Temporality and the Modern State," *Theory and Society*, Vol. 14.(Jan. 1985), pp. 53~82.

Melbin, Murray(1978), "Night As Frontier," *American Sociological Review*, Vol. 43(1), pp. 3~22.

Osborne, Peter(1992), "Modernity is a Qualitative, Not a Chronological Category," *New Left Review*, March 1992, pp. 65~84, 김경연 옮김(1993), 「사회-역사적 범주로서의 모더니티 이해: 차별적 역사적 시간의 변증법에 관한 각서」, 『이론 5』(1993. 7.), 진보평론, 25~59면.

Scannell, Paddy(1996), "Dailiness," *Radio, Television and Modern Life: A Phenomenological Approach*, Blackwell Publishers Inc. USA, pp. 144~78.

Thompson, Edward P.(1967), "Time, Work-Discipline, and Industrial Capitalism," *Past and Present*, No. 38, pp. 56~97.

〈학위논문〉

고승규(2000), 「미셸 푸코의 권력/지식론 연구」, 중앙대학교 철학과 박사학위논문.

김민환(2000), 「한국의 국가기념일 성립에 관한 연구」, 서울대학교 사회학과 석사학위논문.

김영선(2009), 「한국의 사회변동과 휴가정치의 동학: 경영담론을 중심으로」, 고려대학교 사회학과 박사학위논문.

김현선(2004), 「현대 한국사회 국가의례의 상징화와 의미분석」, 한국학중앙연구원 한국학대학원 사회·민속 전공 박사학위논문.

노연웅(1990), 「한국의 대학생 군사교육 변천과정과 발전방향에 관한 연구」, 동국대학교 안보행정학 석사논문.

박성재(2005), 「대중가요의 정치: 1970~1990년대 지배와 저항의 동원」, 서울대학교 언론정보학과 석사학위논문.

박정숙(1991), 「한국 청소년의 패션의식에 관한 연구: 1980년대 학생잡지를 중심으로」, 이화여자대학교 교육대학원 석사학위논문.

박지영(2013), 「가속화 사회의 시간경험에 대한 연구: 전문직 여성들의 생애시간, 일상적 시간, ICT가 생성한 시간을 중심으로」, 서울대학교 언론정보학과 박사학위논문.

박해남(2018), 「서울올림픽과 1980년대의 사회정치」, 서울대학교 사회학과 박사학위논문.

심연수(2011), 「야간통행금지제도와 밤시간 의식 형성에 관한 연구: 1971~1990년 동아일보 기사를 중심으로」, 이화여자대학교 국제대학원 한국학과 석사학위논문.

심은정(2012), 「제5공화국 시기 프로야구 정책과 국민 여가」, 전남대학교 사학과 석사학위논문.

안정옥(2002), 「현대 미국에서 '시간을 둘러싼 투쟁'과 소비적 현대성: 노동, 시간과 일상생활」, 서울대학교 사회학과 박사학위논문.

유정현(1991), 「고등학교 교련교과 운영에 관한 연구」, 단국대학교 교육행정전공 석사학위논문.

이소은(2017), 「포스트TV 시청관습: 시청 이벤트, 동시화 및 가내화의 탈구」, 서울대학교 언론정보학과 박사학위논문.

이재현(1993), 「생활양식의 私事化와 텔레비전에 대한 의존」, 서울대학교 사회학과 박사학위논문.

이형석(2015), 「한국 근현대의 표준시 변천과정」, 전남대교육대학원 역사교육학과 석사학위논문.

임정란(2001), 「한국사회에서의 밤시간 활용에 관한 연구」, 아주대학교 석사학위논문.

정상천(1963), 「치안행정에 있어서의 야간통행금지제도의 연구」, 서울대학교대학원 석사학위논문.

조항제(1994), 「1970년대 한국 텔레비전의 구조적 성격에 관한 연구: 국가정책과 텔레비전 자본 간의 관계를 중심으로」, 서울대학교 신문학 박사학위논문.

하수민(2014), 「한국 명절의 역사와 휴일의 변동 연구」, 한국학중앙연구원 한국학대학원 민속학 전공 박사학위논문.

〈보고서, 학술대회 발표문, 제작 지시서〉

김복수·손문금·정수남(2004), 「일상생활의 시·공간적 재구성」, 한국정신문화연구원 엮음『IT 사회·문화적 영향 연구: 21세기 한국 메가 트렌드 시리즈』, 정보통신정책연구원.

박정현·임지아(2016), 「2000년 이후 한국인의 하루 24시간」(LGERI 리포트), LG 경제연구원.

박종규(2009), 「소비지출구성비의 변화와 정책 시사점」, 한국금융연구원 금융조사보고서 2009-5.

윤해동(2018), 「국민국가와 '세계시간': 한국의 사례를 중심으로」, 성균관대학교 동아시아학술원 국내학술대회 자료집『연속기획, 탈근대론 이후 3: 근대의 시간관과 학술사회』.

이성인(1998), 「서머타임제 도입과 출퇴근 시차제 연구(민간출연연구보고서 98-08)」, 에너지경제연구원 민간출연연구보고서, 1~104면.

정무용(2018), 「1980년대 초 야간통행금지 해제 직후의 풍속도」, 『신비한 5공사전』(만인만색 연구자 네트워크 2018 학술 콜로키엄).

통계청(2005), 「취업자의 생활시간연구」(2004년 생활시간조사 종합분석 연구, 박재환).

「국내홍보영화: 올림픽 시민(질서, 친절)」(1988), 문서번호: 12제작2, 관리번호: BA0793712, 생산기관: 국정홍보처 영상홍보원 방송제작팀, 국가기록원, 1~31면.

「국내홍보영화: 올림픽 시민(청결)」(1988), 문서번호: 11제작2, 관리번호: BA0793713, 생산기관: 국정홍보처 영상홍보원 방송제작팀, 국가기록원, 1~37면.

「신정과 구정: 구정 공휴 논의에 대하여」(1981. 11. 27.), 28면의 소책자, 발간번호: 11-9900497-000387-01, 관리번호: C11M33576, 생산기관: 총무처, 국가기록원.

「1980년 해직조치 관련자료(당시 신문기사, 중앙일보, 백서 등)」(1980), 관리번호: DA1048837, 생산기관: 중앙인사위원회사무처 인사정책국 정책총괄과, 국가기록원, 40~104면.

〈웹사이트〉

국가기록원(http://www.archives.go.kr)
국회전자도서관(https://nanet.go.kr)
네이버 뉴스라이브러리(http://newslibrary.naver.com)
대통령기록관(http://www.pa.go.kr)
법제처 국가법령정보센터(http://www.law.go.kr)
오픈아카이브(http://archives.kdemo.ok.kr)
조선왕조실록(http://sillok.history.go.kr)
통계청(http://kostat.go.kr)
한국우표포털서비스(http://stamp.epost.go.kr)
e-나라지표(http://www.index.go.kr)

〈전자자료〉

1981년 KBS 국민생활시간조사
1983년 KBS 국민생활시간조사
1985년 KBS 국민생활시간조사
1987년 KBS 국민생활시간조사
1990년 KBS 국민생활시간조사
1995년 KBS 국민생활시간조사
경제기획원 조사통계국(1989), 『한국의 사회지표 1989』.
경제기획원 조사통계국(1990), 『한국의 사회지표 1990』.
경향신문사 엮음(1987), 『실록 제5공화국』, 경향신문사.
　　　제1권: 정치·외교·통일·안보편
　　　제2권: 경제편
　　　제3권: 복지·과학·기술편
　　　제4권: 교육·문화·사회·체육편
　　　제5권: 지역개발편
　　　제6권: 대통령편
　　　제7권: 일지·자료편

광주광역시 5·18사료편찬위원회 엮음(1997), 『5·18 광주민주화운동 자료총서』 제1~2권, 광주광역시 5·18사료편찬위원회.

국방부(1989), 『1988년 국방백서』, 대한민국 국방부.

국방부(2005), 『국방백서 2004』, 대한민국 국방부.

문화방송30년사편찬위원회(1992), 『문화방송 30년사』, MBC 문화방송.

통계청 엮음(1992), 『한국의 사회지표 1992』, 통계청.

한국방송공사 엮음(1987), 『한국방송 60년사』.

한국방송70년사편찬위원회 엮음(1997), 『한국방송 70년사』, 한국방송협회·한국방송공사.

찾아보기

사진 출처 및 제공처

이 책은 다음의 단체 및 저작권자의 허가 절차를 밟았습니다.
이미지를 제공해주신 분들께 진심으로 감사드립니다.
수록된 사진은 대부분 저작권자의 사용 허가를 받았으나,
일부 저작권자를 찾지 못한 경우는 확인되는 대로 허가 절차를 밟겠습니다.

24시간 시대의 탄생
1980년대의 시간정치

초판 1쇄 발행 / 2020년 3월 2일

지은이 / 김학선
펴낸이 / 강일우
책임편집 / 이하림 김성은
조판 / 박아경
펴낸곳 / (주)창비
등록 / 1986년 8월 5일 제85호
주소 / 10881 경기도 파주시 회동길 184
전화 / 031-955-3333
팩시밀리 / 영업 031-955-3399 편집 031-955-3400
홈페이지 / www.changbi.com
전자우편 / human@changbi.com

ISBN 978-89-364-8652-5 03300